压水堆核电厂核岛机械设备标准解读

董瑞林　主编

中国原子能出版社

图书在版编目（CIP）数据

压水堆核电厂核岛机械设备标准解读 / 董瑞林主编. 北京 ：中国原子能出版社, 2024. 8. -- ISBN 978-7-5221-3537-3

Ⅰ. TM623.91-65

中国国家版本馆 CIP 数据核字第 2024YY9673 号

压水堆核电厂核岛机械设备标准解读

出版发行	中国原子能出版社（北京市海淀区阜成路 43 号　100048）
责任编辑	张一岫
装帧设计	侯怡璇
责任校对	冯莲凤
责任印制	赵　明
印　　刷	北京厚诚则铭印刷科技有限公司
经　　销	全国新华书店
开　　本	787 mm×1092 mm　1/16
印　　张	18
字　　数	250 千字
版　　次	2024 年 8 月第 1 版　2024 年 8 月第 1 次印刷
书　　号	ISBN 978-7-5221-3537-3　　**定　价　60.00 元**

发行电话：010-68452845

前 言

核电厂核岛机械设备在整个核电工程中占据十分重要的地位。核电厂对其所用的机械设备有着极为严苛的要求，需要满足相当高的结构强度、抗震、耐磨、耐高温、承高压、耐辐照、抗腐蚀等要求。核岛机械设备种类繁多，其中核电特殊性和标准化必要性最为显著的主要是用于执行核安全功能、承受压力和包容放射性物质的核承压设备，如各类压力容器、换热器、泵、阀和管道等设备，其中以反应堆压力容器（RPV）、堆内构件（RVI）、蒸汽发生器（SG）、稳压器（PZR）、冷却剂主管道等主设备最为关键。

长期以来，世界上发展核电的主要国家均建有自己的一套核岛机械设备规范或标准，如美国以 ASME BPV 规范第Ⅲ卷为核心的核设施部件建造规范，法国 RCC-M 规范，广泛用于指导和规范本国核电厂核岛机械设备的设计和制造。但迄今为止，国际上尚未形成通用的核岛机械设备标准。随着近年国际核电市场的复苏，核岛机械设备的全球采购日渐盛行，核岛机械设备标准融合、统一的重要性愈发凸显并受到重视，国际上发起了数个标准融合计划或项目，我国亦于 2017 年开始了核岛机械设备标准的技术路线统一。

建立和实施核电标准是推进我国核电发展和自主化的重要措施，这已成为我国核电业界的共识。我国核电发展起步较晚，技术标准的选择和采用主要依据核电引进国的标准体系。随着核电标准体系的建设和发展，我国压水堆核电领域逐步形成了两套标准体系，一套主要参考转化法国 RCC 系列规范，另一套主要参考、转化美国 ASME BPV 规范。目前，我国引进的第三代核电标准建设依据了 ASME 标准，而第二代改进型核电则根据国家核安全局的要求依据了 RCC 系列规范，因此带来标准建设“两条腿走路”，但两者之间并不矛盾，而是一个借鉴吸收发展的过程。在完成两套标准的转化后，要结合中国的国情，统一成适合我国工业基础和核电整体技术水平的核电标准体系。但统一的过程需要在很多方面，尤其是材料的国产替代上做很多工作。

完善核电厂核岛机械设备标准体系的建设，以标准化促进核电技术和装备产业的发展，对实现我国核电装备制造自主化，支持我国核电安全高效发展，以及促进核电“走出去”具有十分重要的意义。2018 年，国务院办公厅印发了《关于加强核电标准化工作的指导意见》，提出：“在充分总结、凝练我国核电工程技术经验、科研成果的基础上，提升我国核电标准的自主化程度。以核岛机械设备领域为切入点，重点开展标准技术路线统一专题研究，统筹考虑我国核电安全性、经济性及工业基础和监管体系，加强试验验证，制定我国自主统一的核岛机械设备标准。”随后，在国家能源局的统筹指导下，核电行业内系统开展了核岛机械设备标准技术路线统一专题研究，由核安全监管单位、各大设计院、制造企业、检测机构等协同开展攻关，针对两套标准体系的技术分歧进行了深入研究和讨论，充分凝聚行业共识，为核电自主统一标准的建立打下坚实基础。

本书是对我国核岛机械设备标准体系发展历程和现状的总结，以及具体专业领域标准技术要点的系统解读。全书共 6 章，第一章是核岛标准体系的概述，主要阐述核岛机械设备标准体系的覆盖范围和对象，国内外标准发展的主要历程等，重点介绍我国开展核岛机械设备标准技术路线统一的全过程和取得的主要成果。第二章至第六章，分别对材料、设计、制造、焊接、无损检测五大专业领域的标准的关键技术指标和要求进行详细解读，特别是对不同技术路线标准之间差异的技术进行分析与融合，为今后更准确地理解和使用核岛机械设备统一标准提供帮助。

现阶段，我国核岛机械设备标准体系建设和发展仍处于快速迭代和不断完善的过程中。本书力求客观全面地呈现当下我国核岛机械设备标准自主化发展的最新成果，根据行业内在核岛机械设备标准化方面达成的普遍共识，对所涉及的关键技术要点进行深入分析和解读，但受限于编写团队的经验和水平，难免存在一些疏漏或不妥之处，希望广大核岛机械设备相关从业者在阅读和使用本书过程中予以指正。

目 录

第一章 国内外核岛机械设备标准体系

1.1 概 述

核岛机械设备通常指的是构成核反应堆冷却剂回路承压边界的设备，相关安全辅助系统的设备及其支承等，是核电厂最重要的机械设备，也是构成核电厂纵深防御的关键屏障之一，如反应堆压力容器、堆内构件、控制棒驱动机构、蒸汽发生器、主泵、稳压器、主管道、安注箱和硼注箱等。核电厂核岛机械设备具有数量巨大、种类繁多的特点，需要依靠设备安全等级的划分，执行不同要求的设计制造、抗震、质保与监督管理等规范性任务。不同的安全等级对设备本身的要求差别很大，所以如何进行安全等级的划分对于以最合理、最经济的方式达到核电厂设备运行维修的最优化至关重要。

在大部分有关法规、规范中，安全等级的划分都是基于核电厂的三项基本功能，即反应性控制、余热排出和放射性的包容。这三项基本功能是指导安全分级的核心思想。落实安全分级，要依靠确定论和概率分析共同作用的模式，首先以确定论为主，从工程经验的角度考虑，由三项基本功能出发，列出与此相关的几十条功能，之后在此范围内根据概率分析的方法或确定论的方法对这些安全功能进行安全重要度方面的排序，确定不同的安全级别，通过概率分析的方法可以较好地确定出该类排序。再通过排序的功能与相关设备的一一对应，最终达到对设备安全等级的划分。具体内容可以参照 HAD 102/03《用于沸水堆、压水堆和压力管式反应堆的安全功能和部件分级》。

核岛机械设备标准化目标主要是确保反应堆冷却剂回路承压边界的完整性。核岛机械设备在标准中特指反应堆冷却剂回路及辅助安全系统中的压力容器、热交换器、贮罐、管道、泵、阀门、设备支承、堆芯支承结构和堆内结构，它们构成了反应堆的承压边界，承担着核电厂纵深防御屏障作用，是国务院第 500 号令规定的核安全监管对象。正如美国 20 世纪初频繁的锅炉爆炸促成了世界上最早的压力容器标准出台，保障核岛机械设备的结构完整性也促成了核岛机械设备标准的发展。主要核电国家为此纷纷制定了自己的标准，典型如美国机械工程师协会（ASME）制定的锅炉与压力容器规范（以下简称“ASME BPV 规范”）和法国核岛机械设备设计建造规则协会（AFCEN）制定的 RCC-M 规范，这两个规范也是国际上影响力最大和应用最广的核岛机械设备标准。

核岛机械设备标准是规范设备建造、保障承压边界完整性的重要技术依据，世界上各主要核电国家都制定了本国的核岛机械设备标准。我国亦于 20 世纪 80 年代开始制定压水堆核电厂核岛机械设备标准，并逐步形成了较为完整的标准体系。20 世纪 80 年代至 21 世纪初，我国核电建设的主力机型是参考法国 M310 机型发展而成的二代改进型核电，这一时期参考法国 RCC-M 规范并结合我国工程经验，逐步编制了以 GB/T 16702《压水堆核电厂核岛机械设备设计规范》为核心的压水堆核岛机械设备设计、制造、焊接、无损检验、材料、理化检验等系列标准。依托我国大型先进压水堆及高温气冷堆核电厂科技重大专项的实施，在对美国 AP1000 第三代核电技术引进、消化和吸收的基础上，考虑到我国已有标准与 AP1000 所采用的 ASME BPV 规范存在较大差异，采取整体转化 ASME BPV 相关卷册的策略，编制了一套核岛机械设备标准，于 2015 年开始陆续发布。由此形成了两套核岛机械设备标准，如表 1.1-1 所示。

表 1.1-1　两套核岛机械设备标准对应关系

机械设备专业领域	参考 RCC-M 规范编制的标准	参考 ASME 规范编制的标准
设计	GB/T 16702	另一规范（报批稿）
制造	NB/T 20001	—
焊接	NB/T 20002	NB/T 20450
无损检测	NB/T 20003	NB/T 20328
理化检验	NB/T 20004	NB/T 20004
碳钢及低合金钢	NB/T 20005.1-18	NB/T 20005.21-37
合金钢	NB/T 20006.1-16	NB/T 20006.21-38
不锈钢	NB/T 20007.1-29	NB/T 20007.31-47
其他材料	NB/T 20008.1-17	NB/T 20008.21-33
焊接材料	NB/T 20009.1-14	NB/T 20009.21-35

1.2　国外核岛机械设备标准体系

目前主要的核电国家都制定了自己的核岛机械设备标准（也称为规范），如美国的 ASME BPV 规范、法国的 RCC-M 规范、日本的 JSME 规范等，其中国际影响力最大、应用最广泛的是 ASME BPV 规范和 RCC-M 规范。ASME BPV 规范（主要是第Ⅲ卷）是美国原创标准，是事实上的国际标准，被多数国家直接采用或转化采用，如法、日、韩等国。法国的 RCC-M 规范最早源于 ASME BPV 规范，但充分吸纳了法国核电工程实践和监管要求，逐渐形成了一套不同于 ASME BPV 规范而具有法国特色的标准，并且随着法国核电的出口而在世界范围内得到了广泛应用，我国第二代改进型压水堆核电采用的就是 RCC-M 规范。

实际上，各国所采用的核岛机械设备标准一般都与本国的监管要求、技术水平和工业实践紧密相关，因此具体采标情况也都有较大差异。受各国标准差异的影响，负责核能领域标准制定的国际标准化组织核能、核技术和辐射防护技术委员会（ISO/TC 85），在核承压设备材料、设计及制造等方面一直未能制定统一的顶层规范。

1.2.1 美国核岛机械设备标准体系

美国法规标准体系中，涉及核电厂机械设备设计、制造和鉴定等方面的可分为三层，第一层为法规导则，主要有：10CFR 系列，RG 系列和 NUREG 系列，主要规定了核电厂机械设备设计原则，质量保证，抗震设计等方面内容。第二层为核电厂机械设备规范，直接对某类核电机械设备提出总体技术要求，以满足和支撑法规导则的相关规定，如 ASME BPV 规范第Ⅲ卷的 NCA 分卷，提出核设施建造的总要求。第三层为基础工业技术标准，用来补充和支撑规范，主要有 ANSI、ASME、AWS、API 等标准化组织制定的相关标准。

ASME BPV 第Ⅲ卷涉及的机械设备范围主要包括：核承压设备（压力容器，换热器、泵、管道和阀门等），设备支承以及堆芯支承结构等。其他不属于第Ⅲ卷规定范围的核电厂机械设备还主要有核空气和气体处理设备，装卸、起重和输送设备，以及其他常规机械设备。ASME NUM-1、NOG-1、BTH-1 给出了核电厂用装卸、起重和输送等相关机械设备及部件的规定。ASME AG-1 等规定了核空气和气体处理设备的相关要求。核电厂用常规机械设备标准则在 ASME 其他部分卷册中给出相关规定。

美国标准体系中关于核电厂机械设备的内容大致划分为 4 类，对应的标准构成了核电机械设备标准子体系，体系框图见图 1.2-1。

美国法规和导则中关于核岛机械设备的主要有 10CFR50 的附录 G《断裂韧性要求》，附录 H《反应堆压力容器材料监督大纲》，10CFR50.55（a）《规范和标准》，RG1.1 等 22 项管理导则，以及 NUREG-0800《压水堆核电厂安全分析报告标准审查大纲》。这些法规导则是基于核安全提出的基本原则和监管要求，构成了机械设备子体系的第一层。具体技术标准层面则分为核岛机械设备、核空气和气体处理设备、装卸起重设备，以及其他常规机械设备。

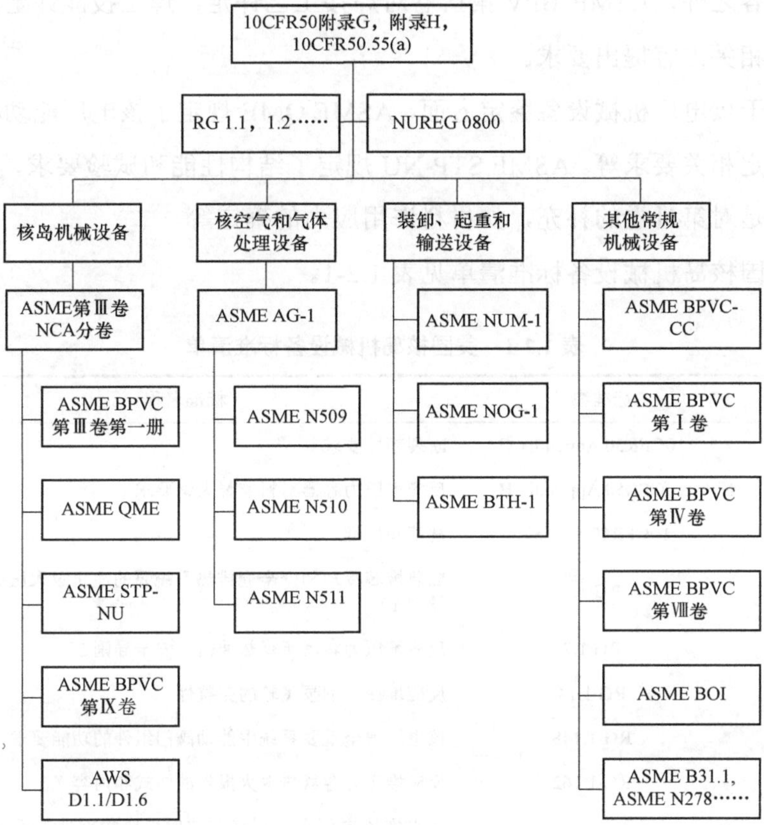

图 1.2-1　美国核电机械设备法规标准体系框图

核岛机械设备通用标准主要有 ANSI/ANS-51.1 稳压水冷反应堆装置设计的核安全准则，其规定了核电厂机械设备安全功能，物项分级等；ASME NQA《核设施质量保证大纲》规定了核电厂机械设备质量保证管理规定。

技术标准层面主要是 ASME BPV 第Ⅲ卷第 1 册（NB、NC、ND、NE、NF、NG、NH 分卷）、ASME BPV 第Ⅲ卷第 5 册等。这些标准规定了 1、2、3 级设备、MC 级部件、设备支承、堆芯支承结构、高温部件的设计、制造、安装（含焊接评定、热处理等）、检测（含无损检测）、试验（如水压试验、气压试验）和超压保护等内容。

焊接作为机械设备制造中一项比较重要的工艺过程，也是重要的标准化对象。ASME BPV 除了在上述第Ⅲ卷各分卷的 4000 章中涉及焊接工艺评定等内容之外，ASME BPV 第Ⅸ卷对焊接工艺评定，焊工技能评定，焊接资料等相关内容提出要求。

关于核电厂机械设备鉴定方面，ASME QME 规定了核电厂能动机械设备的鉴定相关要求等。ASME STP-NU 规定了结构性能和试验要求，其中部分标准是对第Ⅲ卷的补充，如材料许用应力的确定等。

美国核岛机械设备标准清单见表 1.2-1。

表 1.2-1　美国核岛机械设备标准清单

序号	标准编号	标准名称
1	10CFR50 Appendix G	断裂韧性要求
2	10CFR50 Appendix H	反应堆压力容器材料监督大纲要求
3	10CFR50.55（a）	规范和标准
4	RG 1.1	应急堆芯冷却和安全壳排热系统泵的净正吸入压头（安全导则 1）
5	RG 1.2	反应堆压力容器所受热冲击（安全导则 2）
6	RG 1.14	反应堆冷却剂泵飞轮的完整性
7	RG 1.148	核电厂安全重要系统中能动阀门组件的功能要求
8	RG 1.162	反应堆压力容器热退火报告的格式和内容
9	RG 1.26	压水堆核电厂水—蒸汽和放射性废物部件的质量分组及标准
10	RG1.29	抗震设计分级
11	RG 1.31	不锈钢焊缝金属中铁素体含量的控制
12	RG 1.34	电渣焊性能的控制
13	RG 1.43	低合金钢部件不锈钢堆焊层的控制
14	RG 1.44	敏化不锈钢使用的控制
15	RG 1.50	低合金钢焊接预热温度控制
16	RG 1.60	核电厂抗震设计的设计响应谱
17	RG 1.61	核电厂抗震设计阻尼值
18	RG 1.64	核电厂设计质量保证要求
19	RG 1.65	反应堆压力容器主螺栓的材料及检查
20	RG 1.67	超压保护装置的布置
21	RG 1.71	进入限制性区域焊接工的资格鉴定

续表

序号	标准编号	标准名称
22	RG 1.92	地震响应分析中组合模型响应和空间分量
23	RG 1.99	反应堆压力容器材料的辐照脆变
24	RG 1.100	核电厂电气和机械设备抗震鉴定
25	RG 1.125	核电厂水力构筑物和系统的设计和运行的物理模型
26	NUREG-0612	核电厂重载的控制
27	NUREG-0800	核电厂安全分析报告标准审查大纲：轻水堆版
28	ANSI/ANS-51.1	固定式压水堆核电厂核安全设计准则
29	BPVC-CC-NUC	锅炉与压力容器规范案例：核部件
30	BPVC-Ⅲ APP	锅炉与压力容器规范第Ⅲ卷-核设施部件建造规则-第 1 册-附录
31	BPVC-Ⅲ NB	锅炉与压力容器规范第Ⅲ卷-核设施部件建造规则-第 1 册-NB 分卷 1 级部件
32	BPVC-Ⅲ NC	锅炉与压力容器规范第Ⅲ卷-核设施部件建造规则-第 1 册-NB 分卷-2 级部件
33	BPVC-Ⅲ NCA	锅炉与压力容器规范第Ⅲ卷-核设施部件建造规则-NCA 分卷-第 1 册和第 2 册的总要求
34	BPVC-Ⅲ ND	锅炉与压力容器规范第Ⅲ卷-核设施部件建造规则-第 1 册-ND 分卷 3 级部件
35	BPVC-Ⅲ NE	锅炉与压力容器规范第Ⅲ卷-核设施部件建造规则-第 1 册-NE 分卷 MC 级部件
36	BPVC-Ⅲ NF	锅炉与压力容器规范第Ⅲ卷-核设施部件建造规则-第 1 册-NF 分卷支承件
37	BPVC-Ⅲ NG	锅炉与压力容器规范第Ⅲ卷-核设施部件建造规则-第 1 册-NG 分卷堆芯支承结构
38	BPVC-Ⅲ NH	锅炉与压力容器规范第Ⅲ卷-核设施部件建造规则-第 1 册-NH 分卷高温使用的 1 级部件
39	BPVC-Ⅲ-5	锅炉与压力容器规范第Ⅲ卷-核设施部件建造规则-第 5 册-高温反应堆
40	BPVC-Ⅴ	锅炉与压力容器规范第Ⅴ卷-无损检验
41	BPVC-Ⅸ	锅炉与压力容器规范第Ⅸ卷-焊接和钎焊评定
42	NQA-1	核设施质量保证大纲要求（带附件）
43	QME-1	核电厂用能动机械设备鉴定
44	STP-NU-008-2009	ASME STP-NU-008-2009 B2 和 B2'指数中的保守性
45	STP-NU-009-2008	高温气冷核反应堆用石墨
46	STP-NU-010-2007	第Ⅲ卷-NH 分卷 VHTR 和 GEN IV 反应堆结构设计准则中有关监管的安全问题

续表

序号	标准编号	标准名称
47	STP-NU-013-2008	ASME 第Ⅲ卷-NH 分卷中 91 级钢可忽略蠕变和蠕变-疲劳的改善
48	STP-NU-018-2009	91 级钢和哈斯特洛伊耐蚀镍基合金（XR）的蠕变疲劳数据和现有评估程序
49	STP-NU-019-1-2009	ASME 第Ⅲ卷-NH 分卷中 91 级钢许用应力的验证
50	STP-NU-020-2008	ASME 第Ⅲ卷-NH 分卷中合金 800H 许用应力的验证
51	STP-NU-035-2012	合金 800H 的扩展容许应力值
52	STP-NU-037-2010	ASME 第Ⅲ卷-NH 分卷中运行工况下的许用应力值
53	STP-NU-038-2010	ASME BPV 规范对中间热交换器的考虑
54	STP-NU-039-2011	结构不连续处和焊缝处的蠕变和疲劳蠕变裂纹扩展
55	STP-NU-040-2012	NH 分卷的更新和改善：简化的弹性和非弹性分析方法
56	STP-NU-041-2011	NH 分卷的更新和改善：可供选择型简化的蠕变-疲劳设计方法
57	STP-NU-042-2011	ASME NH 分卷的新材料
58	STP-NU-051-1-2012	核电厂 1 级部件的规范比较报告
59	STP-NU-057-2013	关于核电厂高密度聚乙烯管的 ASME BPV 规范发展路线图
60	STP-NU-059-2013	不锈钢许用应力的校正
61	STP-NU-061-2013	NSQ-100 核安全和质量管理体系要求的综合评价
62	STP-NU-062-2013	国际质量标准的综合比较分析
63	STP-NU-063-2013	304 和 316 不锈钢许用应力值的校正和扩展
64	STP-NU-067-2014	聚变能设备的 ASME BPV 规范规则发展路线图
65	STP-NU-068-2014	沸水堆五硼酸钠溶液中 A193 等级 B7 螺栓材料的腐蚀
66	STP-NU-069-2014	混凝土安全壳裂纹评估中选定的无损检验方法分析
67	STP-NU-072-2014	小型模块化反应堆（SMR）发展路线图

1.2.2　法国核岛机械设备标准体系

法国核岛设备设计和建造规则协会（AFCEN）是法国制定核电标准的标准化组织，它是由法国核能产业的主要单位于 1980 年成立的一个民间协会，目前主要成员是法国电力公司（EDF）、阿海珐集团（AREVA）、法国原子能委员会（CEA）以及其他新成员。AFCEN 成立的大背景是：早年的法国压水堆核电厂采用的是美国西屋公司的技术，采用的标准是美国的联邦法规、NRC 管理导则、ASME 锅炉与压力容器规范等。在法国核电工程实践中，由于工业技术水平的差异，对新产品、新工艺的认知，法国法规与标准的应用，法国科技成果的应用，法国核电出口的需要等诸多原因，法国不能照搬美国的法规和标准。法国安全当局、EDF 要求核电的设计和建造应得到很好的鉴定，但鉴定哪些方面，如何鉴定，采用什么验收准则，都没有明确的规定，供方与需方、供方与安全当局之间存在分歧，难以达成协议，需要有共同认可的基础。法国原有的承压设备的法规，如 1926 年的压力容器法令，没有关于核承压设备的规定，自然不能满足压水堆核电厂承压设备设计和建造的需要，而需方（EDF）根据电力设施制造和运行的经验，以及欧洲的反核势力的压力，对核电厂的设计、建造、运行提出一些特殊的更严格的要求。在供方方面，为了制造大型的承压设备必须采取新的得到认可的措施。这一切都在呼唤法国需要有自己的核电技术标准。法国在 1970—1980 年开展了以建立新规则为目标的若干重要活动。如前所述，1973 年成立了中央核设施安全局（DSIN），1974 年 2 月 26 日颁布了轻水堆一回路系统的法国政府法令。1976 年 EDF 和 FRAMATOME 在法国工业部以及 CEA 的支持下做出了要编制一系列法国核电标准的决定。

在上述背景下，AFCEN 明确其宗旨是依据实践活动来建立严谨的可操作的规范，根据经验反馈、技术进步、法规修改以及安全部门的要求修订、增补和删减规范。而它的最终目标是：1）节省核电工程技术文件的编审时间；2）在买方、卖方、制造者或供应方之间规定明确的合同基础；3）与核安全当局建立技术上的联系；4）增进标准化；5）方便技术转让。

AFCEN 的组成方高度重视标准建设。EDF、AREVA 和 CEA 对标准的认识和期待，随着法国核电技术水平和能力的发展，在不断与时俱进。早些年发展标准，是为了更好地适应法国的监管要求，吸收和固化法国工程经验，统一产业链上下游的相关要求和做法。后来，随着法国核电逐步走出去，为了支撑其核电项目的投标和建设，不断补充和完善其标准系列。近几年，为了支撑法国核电在国际市场的竞争以及设备采购的全球化，AFCEN 也在积极推动其标准的国际化，包括广泛吸收国际会员并在国际上推广其标准，在标准中积极采用和融合国际标准和欧盟标准，积极主动适应各国的监管要求，参与和主导相关的标准化活动（如 MDEP、Cordel）。另一方面，AFCEN 和法国其他相关方也认识到标准对核安全的保障以及核电设计制造能力、运行水平的提升具有重要的作用。

AFCEN 制定的标准在法国国内是毫无疑义的唯一的核电标准，是其核电项目采用的主要的技术标准。在欧盟范围内，AFCEN 的标准也正发挥越来越大的作用，比如其 ETC-C 等［对外宣称为欧盟技术规范（European Technical Code）］，在发展 EPR 机型（欧洲压水堆）期间，与德国共同制定了 ETC 规范。在国际上，AFCEN 的标准作为其核电出口的技术依据，被广泛用于多国核电项目的通用设计审查、设计和建造，如中国、英国和波兰。

AFCEN 虽然是法国的标准化组织，但它约从 2010 年前后开始推行国际化战略。而作为推动 RCC 规范国际化的具体措施，AFCEN 不断开展前文所述的举措。其发展策略包括：广泛发展海外成员及外围组织，譬如于 2015 年 3 月在中国成立了 8 个专业用户工作组；在 RCC 系列标准中积极采用更易被认可的国际标准或欧盟标准，积极考虑各国的监管要求，在标准中提供可供使用者选择的多种技术条款；积极和世界性组织、国外组织、各国的相关部门和科研机构开展合作，如世界经合组织、世界核学会、欧盟能源委员会、中国国家能源局、中国核安全监管当局等，合作的形式包括联合开展项目、签署合作协议等。

AFCEN 主要职责是发布用于核工业或实验核设施的最新标准，为其系统、结构和部件的设计、建造和在役检查提供准确而实用的规则。为此目标而发布的一系列标准被统一命名为 RCC-或 RSE-系列标准。AFCEN 的第二项使命是向用户提供授权认证的且容易获取的技术培训，帮助用户获得与标准相关的高水平的专业知识和实践技能。如今，AFCEN 拥有 80 多家来自全球核工业的会员单位，另外还有高达 750 名的行业专家积极地参与了 RCC-和 RSE-七大标准的持续修订。

在已发布的各项标准中，RCC-M 标准《压水堆核岛机械设备设计和建造规则》于 1980 年首次发布，此后有定期更新，以囊括来自法国以及全球的经验反馈和工业实践中的改进。如今，除了在法国，RCC-M 标准也在全球范围内被广泛使用。因此，它不仅有法语版本和英语版本，还出版过中文版本。截至 2016 年，该标准已被全球 94 台在运核电机组（共 445 台）和 18 台在建核电机组（共 58 台）使用。

RCC-M 标准在中国被广泛使用，包括 32 座在运核电机组以及 11 座在建核电机组；在韩国，也有 2 台在运机组使用该标准。RCC-和 RSE-M 系列标准在中国的广泛使用促使 AFCEN 于 2014 年成立了专门的中国用户组，并任命了 AFCEN 本地代表。海外 RCC-M 用户组（中国和英国）通过编写和向 AFCEN 提交修改请求（MR）和解释请求（IR），在 RCC-M 标准的澄清和持续改进中发挥了重要的作用。这些国际用户组的日趋活跃，不仅体现在向 AFCEN 所提问题的数量方面，也体现在所提问题的技术层面，这些问题都需要 AFCEN 花费越来越多的努力来回复和处理。

除了上述国际推广，AFCEN 在法国本土的工作聚焦于 2015 年启动的一项为期三年的 RCC-ESPN 合规性论证计划。这个 AFECN 三年计划的主要目的是促进证明根据 RCC-M 设计和制造的核承压设备的合规性，既能符合《法国核承压设备法规》（ESPN），也能满足《欧盟承压设备法令》（PED）的相关要求。为此，针对一系列特定主题，包括风险分析、可检查性、安全因素和不确定性、操作说明、不可接受的缺陷等，AFCEN 设立了 15 个任务组。

RCC-M 规范的主要组成如表 1.2-2 所示。

表 1.2-2 RCC-M 卷册设置

卷号	标准名称	代号
第Ⅰ卷	核岛设备	-
A 篇	总则	A
B 篇	1 级设备	B
C 篇	2 级设备	C
D 篇	3 级设备	D
E 篇	小型设备	E
G 篇	堆芯支承结构	G
H 篇	设备支承	H
J 篇	低压和常压贮罐	J
P 篇	安全壳贯穿件	P
Z 篇	技术性附录	Z
第Ⅱ卷	材料	M
第Ⅲ卷	检测方法	MC
第Ⅳ卷	焊接	S
第Ⅴ卷	制造	F
第Ⅵ卷	候补规则	RPP

1.3 我国核岛机械设备标准体系发展历程

压水堆核电厂核岛机械设备从我国核电标准化工作开展之初，就受到核电业界的重视。在从 20 世纪 80 年代到现在的核电标准化历史中，伴随我国核电工程建设的不断开展，核岛机械设备标准建设工作也经历了几个主要阶段。

一、秦山一期标准化阶段

秦山一期工程建设前后，是核电厂核岛机械设备标准发展的第一个阶段。工程初期参考美国标准并结合我国 20 多年反应堆设计建造经验制定的

36 项“设计准则”，就是用于核电厂主要系统和关键设备设计的标准。在秦山一期工程施工设计基本结束时的工程总结和经验固化阶段，又制定了设备设计、材料、制造、安装、检验等方面共 107 项标准。这一阶段的机械设备标准，以美国技术和 300 MW 机组（2 环路 × 150 MW）为特征，对主要设备和部件的相关活动覆盖较为齐全（包括设计、制造、安装、检验等），性质上属于“技术条件”类标准，但缺少顶层的规范类建造标准（类似于 ASME 规范的第Ⅲ卷或 RCC-M 规范）。

二、秦山二期标准化阶段

在秦山二期工程建设中，我国提出设备国产化率不低于 70%。为了促进工程设计自主化和设备国产化，结合参考核电厂（大亚湾核电厂）的标准采用情况，主要参考法国 RCC-M 规范并利用秦山一期的经验，成功制定了压水堆核电厂核岛机械设备设计、制造、焊接规范、无损检验、材料理化检验、在役检查规则等 6 项标准以及压水堆核电厂阀门系列标准。但 RCC-M 的 M 册（材料标准）因大多数材料不能国产化而没有转化。直至秦山二期工程经验总结阶段，才对已实现国产化的材料编制了标准，此外对部分具备通用特性的 300 MW 机组标准也进行了修订。这一阶段的设备标准，以法国技术和 600 MW 机组为特征，除核空气和气体处理系统、设备及起重设备标准外，核电厂机械设备设计制造的主要标准基本齐备，并制定了一些材料标准，基本能满足 20 世纪 80 年代初期水平的 300 MW 和 600 MW 核电机组建设的需要。

三、能源行业核电标准阶段

随着我国核电进入快速发展阶段，为了落实标准对我国核电发展规划的支持，从“十一五”开始，尤其是 2008 年以来，我国核电机械设备标准体系的建设也正经历第三个主要阶段。国家能源局于 2009 年发布的《压水堆核电厂标准体系项目表》以及后续修订版对核电机械设备所需标准从设备设计、材料、制造、检验、鉴定、安装、在役检查等方方面面进行了全面规划。经过十多年的努力，目前已发布的核岛机械设备相关标准已有 200 余项。这一阶段的核电机械设备标准，主要基于 1 000 MW 机组的技术要求和特征，并分别参考法国、美国体系编制了两套核岛机械设备技术规范，全面覆盖二代和三代压水堆核电在建堆型。

这两套标准是我国核电发展的产物。20 世纪 80 年代至 21 世纪初，我国核电建设的主力机型是参考法国 M310 机型发展而成的二代改进型压水堆，这一时期，主要参考 RCC-M 规范并结合我国工程经验，逐步编制了适用于二代改进型核电的核岛机械设备设计、制造、焊接、无损检验、材料、理化检验、在役检查标准。而后随着我国对美国 AP1000 核电的引进、消化、吸收，三代非能动压水堆在当时被确定为我国今后建设的主力机型，考虑到三门和海阳依托项目的 4 台机组所采用的 ASME 规范与我国已制定标准存在较大差异，为此提出了“两条腿走路”的思路，即参考 ASME 规范再编制一套核岛机械设备标准用于支持 AP1000/CAP1000、CAP1400 核电建设。

四、标准技术路线统一阶段

核电的安全性和经济性始终是影响核电发展的关键因素。随着世界核电市场的复苏，融合各国的核岛机械设备标准愈发重要，也引起了核安全监管机构和相关标准化组织的重视。一方面，各国的核安全监管机构居安思危，致力于新型核电厂设计的协调和改进，需要协调的核岛机械设备标准来支持核岛机械设备的安全监管和国际合作；另一方面，较为旺盛的核岛机械设备需求，促使核电业主进行全球采购以控制造价和保障供货，需要通用的统一的核岛机械设备标准加以保障。

核电标准是促进核电技术和产业发展的重要抓手，这就意味着必须建立我国自主的核电标准体系，进而实现自主的、先进的核电标准化建造和运营。只有这样，才能整合行业资源，形成系统服务能力，推动核电安全高效发展；也只有这样，才能更大程度地保证我国的自主产权，将我国的核电品牌更客观、更全面地展现给潜在客户及其监管机构。2018 年 8 月 9 日，国务院办公厅发布《关于加强核电标准化工作的指导意见》。《指导意见》全面贯彻党的十九大精神和习近平总书记对标准化工作的重要指示，立足于我国核电长远发展，要求各相关部门和行业，凝聚共识，自主创新，加快建设一套自主、统一、协调、先进，与我国核电发展水平相适应的核电标准体系，充分发挥标准的规范、引领和支撑作用，促进我国核电安全和可持续发展。

就我国而言，核岛机械设备标准融合尤为重要。尽管目前我国两套机械设备标准可以支持我国核电建设，但两套标准并存，不利于我国核岛机械设备走出去和核电长远发展。统一的核岛机械设备标准，在以下几方面有着积极影响。

（1）有利于降低核岛机械设备监管的复杂程度。目前我国不同的核电项目往往采用不同的核岛机械设备标准，而我国两套核岛机械设备标准中的验收准则不一致，可能造成在验收某个设备时，应用其中一套标准将不合格，改用另一标准则合格的情况，从而增加了监管的复杂度和工作量。

（2）有助于降低核岛机械设备的成本。核岛机械设备的费用在核电建设成本中占比接近 20%，对核电的经济性有着显著影响。两套标准并存，导致设备和材料制造厂面对同一设备的多重要求，成倍增加产品工艺评定数量和生产装备要求，增加了设备制造、材料采购和管理的成本。例如按照不同标准制造的压力容器，质保要求、采购的原材料牌号、制造工艺、检验方法及验收准则等都不尽相同，制造厂在生产环节需要配备两套管理流程和相关设备，采购多种原材料，且原材料和焊接材料不能通用，大大增加库存并形成浪费。

（3）有利于带动我国核岛机械设备走出去。核电发达国家的核岛机械设备标准都是唯一的，不会因为本国出现多种核电技术而形成多套标准。我国核岛机械设备制造水平和产能已居世界前列，但标准已成为短板，两套标准并存，将影响我国核电设备自主化形象。此外，我国的两套核岛机械设备标准与我国工业基础也结合不够，难以充分带动我国核岛机械设备及材料走出去。

（4）有利于我国核电的长远发展。标准是现有工程技术的积累和经验的总结固化，从而指导新的工程建设或技术发展。统一两套核岛机械设备标准，可消除在两套标准体系下分别进行总结和反馈工程实践经验和基础数据，从而在财力、技术研发和创新等方面形成合力。

我国核电已基本具备标准的自主创新条件。根据“实践—认识—再实践—再认识”的发展规律，我国本应在已有工业体系的基础上，通过对设计和建造核电厂经验的总结，逐步建立相应的核电标准体系，从而更好地完善和改进以后的核电实践。然而，我国的核电事业起步较晚这一基本事实，以及核电工程的极端复杂性和核安全的极端特殊性，决定了起初制定的采用核电输出国的技术标准启动我国核电工程的原则是正确的，它体现的是先借用其他国家的“认识”来指导我国起步阶段的“实践”。这一过程已经长达数十年，足以使我们在总结新的实践经验的基础上，获得新的认识。也就是说，我国从客观上已经基本具备了编写更适应于我国国情的核电技术标准的条件。

基本具备建立自主核电标准的条件的结论基于以下几个方面的基础工作。一是几十年的核电建造、运营和监管实践，虽然所依据的技术标准大部分是国外的，但实践过程本身也是对标准的理解和检验过程，尤其是通过建造事件和运行事件的处理以及监管方和被监管方的审评对话，目前我国已经基本消化了引进核电技术标准的内涵。二是我国核电相关标准的制修订工作也已开展几十年，虽然受各种因素制约，导致早期的制修订工作以“参照”国外标准为主，但近几年来已开始向“参考”转变。三是关于标准方面的国际交流日趋多样和深入，包括标准化组织之间的和监管机构之间的，这对于保证我国自主核电标准的先进性发挥着重要作用。四是我国国家重大专项以及相关企业自筹资金对我国自主核电标准所需的基础研究工作给予了较大力度的支持，取得的成果为自主标准研制提供了有力支撑。

建立一套完整、自主、先进的核电标准是我国由核电大国向核电强国迈进的必由之路。目前是我国建立与核电强国地位相匹配的核电标准体系的关键“窗口期”，是实现我国核电标准从“跟跑”“并跑”到“领跑”的攻坚时期。这不仅是对我国核电引进、消化、吸收、创新能力和成果的大考验，也是对我们总结、提炼、积累知识并进一步指导新的实践能力的大考验。另一方面，我国核电业界对核岛机械设备标准技术路线统一高度关注，统一核岛机械设备标准是行业内的共同愿望，也是大势所趋。

国家能源局于2017年2月正式批复开展压水堆核电厂核岛机械设备领域标准技术路线统一工作，目的是“通过专题研究持续优化完善我国核电标准体系顶层设计，有效促进我国核电标准的自主化，降低核电建设成本，为打造中国核电品牌提供必要的支撑。”项目研究实施过程中，建立了“总体组+专业组（设计、制造、材料、焊接、无损检测）”的组织架构，讨论确定了标准融合的基本原则和总体方案，形成了关于标准技术分歧的协商解决机制。并通过各专业深入调研分析和讨论、协商，基本解决了两套标准之间的主要技术分歧，为进一步开展自主统一标准的制修订工作打下坚实基础。

技术路线统一总体组负责统筹协调各专业组的研究工作，针对重要技术分歧进行协调讨论。技术路线统一各专业组工作，由国内核岛机械设备相关的设计院、制造厂、专业公司，以及核安全监管机构等20多家单位的100多位专家和代表直接参与了该项工作。主要参与单位分工情况如表1.3-1所示。

表1.3-1　标准技术路线统一任务分工

序号	研究任务	牵头单位
1	设计领域标准技术路线统一研究	中国核动力研究设计院
2	材料领域标准技术路线统一研究	中广核工程有限公司
3	无损检测领域标准技术路线统一研究	国核电站运行服务技术公司
4	制造领域标准技术路线统一研究	上海电气核电集团有限公司
5	焊接领域标准技术路线统一研究	中国核电工程有限公司

核岛机械设备标准技术路线统一总体目标是：在我国核岛机械设备标准与 RCC-M 和 ASME 规范对比研究的基础上，研究提出制定我国统一的核岛机械设备标准的草案。

核岛机械设备领域标准技术路线统一成果主要包括：

（1）核岛机械设备标准清单；

（2）修订和补充所需标准，形成标准草案；

（3）开展必要的验证试验，并形成研究报告；

（4）形成标准编制说明，内容至少包括：统一的主要思路，参考蓝本选取，各类分歧的解决，各领域接口处理等。

核岛机械设备标准技术路线统一标准主要遵循以下原则：

（1）以我国现有核岛机械设备标准文本为基础，参考 ASME 和 RCC-M 规范，结合我国工程实践提出需要研究的问题，并提出需要通过试验验证解决的问题；

（2）标准中涉及质量保证、人员资质等管理的内容应遵照我国现行的法律法规等相关规定；

（3）材料牌号按我国的要求命名，材料性能数据可先参考 ASME 规范或 RCC-M 规范的数据，后续逐步完善材料性能数据；

（4）结合我国的设备制造经验，考虑将成熟的设备制造技术纳入标准中；

（5）综合考虑已有的工程实践、工业基础及经济性，设计、材料、焊接、无损检测等各专业共同制定合理的验收准则。

核岛机械设备技术路线统一工作经国家能源局批复立项后，由标技委秘书处牵头组织，组建了总体组和四个专业组（设计、制造、焊接、材料、无损检测），吸纳了行业内各大设计院、工程公司和制造单位参加。

核岛机械设备标准技术路线统一对两套标准进行了系统深入的对比分析，形成了 68 份对比分析研究报告。针对各专业领域存在的具体技术差异点，形成了 174 份标准问题处理记录单，通过对这些问题单的讨论和关闭，逐项解决了大部分技术分歧，为后续统一标准的制修订奠定坚实基础。

1.4　我国核岛机械设备标准体系现状

一、体系概述

我国压水堆核电厂核岛机械设备标准体系总体结构与 ASME、RCC-M 较为相似，主要由材料、设计、制造、焊接、无损检测 5 大部分组成。体系框架如图 1.4-1 所示。

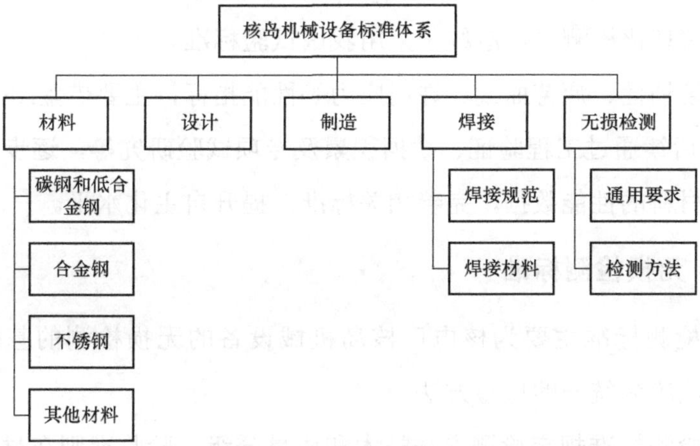

图 1.4-1　我国核岛机械设备标准体系框架

按照核岛机械设备标准技术路线统一的总体要求，各专业领域标准制修订的总体思路和原则如下。

（一）设计标准

核岛机械设备设计标准以GB/T 16702—2019《压水堆核电厂核岛机械设备设计规范》为基础，充分吸纳我国工程实践经验和大型先进压水堆核电重大专项标准课题“中国先进核电标准体系研究”等研究成果进行修订。

（二）制造标准

核岛机械设备制造标准主要在NB/T 20001—2013《压水堆核电厂核岛机械设备制造规范》的基础上，修订补充第三代压水堆核电设备制造的相关指标和要求。

（三）材料标准

结合工业实践，对核电国产化材料牌号进行融合，可以互相替代的进行合并处理，不可互相替代的，采用并列的方式供设计者采用。

对于材料标准中涉及的化学成分、力学性能、物理性能、工艺性能、腐蚀性能等理化检测方法应统一采用我国试验标准。

对材料断裂韧性、疲劳曲线、许用应力等性能指标，主要借鉴ASME和RCC-M。后续通过工程验证、数据积累及专项试验研究等，逐步补充我国自主核电材料的性能数据，完善相关标准，提升自主化水平。

（四）无损检测标准

无损检测标准主要为核电厂核岛机械设备的无损检测的基础方法标准，各方法应为统一的检验方法。

无损检测标准规定检测方法技术和质量分级，验收准则在材料和焊接标准中具体规定。

（五）焊接标准

统筹协调设计、制造等专业，建立我国的材料（包括母材、焊材、焊接接头）冲击性能要求，包括冲击性能豁免要求，以及冲击性能指标要求。参考ISO 15614修订后的最新版本，以及国际上相关研究动态，作为焊接工艺评定标准融合的重要参考。

二、标准体系表

通过标准技术路线统一，在两套标准体系基础上，进一步优化了各专业标准子体系设置。相对于原有的标准体系，主要变化如下：

（1）设计标准 GB/T 16702 拆分为 8 个部分；

（2）材料子体系精简整合为 98 份标准；

（3）取消了原NB标准体系中的“另一规范”（如NB/T 20318、NB/T 20450）；

（4）取消了针对单个主设备编制的设计制造标准；

（5）调整了部分标准的技术内容；如制造标准删除了装卸料机方面的要求；无损检测标准取消验收准则相关内容，在具体材料和焊接标准中进行规定；

（6）优化了各专业标准的协调一致性，如：设计标准关于材料力学性能指标与材料标准之间协调一致；设计标准与制造标准对于文件要求保持一致；制造标准中关于焊接见证件内容直接引用焊接规范。

我国现行核承压设备标准体系共包含 141 项标准，见表 1.4-1。

表 1.4-1　核岛机械设备标准体系表

序号	标准编号	标准名称	标准状态
1	GB/T 16702.1—202X	压水堆核电厂核岛机械设备设计规范　第 1 部分：总则	正修订
2	GB/T 16702.2—202X	压水堆核电厂核岛机械设备设计规范　第 2 部分：1 级设备	正修订
3	GB/T 16702.3—202X	压水堆核电厂核岛机械设备设计规范　第 3 部分：2 级设备	正修订
4	GB/T 16702.4—202X	压水堆核电厂核岛机械设备设计规范　第 4 部分：3 级设备	正修订
5	GB/T 16702.5—202X	压水堆核电厂核岛机械设备设计规范　第 5 部分：小型设备	正修订
6	GB/T 16702.6—202X	压水堆核电厂核岛机械设备设计规范　第 6 部分：堆内构件	正修订
7	GB/T 16702.7—202X	压水堆核电厂核岛机械设备设计规范　第 7 部分：设备支承	正修订
8	GB/T 16702.8—202X	压水堆核电厂核岛机械设备设计规范　第 8 部分：低压或常压储罐	正修订
9	NB/T 20001—2023	压水堆核电厂核岛机械设备制造规范	现行有效
10	NB/T 20002.1—2021	压水堆核电厂核岛机械设备焊接规范　第 1 部分：通用要求	现行有效
11	NB/T 20002.2—2021	压水堆核电厂核岛机械设备焊接规范　第 2 部分：焊接填充材料验收	现行有效

续表

序号	标准编号	标准名称	标准状态
12	NB/T 20002.3—2021	压水堆核电厂核岛机械设备焊接规范　第3部分：焊接工艺评定	现行有效
13	NB/T 20002.4—2013	压水堆核电厂核岛机械设备焊接规范　第4部分：焊接填充材料评定	正修订
14	NB/T 20002.5—2013	压水堆核电厂核岛机械设备焊接规范　第5部分：制造车间评定	现行有效
15	NB/T 20002.6—2021	压水堆核电厂核岛机械设备焊接规范　第6部分：产品焊接	现行有效
16	NB/T 20002.7—2013	压水堆核电厂核岛机械设备焊接规范　第7部分：耐磨堆焊	现行有效
17	NB/T 20003.1—2021	核电厂核岛机械设备无损检测　第1部分：通用要求	现行有效
18	NB/T 20003.2—2021	核电厂核岛机械设备无损检测　第2部分：超声检测	现行有效
19	NB/T 20003.3—2021	核电厂核岛机械设备无损检测　第3部分：射线检测	现行有效
20	NB/T 20003.4—2021	核电厂核岛机械设备无损检测　第4部分：渗透检测	现行有效
21	NB/T 20003.5—2021	核电厂核岛机械设备无损检测　第5部分：磁粉检测	现行有效
22	NB/T 20003.6—2021	核电厂核岛机械设备无损检测　第6部分：涡流检测	现行有效
23	NB/T 20003.7—2021	核电厂核岛机械设备无损检测　第7部分：目视检测	现行有效
24	NB/T 20003.8—2021	核电厂核岛机械设备无损检测　第8部分：泄漏检测	现行有效
25	NB/T 20004—2014	核电厂核岛机械设备材料理化检验方法	现行有效
26	NB/T 20005.1—202X	压水堆核电厂用碳钢和低合金钢　第1部分：1、2、3级设备用锻、轧件	正修订
27	NB/T 20005.5—202X	压水堆核电厂用碳钢和低合金钢　第5部分：1、2、3级设备用承压铸件	正修订
28	NB/T 20005.6—2013	压水堆核电厂用碳钢和低合金钢　第6部分：反应堆冷却剂泵电动机机座铸件	现行有效
29	NB/T 20005.7—202X	压水堆核电厂用碳钢和低合金钢　第7部分：1、2、3级设备用钢板	正修订
30	NB/T 20005.8—202X	压水堆核电厂用碳钢和低合金钢　第8部分：安全级支承件用钢板、型钢和钢棒	正修订
31	NB/T 20005.9—202X	压水堆核电厂用碳钢和低合金钢　第9部分：2、3级设备用无缝钢管	正修订

续表

序号	标准编号	标准名称	标准状态
32	NB/T 20005.10—202X	压水堆核电厂用碳钢和低合金钢 第 10 部分：用填充金属焊接的 2、3 级设备用钢管	正修订
33	NB/T 20005.11—202X	压水堆核电厂用碳钢和低合金钢 第 11 部分：安全级支承件用无缝钢管	正修订
34	NB/T 20005.12—202X	压水堆核电厂用碳钢和低合金钢 第 12 部分：主蒸汽管道用无缝钢管	正修订
35	NB/T 20005.13—2019	压水堆核电厂用碳钢和低合金钢 第 13 部分：2、3 级热交换器传热管用无缝钢管	现行有效
36	NB/T 20005.14—2019	压水堆核电厂用碳钢和低合金钢 第 14 部分：2、3 级对焊无缝管件	现行有效
37	NB/T 20005.15—2019	压水堆核电厂用碳钢和低合金钢 第 15 部分：用填充金属焊接的 2、3 级管件	现行有效
38	NB/T 20005.16—202X	压水堆核电厂用碳钢和低合金钢 第 16 部分：主蒸汽管道用弯头	正修订
39	NB/T 20005.18—2018	压水堆核电厂用碳钢和低合金钢 第 18 部分：主蒸汽隔离阀阀体用铸件	现行有效
40	NB/T 20005.19—202X	压水堆核电厂用碳钢和低合金钢 第 19 部分：安全壳机械贯穿件用锻件	正修订
41	NB/T 20005.31—202X	压水堆核电厂用碳钢和低合金钢 第 31 部分：钢制安全壳用锻件	正修订
42	NB/T 20005.32—202X	压水堆核电厂用碳钢和低合金钢 第 32 部分：钢制安全壳用钢板	正修订
43	NB/T 20005.33—202X	压水堆核电厂用碳钢和低合金钢 第 33 部分：钢制安全壳用钢管	正修订
44	NB/T 20005.36—2017	压水堆核电厂用碳钢和低合金钢 第 36 部分：蒸汽发生器用 24Mn 钢棒	现行有效
45	NB/T 20006.1—202X	压水堆核电厂用合金钢 第 1 部分：承受强辐照的反应堆压力容器筒体用锰-镍-钼钢锻件	正修订
46	NB/T 20006.3—202X	压水堆核电厂用合金钢 第 3 部分：反应堆压力容器过渡段和法兰用锰-镍-钼钢锻件	正修订
47	NB/T 20006.4—202X	压水堆核电厂用合金钢 第 4 部分：反应堆压力容器接管嘴用锰-镍-钼钢锻件	正修订
48	NB/T 20006.5—202X	压水堆核电厂用合金钢 第 5 部分：反应堆压力容器封头用锰-镍-钼钢锻件	正修订
49	NB/T 20006.6—202X	压水堆核电厂用合金钢 第 6 部分：蒸汽发生器管板用锰-镍-钼钢锻件	正修订
50	NB/T 20006.7—202X	压水堆核电厂用合金钢 第 7 部分：蒸汽发生器筒体用锰-镍-钼钢锻件	正修订
51	NB/T 20006.8—202X	压水堆核电厂用合金钢 第 8 部分：蒸汽发生器上封头用锰-镍-钼钢锻件	正修订

续表

序号	标准编号	标准名称	标准状态
52	NB/T 20006.9—202X	压水堆核电厂用合金钢　第 9 部分：蒸汽发生器水室封头用锰-镍-钼钢锻件	正修订
53	NB/T 20006.10—202X	压水堆核电厂用合金钢　第 10 部分：稳压器和蒸汽发生器接管嘴及孔盖用锰-镍-钼钢锻件	正修订
54	NB/T 20006.11—202X	压水堆核电厂用合金钢　第 11 部分：稳压器筒体、封头用锰-镍-钼钢锻件	正修订
55	NB/T 20006.12—2011	压水堆核电厂用合金钢　第 12 部分：反应堆冷却剂泵主法兰用锰-镍-钼钢锻件	正修订
56	NB/T 20006.14—202X	压水堆核电厂用合金钢　第 14 部分：反应堆压力容器和冷却剂泵紧固件用镍-铬-钼钢锻棒	正修订
57	NB/T 20006.15—202X	压水堆核电厂用合金钢　第 15 部分：承压边界用锰-镍-钼钢厚钢板	正修订
58	NB/T 20006.16—2021	压水堆核电厂用合金钢　第 16 部分：核岛设备支承构件用锰-镍-钼钢厚钢板	现行有效
59	NB/T 20006.17—2021	压水堆核电厂用合金钢　第 17 部分：反应堆压力容器法兰接管段用锰-镍-钼合金钢锻件	现行有效
60	NB/T 20006.18—2019	压水堆核电厂用合金钢　第 18 部分：反应堆压力容器整体顶盖用锰-镍-钼合金钢锻件	现行有效
61	NB/T 20006.19—2019	压水堆核电厂用合金钢　第 19 部分：反应堆冷却剂泵泵壳用锰-镍-钼合金钢锻件	现行有效
62	NB/T 20006.20—202X	压水堆核电厂用合金钢　第 20 部分：主蒸汽管道用无缝钢管	正制定
63	NB/T 20006.31—2015	压水堆核电厂用合金钢　第 31 部分：安全壳用钢板	正修订
64	NB/T 20006.32—2016	压水堆核电厂用合金钢　第 32 部分：安全壳机械贯穿件用锻件	正修订
65	NB/T 20006.38—202X	压水堆核电厂用合金钢　第 38 部分：非能动余排等设备用锰-镍-钼钢锻件	正修订
66	NB/T 20006.39—2017	压水堆核电厂用合金钢　第 39 部分：一体化堆顶组件用钢棒	现行有效
67	NB/T 20006.40—2018	压水堆核电厂用合金钢　第 40 部分：一体化堆顶组件用锻件	现行有效
68	NB/T 20007.1—202X	压水堆核电厂用不锈钢　第 1 部分：1、2、3 级设备用奥氏体不锈钢锻件	正修订
69	NB/T 20007.3—202X	压水堆核电厂用不锈钢　第 3 部分：堆内构件用奥氏体不锈钢锻件	正修订
70	NB/T 20007.4—2012	压水堆核电厂用不锈钢　第 4 部分：反应堆冷却剂泵轴用含铌稳定化奥氏体不锈钢锻件	现行有效
71	NB/T 20007.5—202X	压水堆核电厂用不锈钢　第 5 部分：1、2、3 级设备用奥氏体不锈钢板	正修订

续表

序号	标准编号	标准名称	标准状态
72	NB/T 20007.6—202X	压水堆核电厂用不锈钢　第 6 部分：堆内构件用奥氏体不锈钢板	正修订
73	NB/T 20007.7—202X	压水堆核电厂用不锈钢　第 7 部分：安全级支承用奥氏体不锈钢钢板和钢带	正修订
74	NB/T 20007.8—202X	压水堆核电厂用不锈钢　第 8 部分：1、2、3 级设备用奥氏体不锈钢无缝钢管	正修订
75	NB/T 20007.9—2011	压水堆核电厂用不锈钢　第 9 部分：1、2、3 级奥氏体不锈钢对焊无缝管件	现行有效
76	NB/T 20007.10—202X	压水堆核电厂用不锈钢　第 10 部分：1、2、3 级热交换器用奥氏体不锈钢无缝钢管	正修订
77	NB/T 20007.11—2019	压水堆核电厂用不锈钢　第 11 部分：用填充金属焊接的 1、2、3 级奥氏体不锈钢钢管	现行有效
78	NB/T 20007.12—2019	压水堆核电厂用不锈钢　第 12 部分：用填充金属焊接的 1、2、3 级奥氏体不锈钢对焊管件	现行有效
79	NB/T 20007.13—202X	压水堆核电厂用不锈钢　第 13 部分：反应堆冷却剂管道用奥氏体不锈钢管	正修订
80	NB/T 20007.14—202X	压水堆核电厂用不锈钢　第 14 部分：1、2、3 级设备用奥氏体不锈钢棒材和型材	正修订
81	NB/T 20007.15—202X	压水堆核电厂用不锈钢　第 15 部分：堆内构件紧固件用冷作硬化奥氏体不锈钢棒	正修订
82	NB/T 20007.16—2021	压水堆核电厂用不锈钢　第 16 部分：2、3 级马氏体不锈钢锻件	现行有效
83	NB/T 20007.17—202X	压水堆核电厂用不锈钢　第 17 部分：堆内构件压紧弹性环用马氏体不锈钢锻件	正修订
84	NB/T 20007.18—2012	压水堆核电厂用不锈钢　第 18 部分：2、3 级辅助泵驱动轴用马氏体不锈钢锻、轧件	现行有效
85	NB/T 20007.19—2021	压水堆核电厂用不锈钢　第 19 部分：1、2、3 级马氏体不锈钢承压铸件	现行有效
86	NB/T 20007.21—202X	压水堆核电厂用不锈钢　第 21 部分：蒸汽发生器传热管支承用马氏体不锈钢板	正修订
87	NB/T 20007.22—2012	压水堆核电厂用不锈钢　第 22 部分：反应堆控制棒驱动机构驱动杆用马氏体不锈钢无缝钢管	现行有效
88	NB/T 20007.23—202X	压水堆核电厂用不锈钢　第 23 部分：1、2、3 级设备用奥氏体-铁素体不锈钢承压铸件	正修订
89	NB/T 20007.24—2013	压水堆核电厂用不锈钢　第 24 部分：反应堆冷却剂泵蜗壳用奥氏体-铁素体不锈钢承压铸件	现行有效
90	NB/T 20007.26—2012	压水堆核电厂用不锈钢　第 26 部分：反应堆冷却剂管道用奥氏体-铁素体不锈钢离心浇铸管	现行有效
91	NB/T 20007.27—2013	压水堆核电厂用不锈钢　第 27 部分：反应堆冷却剂管道用奥氏体-铁素体不锈钢铸造弯头和斜接管嘴	现行有效

续表

序号	标准编号	标准名称	标准状态
92	NB/T 20007.28—202X	压水堆核电厂用不锈钢　第 28 部分：3 级设备用耐海水腐蚀奥氏体-铁素体双相不锈钢承压铸件	正修订
93	NB/T 20007.31—2015	压水堆核电厂用不锈钢　第 31 部分：安全壳用 022Cr19Ni10 不锈钢锻件	现行有效
94	NB/T 20007.32—2015	压水堆核电厂用不锈钢　第 32 部分：安全壳用 022Cr19Ni10 不锈钢无缝钢管	现行有效
95	NB/T 20007.35—2015	压水堆核电厂用不锈钢　第 35 部分：安全壳机械贯穿件用 06Cr18Ni11Ti 不锈钢板	现行有效
96	NB/T 20007.36—2015	压水堆核电厂用不锈钢　第 36 部分：控制棒驱动机构承压部件用奥氏体不锈钢锻棒	现行有效
97	NB/T 20007.39—2015	压水堆核电厂用不锈钢　第 39 部分：控制棒驱动机构驱动杆用马氏体不锈钢棒	现行有效
98	NB/T 20007.41—2015	压水堆核电厂用不锈钢　第 41 部分：堆内构件用奥氏体不锈钢无缝钢管	现行有效
99	NB/T 20007.42—2015	压水堆核电厂用不锈钢　第 42 部分：堆内构件用沉淀硬化不锈钢棒	现行有效
100	NB/T 20007.43—202X	压水堆核电厂用不锈钢　第 43 部分：反应堆冷却剂管道接管座用奥氏体不锈钢锻件	正修订
101	NB/T 20007.44—202X	压水堆核电厂用不锈钢　第 44 部分：反应堆冷却剂波动管用奥氏体不锈钢管	正修订
102	NB/T 20007.47—202X	压水堆核电厂用不锈钢　第 47 部分：蒸汽发生器抗振条用不锈钢棒材和型材	正修订
103	NB/T 20008.1—2012	压水堆核电厂用其他材料　第 1 部分：反应堆冷却剂系统支承件用合金钢锻件	现行有效
104	NB/T 20008.2—2010	压水堆核电厂用其他材料　第 2 部分：蒸汽发生器、反应堆冷却剂泵和主蒸汽管路支承件用锰-钼-钒合金钢铸件	现行有效
105	NB/T 20008.3—2012	压水堆核电厂用其他材料　第 3 部分：3 级辅助系统泵、阀用铜-铝合金铸件	现行有效
106	NB/T 20008.4—202X	压水堆核电厂用其他材料　第 4 部分：1、2、3 级设备用镍-铬-铁合金锻、轧件	正修订
107	NB/T 20008.6—202X	压水堆核电厂用其他材料　第 6 部分：镍基耐蚀合金板	正修订
108	NB/T 20008.7—202X	压水堆核电厂用其他材料　第 7 部分：蒸汽发生器传热管用镍-铬-铁合金无缝管	正修订
109	NB/T 20008.8—202X	压水堆核电厂用其他材料　第 8 部分：镍基耐蚀合金管	正修订
110	NB/T 20008.9—202X	压水堆核电厂用其他材料　第 9 部分：镍基耐蚀合金棒	正修订

续表

序号	标准编号	标准名称	标准状态
111	NB/T 20008.10—202X	压水堆核电厂用其他材料　第 10 部分：堆内构件和控制棒驱动机构用镍基合金棒	正修订
112	NB/T 20008.11—202X	压水堆核电厂用其他材料　第 11 部分：支承件及连接件用锻轧棒	正修订
113	NB/T 20008.13—202X	压水堆核电厂用其他材料　第 13 部分：1、2、3 级紧固件	正修订
114	NB/T 20008.14—202X	压水堆核电厂用其他材料　第 14 部分：镍基合金弹簧丝	正修订
115	NB/T 20008.15—2012	压水堆核电厂用其他材料　第 15 部分：3 级板式热交换器用钛板	现行有效
116	NB/T 20008.16—202X	压水堆核电厂用其他材料　第 16 部分：控制棒驱动机构用钴基合金棒材	正修订
117	NB/T 20008.17—202X	压水堆核电厂用其他材料　第 17 部分：非合金及合金球墨铸铁件	正修订
118	NB/T 20008.27—2017	压水堆核电厂用其他材料　第 27 部分：控制棒驱动机构用 ZCoCr29W4.5 铸件	现行有效
119	NB/T 20008.32—2017	压水堆核电厂用其他材料　第 32 部分：控制棒驱动机构用 NS3306 合金板材及带材	现行有效
120	NB/T 20008.35—2018	压水堆核电厂用其他材料　第 35 部分：非能动余热排出热交换器用 NS3105 合金 C 形管	现行有效
121	NB/T 20008.36—2019	压水堆核电厂用其他材料　第 36 部分：安全级设备用镍基合金丝	现行有效
122	NB/T 20008.37—2019	压水堆核电厂用其他材料　第 37 部分：安注箱用不锈钢复合钢板	现行有效
123	NB/T 20008.38—2019	压水堆核电厂用其他材料　第 38 部分：爆破阀剪切盖用镍-铬-铁合金锻件	现行有效
124	NB/T 20009.1—2021	压水堆核电厂用焊接材料　第 1 部分：碳钢焊条	现行有效
125	NB/T 20009.2—2021	压水堆核电厂用焊接材料　第 2 部分：低合金钢焊条	现行有效
126	NB/T 20009.3—2021	压水堆核电厂用焊接材料　第 3 部分：不锈钢焊条	现行有效
127	NB/T 20009.4—2021	压水堆核电厂用焊接材料　第 4 部分：镍基合金焊条	现行有效
128	NB/T 20009.5—2021	压水堆核电厂用焊接材料　第 5 部分：碳钢气体保护电弧焊药芯焊丝	现行有效
129	NB/T 20009.6—2021	压水堆核电厂用焊接材料　第 6 部分：碳钢气体保护电弧焊焊丝	现行有效
130	NB/T 20009.7—2021	压水堆核电厂用焊接材料　第 7 部分：不锈钢焊丝和填充丝	现行有效

续表

序号	标准编号	标准名称	标准状态
131	NB/T 20009.8—2021	压水堆核电厂用焊接材料　第 8 部分：镍基合金焊丝和填充丝	现行有效
132	NB/T 20009.9—2021	压水堆核电厂用焊接材料　第 9 部分：埋弧焊用碳钢焊丝和焊剂	现行有效
133	NB/T 20009.10—2021	压水堆核电厂用焊接材料　第 10 部分：埋弧焊用低合金钢焊丝和焊剂	现行有效
134	NB/T 20009.11—2021	压水堆核电厂用焊接材料　第 11 部分：埋弧焊用不锈钢焊丝和焊剂	现行有效
135	NB/T 20009.12—2021	压水堆核电厂用焊接材料　第 12 部分：镍基合金堆焊用焊带和焊剂	现行有效
136	NB/T 20009.13—2021	压水堆核电厂用焊接材料　第 13 部分：不锈钢堆焊用焊带和焊剂	现行有效
137	NB/T 20009.14—2013	压水堆核电厂用焊接材料　第 14 部分：1、2、3 级设备用硬质合金堆焊焊接材料	现行有效
138	NB/T 20009.32—2018	压水堆核电厂用焊接材料　第 32 部分：低合金钢气体保护焊焊丝	现行有效
139	NB/T 20009.35—2014	压水堆核电厂用焊接材料　第 35 部分：钢制安全壳用低合金钢焊条	现行有效
140	NB/T 20009.36—2018	压水堆核电厂用焊接材料　第 36 部分：钢制安全壳用气体保护焊焊丝	现行有效
141	NB/T 20009.37—2019	压水堆核电厂用焊接材料　第 37 部分：钢制安全壳用埋弧焊焊丝和焊剂	现行有效

注：部分标准处于修订阶段，尚未正式发布。

第二章　材料标准解读

2.1　材料的基础共性要求

2.1.1　材料牌号

我国在参考 RCC-M 和 ASME 基础上，于 2010—2021 年先后制定并发布了两套（共计 169 项）用于核岛机械设备的材料标准。自 2017 开始，行业内全面开展了对两套标准的技术路线统一研究和标准修订升版工作，逐步完成了标准的融合。融合标准的材料牌号主要依据国标 GB/T 221—2008 进行命名，一些特殊类型的材料牌号则依据更为具体的国标，如：铸钢主要依据 GB/T 5613—2014，碳钢和低合金钢容器用板依据 GB/T 713—2023，不锈钢依据 GB/T 20878—2007，镍基/铁镍基合金依据 GB/T 14992—2005 和 GB/T 15007—2017，钛及钛合金依据 GB/T 3620.1—2016。

核岛机械设备材料标准主要涵盖 4 类金属材料：碳钢和低合金钢（NB/T 20005）、合金钢（NB/T 20006）、不锈钢（NB/T 20007）、其他材料（NB/T 20008）。对应的制品形式包括铸件、锻件、板材、棒材、丝材、钢管、管件等。不同类型制品形式及对应的材料牌号如下。

一、碳钢和低合金钢系列

（一）铸件

碳钢和低合金钢系列标准中涉及的铸件标准和相应的牌号见表 2.1-1。

表 2.1-1 碳钢铸件牌号

标准号	材料牌号	RCC-M 牌号	ASME 牌号
NB/T 20005.5	ZG235-470	20M5M	—
	ZG275-485	20MN5M	—
NB/T 20005.6	ZG23Mn	23M5M	—
	ZG20CrMnMo	20CD4M	—
NB/T 20005.18	ZG275-485	20MN5M	—

（二）锻件

锻件标准中的材料牌号见表 2.1-2。

表 2.1-2 锻件标准中的材料牌号

标准号	材料牌号	RCC-M 牌号	ASME 牌号
NB/T 20005.1	20	P245GH/P265GH	—
	14Mn	P280GH	—
NB/T 20005.19	14Mn	P280GH	—
	18Mn	—	SA-350 Gr.LF2
NB/T 20005.31	15Mn	—	SA-350 Gr.LF2

（三）钢板

在碳钢和低合金钢系列标准中涉及的钢板标准和相应的牌号见表 2.1-3。

表 2.1-3 钢板标准中的材料牌号

标准号	材料牌号	RCC-M 牌号	ASME 牌号
NB/T 20005.7	Q260HR	—	SA-516 Gr.70
	Q265HR	P265GH	—
	Q295HR	P295GH	—
	Q355HR	P355GH	—
NB/T 20005.32	15MnHR	—	SA-516 Gr.70

（四）钢管和管件

在碳钢和低合金钢系列标准中涉及的钢管和管件标准和相应的牌号见表 2.1-4。

表 2.1-4 钢管和管件标准中的材料牌号

标准号	材料牌号	RCC-M 牌号	ASME 牌号
NB/T 20005.9	20	P265GH	—
	14Mn	P280GH	—
NB/T 20005.10	同钢板	同钢板	—
NB/T 20005.11	20	M1146 TU42C	—
	16Mn	M1146 TU48C	—
NB/T 20005.12	P280GH	M1144\M1152 P280GH	—
NB/T 20005.13	20	M1147 P265GH	—
NB/T 20005.14	同钢板和无缝钢管	同钢板和无缝钢管	—
NB/T 20005.15	Q235HR	P235GH	—
	Q265HR	P265GH	—
	Q295HR	P295GH	—
	Q355HR	P355GH	—
NB/T 20005.16	14Mn	M1125 P280GH	—
NB/T 20005.33	15Mn	—	SA-333 Gr.6

二、合金钢系列

（一）反应堆压力容器锻件

参考 RCC-M 编制的 NB 标准中锻件牌号沿用 16MND5 锻件的命名准则，将锻件牌号命名为 16MnNiMo。

参考 ASME 编制的 NB 标准中锻件牌号根据 SA508 Cl.3 Gr.1，按照 GB/T 223 中的命名规则，将锻件牌号命名为 19MnNiMo。

技术路线统一研究阶段统一了反应堆压力容器用材料各项指标，材料牌号统一按 GB/T 223 中的命名规则确定为 19MnNiMo，见表 2.1-5。

表 2.1-5　反应堆压力容器锻件牌号

序号	标准名称	牌号	RCC-M 牌号	ASME 牌号
1	压水堆核电厂用合金钢　第 1 部分：承受强辐照的反应堆压力容器筒体用锰-镍-钼钢锻件	19MnNiMo	16MND5	SA508Gr3.Cl1
2	压水堆核电厂用合金钢　第 3 部分：反应堆压力容器过渡段和法兰用锰-镍-钼钢锻件	19MnNiMo	16MND5	SA508Gr3.Cl1
3	压水堆核电厂用合金钢　第 4 部分：反应堆压力容器接管嘴用锰-镍-钼钢锻件	19MnNiMo	16MND5	SA508Gr3.Cl1
4	压水堆核电厂用合金钢　第 5 部分：反应堆压力容器封头用锰-镍-钼钢锻件	19MnNiMo	16MND5	SA508Gr3.Cl1

（二）蒸汽发生器锻件

参考 RCC-M 编制的 NB 标准中锻件牌号沿用 18MND5 锻件的命名准则，将锻件牌号命名为 18MnNiMo。

参考 ASME 编制的 NB 标准中锻件牌号根据 SA508 Cl.3 Gr.2，按照 GB/T 223 中的命名规则，将锻件牌号命名为 20MnNiMo。

技术路线统一后，蒸汽发生器承压锻件材料牌号统一为 20MnNiMo，见表 2.1-6。

表 2.1-6　蒸汽发生器锻件牌号

序号	标准名称	牌号	RCC-M 牌号	ASME 牌号
1	压水堆核电厂用合金钢　第 6 部分：蒸汽发生器管板用锰-镍-钼钢锻件	20MnNiMo	18MND5	SA508Gr3.Cl2
2	压水堆核电厂用合金钢　第 7 部分：蒸汽发生器筒体用锰-镍-钼钢锻件	20MnNiMo	18MND5	SA508Gr3.Cl2
3	压水堆核电厂用合金钢　第 8 部分：蒸汽发生器上封头用锰-镍-钼钢锻件	20MnNiMo	18MND5	SA508Gr3.Cl2
4	压水堆核电厂用合金钢　第 9 部分：蒸汽发生器水室封头用锰-镍-钼钢锻件	20MnNiMo	18MND5	SA508Gr3.Cl2

（三）稳压器锻件

参考 RCC-M 编制的 NB 材料标准中锻件牌号沿用 16MND5 和 18MND5 锻件的命名准则，将锻件牌号命名为 16MnNiMo 和 18MnNiMo。

参考 ASME 编制的 NB 标准中锻件牌号根据 SA508 Cl.3 Gr.2，按照 GB/T 223 中的命名规则，将锻件牌号命名为 20MnNiMo。

通过标准技术路线统一，对不同机型稳压器采用的材料指标进行了融合，其中，锻件牌号统一按 GB/T 223 中的命名规则进行命名，稳压器锻件材料牌号统一为 20MnNiMo，见表 2.1-7。

表 2.1-7　稳压器锻件牌号

序号	标准名称	牌号	RCC-M 牌号	ASME 牌号
1	压水堆核电厂用合金钢　第 11 部分：稳压器筒体、封头用锰-镍-钼钢锻件	20MnNiMo	18MND5 16MND5	SA508Gr3.Cl2

（四）合金钢板

“华龙一号”机组中，板材主要用在部分二级设备（如安注箱）和设备支撑上，参考 RCCM 编制的 NB 标准中板材牌号参考 RCCM 用 16MND5 和 18MND5 板材的命名准则，将板材牌号命名为 16MnNiMo 和 18MnNiMo。

国和一号的部分承压设备（如安注箱）和钢制安全壳中使用了板材，参考 ASME 编制的 NB 标准中板材牌号根据 SA738B 和 SA533B 中成分，按照 GB/T 223 中的命名规则，将板材牌号命名为 13MnNiMo 和 10MnNiMo，见表 2.1-8。

表 2.1-8　合金钢板牌号

序号	标准名称	牌号	RCC-M 牌号	ASME 牌号
1	压水堆核电厂用合金钢　第 15 部分：承压边界用锰-镍-钼钢厚钢板	20MnNiMo	18MND5 16MND5 （不再使用）	SA508Gr3.Cl2
2	压水堆核电厂用合金钢　第 16 部分：核岛设备支承构件用锰-镍-钼钢厚钢板	16MnNiMo		
3	压水堆核电厂用合金钢　第 31 部分：安全壳用 10MnNiMoHR 钢板	10MnNiMoHR		

三、不锈钢系列

不锈钢融合后标准牌号命名和成分要求主要按照 GB/T 20878—2007 要求执行，若没有对应牌号的，按照 GB/T 221 制定新牌号（如 026Cr19Ni10N）。

不锈钢材料牌号见表 2.1-9。

表 2.1-9　不锈钢牌号

融合后的牌号	参考 RCC-M 编制的 NB 标准	参考 ASME 编制的 NB 标准	残余元素 P、S 等按最新标准要求执行（0.030%，0.015%），主要合金元素执行 GB/T 20878 中要求
06Cr19Ni10[a]	06Cr19Ni10	05Cr19Ni10	C≤0.080
022Cr19Ni10[a]	022Cr19Ni10	022Cr19Ni10	C≤0.030
026Cr19Ni10N[b]	026Cr19Ni10N	—	C≤0.035 N≤0.080
022Cr19Ni10N[a]	—	022Cr19Ni10N	C≤0.030
06Cr17Ni12Mo2[a]	06Cr17Ni12Mo2	05Cr17Ni12Mo2	C≤0.080
022Cr17Ni12Mo2[a]	022Cr17Ni12Mo2	022Cr17Ni12Mo2	C≤0.030
026Cr18Ni12Mo2N[b]	026Cr18Ni12Mo2N	—	C≤0.035 N≤0.080
022Cr17Ni12Mo2N[a]	—	022Cr17Ni12Mo2N	C≤0.030
07Cr19Ni10[a]	—	06Cr19Ni10	0.040≤C≤0.100
06Cr18Ni11Ti[a]	06Cr18Ni11Ti	—	C≤0.080
05Cr17Ni8Mn8Si4N[b]	—	05Cr17Ni8Mn8Si4N	—
05Cr22Ni12Mn5Mo2NNbV[b]	—	05Cr22Ni12Mn5Mo2NNbV	—

注：a. GB/T 20878—2007 中牌号；
　　b. 参考 GB/T 20878 制定的新牌号。

2.1.2　化学成分

一、检验和试验标准

化学成分分析相关的检验和试验按照国标的试验标准进行检测，具体检验和试验方法主要采用以下标准：

（1）GB/T 223　钢铁及合金化学分析方法；

（2）GB/T 4336　碳素钢和中低合金钢　多元素含量的测定　火花放

电原子发射光谱法（常规法）；

（3）GB/T 11170　不锈钢　多元素含量的测定　火花放电原子发射光谱法（常规法）；

（4）GB/T 20066　钢和铁　化学成分测定用试样的取样和制样方法；

（5）GB/T 20123　钢铁　总碳硫含量的测定 高频感应炉燃烧后红外吸收法（常规方法）；

（6）GB/T 20124　钢铁　氮含量的测定　惰性气体熔融热导法（常规方法）；

（7）GB/T 20125　低合金钢 多元素含量的测定 电感耦合等离子体原子发射光谱法；

（8）GB/T 20127　钢铁及合金 痕量元素的测定。

二、元素控制

（一）活化元素控制

对于与一回路介质接触的材料，部分元素在堆芯辐照环境下会出现活化现象，带来放射性计量增加，现有标准严格控制了活化元素的含量。堆内的主要活化元素有 Co、Ta 等。活化元素 Co、Ta 等含量一般控制在 0.10% 以内。

（二）辐照脆化元素控制

对于低合金钢承压容器，在辐照条件下会出现辐照脆化的现象，辐照敏感元素（Cu、P，Ni）含量根据 GB/T 16702 的辐照脆化公式计算。

（三）有害元素控制

对于对材料性能有不利影响的 P、S 等杂质元素，结合国内制造水平做了相应调整。

2.1.3 评定要求

一、评定的目的

对产品进行评定的主要目的是检查按规定的大纲制造的产品，确保其具有适当的制造工艺和满足预期的使用要求。产品评定可以确定产品的特性，尤其是产品的均匀性及验收试验的代表性。

二、评定的部件

以下部件在首次生产前，应按要求进行产品和车间评定。

（1）反应堆压力容器：

a. 上封头；

b. 顶盖法兰；

c. 整体顶盖；

d. 法兰-接管段筒体；

e. 堆芯段筒体；

f. 过渡段；

g. 下封头；

h. 一体化下封头；

i. 进口接管；

j. 出口接管；

k. 安全注射接管。

（2）蒸汽发生器：

a. 椭球形封头；

b. 二次侧筒体；

c. 管板；

d. 传热管；

e. 水室封头；

f. 分隔板。

（3）稳压器：

a. 上封头；

b. 筒体；

c. 下封头。

（4）堆芯补水箱：

a. 上封头；

b. 筒体；

c. 下封头。

（5）非能动余热排出热交换器：

a. 封头；

b. 管板；

c. 传热管。

（6）反应堆冷却剂泵：

a. 泵壳；

b. 主法兰；

c. 电动机机座（如果在承压边界内）；

d. 泵轴；

e. 电动机联轴节；

f. 联节短轴；

g. 电动机轴；

h. 飞轮。

（7）反应堆冷却剂泵外置热交换器：

a. 一体化管箱（屏蔽电机）；

b. 管箱盖（屏蔽电机）；

c. 传热管（屏蔽电机）。

（8）反应堆冷却剂管道：

a. 管道；

b. 弯头。

（9）稳压器波动管：

a. 管段。

（10）阀门：

a. 公称直径大于或等于 200 mm 的 1 级阀门的模锻或锻造阀体；

b. 主蒸汽隔离阀阀体；

c. 蒸汽发生器给水管道截止阀阀体；

d. 爆破阀阀体；

e. 爆破阀剪切盖。

（11）反应堆堆内构件：

a. 堆芯支承板；

b. 压紧弹簧；

c. 上部支承板。

（12）主蒸汽供应系统：

a. 无缝管；

b. 弯头。

（13）其他设计方认为需要评定的部件。

三、评定的有效性评价

产品评定报告应明确下述内容。改变任何一个认为足以影响评定的因素或参数时，应通知采购方，并应对这一改变的可能后果作出评价。

根据评价结果，设计方可作出以下决定：

（1）评定继续有效；

（2）进行补充试验后，评定继续有效；

（3）产品应予以评定或重新评定。

2.1.4　热处理要求

一、热处理制度

对碳钢和低合金钢材料，除少量材料外（如热轧结构钢和紧固件用材料），一般采用正火状态交货，直径较大、厚度较厚的碳钢和低合金钢也可采用淬火+高温回火状态交货。

对合金钢材料，一般采用淬火+高温回火状态交货。

对奥氏体不锈钢（含奥氏体—铁素体钢铸件）、双相不锈钢，一般采用固溶热处理状态交货。

对固溶强化型耐蚀镍合金（如 NS3105），一般采用固溶处理或固溶处理+特殊热处理状态交货。

对沉淀硬化不锈钢和时效强化型镍合金，一般采用固溶+时效状态交货。

二、热处理的保温温度偏差

对除时效处理以外的热处理，保温温度偏差按±10 ℃进行控制；对时效热处理，由于时效温度对力学性能变化比较敏感，对时效处理的保温温度的温差需从严控制，具体数据见相关 NB 标准。

三、模拟焊后热处理要求

（一）保温温度

对除 Mn-Ni-Mo 合金钢以外的材料，模拟焊后热处理保温温度应与后续制造过程中进行的最高温度相一致。

对 Mn-Ni-Mo 合金钢，模拟焊后热处理的保温温度按某个范围值执行，并规定了试料进炉时，炉温不高于 400 ℃。

（二）保温时间

保温时间至少是后续制造过程中进行的焊后热处理保温时间总和的80%，该保温时间应考虑到制造过程中可能要做补充热处理的时间。

（三）保温偏差

对除 Mn-Ni-Mo 合金钢以外的材料，模拟焊后热处理保温温度应与后续制造过程中进行的最高温度相一致。

对 Mn-Ni-Mo 合金钢，模拟焊后热处理的保温温度按某个范围值执行。

（四）加热冷却速率

在温度超过 400 ℃时的加热和冷却速率应满足下列要求：

（1）材料厚度 $t \leq 25$ mm 时，不超过 220 ℃/h；

（2）材料厚度 $t > 25$ mm 时，不超过 55 ℃/h 和（220/T）×25 ℃/h 两数中的较大值。

2.1.5 取样

一、化学成分分析取样

熔炼分析每炉取一个试样，对于重熔材料应在每个重熔锭端部取样。成品分析每批材料取一个试样，试样可在力学性能试验的余料上截取。

对于主设备用的大型 Mn-Ni-Mo 合金钢锻件，多炉合浇的钢锭应分析每炉钢水的化学成分，每炉钢水的分析结果或合浇后的权重平均值应符合相关标准的规定；对于重熔钢锭，应从重熔钢锭两端分别取样进行熔炼分析，分析结果应符合相关标准的规定。锻件的成品分析应在锻件两端各取一个试样进行分析。

二、力学性能和工艺性能的试样状态

试料应在经性能热处理（HTMP）后的材料上截取。试料应采用机加工

方法截取。试料上应做清楚的标记且标明其轴向和周向。试料应具有足够的尺寸，以便截取所有试验及可能复试所需的试样。

当材料在设备制造或现场安装阶段需进行焊后热处理或消除应力热处理时，当材料仅进行整体热处理时，试样状态应为交货状态加模拟焊后热处理（SPWHT）或消除应力热处理状态，即 HTMP + SPWHT；当材料仅进行局部热处理时，试样状态应为 HTMP 和 HTMP + SPWHT 两种。对以轧制态交货的并在设备制造中热加工后进行性能热处理的材料，试样应进行模拟性能热处理。

三、Mn-Ni-Mo 合金钢锻件取样

因锻件在设备制造过程中一般均采用整体焊后热处理，因此试样仅需取自经模拟焊后热处理的试料。对上平台能量试验用冲击试样制备，按采购文件要求执行。对落锤试样的方向，可为任意方向且一致，但需在质量证明文件中注明。

（一）筒体类锻件

试料应在位于锻件尾部延长段上试环的径向相对 180° 的两个位置和锻件头部延长段上试环的径向相对 180° 的两个位置截取，头部和尾部试料径向相错 90°。

试样位置和方向应遵循下列要求。

（1）试样的纵向轴线距筒体内壁的距离至少应为壁厚的四分之一，但不超过壁厚的二分之一。试样的有效部分离端面的距离应不小于壁厚 T；若使用热缓冲环，热缓冲环应采用不完全焊透焊缝完全密封缓冲表面。热缓冲环材料应选用可焊性较好的低碳或低合金钢。热缓冲环的高度和宽度应大于或等于 T。试样的有效部分应距热缓冲表面至少 13 mm；

（2）除上平台能量试验用冲击试样外的试样缺口底线应垂直于锻件的内、外表面。

（二）管板类锻件

（1）锻件图中应规定承受高拉应力的成品表面；

（2）截取试料时应保证试样的纵轴距管板的热处理表面至少等于所规定的高拉应力成品表面到最近的热处理表面的最大距离，且试样的中心到其他热处理表面至少为此距离的两倍。在任何情况下，试样的纵轴到锻件任何热处理表面的距离不得小于 19 mm，试样的中心到任何第二表面的距离至少为 38 mm；

（3）冲击试验试样缺口底线应垂直于锻件的内、外表面。

（三）封头类锻件

（1）封头大端试样的取样方式与筒体锻件相同；

（2）封头接管处截取试料时应保证试样的纵轴离锻件最近的热处理表面至少等于所规定的高拉应力成品表面到最近的热处理表面的最大距离，且试样长度的中心到其他热处理表面至少为此距离的两倍。在任何情况下，试样的纵轴到锻件任何热处理表面的距离不得小于 19 mm，试样长度的中心到任何第二表面的距离至少为 38 mm。高拉应力的成品表面应在锻件图中规定；

（3）除上平台能量试验用冲击试样外的试样缺口底线应垂直于锻件的热处理表面。

2.1.6 理化性能检验

一、化学成分检验

对于融合前后的标准，化学成分的检验要求差异不大，即化学成分分析试样的取样和制样方法按相应材料标准和 GB/T 20066 的规定执行，分析方法按 GB/T 223 适用部分，根据材料类型不同，化学分析方法可按 GB/T 4336、GB/T 11170、GB/T 20123、GB/T 20124、GB/T 20125 和 GB/T 38939 的有关规定执行，仲裁分析应按 GB/T 223 适用部分执行。

二、晶间腐蚀试验

在融合前的奥氏体不锈钢和奥氏体—铁素体的标准中，晶间腐蚀试验方法包括两种。一种为对按 RCC-M 要求转化的 NB 标准，晶间腐蚀试验标准采用 NB/T 20004—2014 中的方法一（该方法与 RCC-M MC1310 中的要求相同）；另一种为按 ASME 要求转化的 NB 标准，晶间腐蚀试验标准采用 NB/T 20004—2014 中的方法二（该方法与 ASTM A262 中 E 法的要求相同）。因 NB/T 20004—2014 中的方法一和方法二虽然都是在硫酸—硫酸铜溶液中进行晶间腐蚀试验，但两个方法中的试样制备、敏化处理要求、试验溶液的配制和试验后的检验均有一定的差异；而国内通常使用的试验标准，即 GB/T 4334—2020 中的 E 法也能检验出材料的晶间腐蚀倾向，因此对融合后的 NB 标准，晶间腐蚀试验方法统一为按 GB/T 4334—2020 中的 E 法执行。NB/T 20004—2014 中的方法一、方法二和 ASTM A262 中 E 法对比见表。

表 2.1-X　晶间腐蚀试验方法标准对比

项目	NB/T 20004—2014 方法一	NB/T 20004—2014 方法二	GB/T 4334—2020 中的 E 法
敏化处理	A 处理：不含钼钢的加热温度为 650 ℃±10 ℃，含钼钢的加热温度为 675 ℃±10 ℃。加热时间不超过 5 min，保温 10 min，然后水冷； B 处理：不含钼钢的加热温度为 700 ℃±10 ℃，含钼钢的加热温度为 725 ℃±10 ℃。加热时间不超过 5 min，保温 30 min，在炉内以（60 ℃±5 ℃）/h 的恒定速率缓冷至 500 ℃，然后空冷	对超低碳不锈钢和稳定化不锈钢试样应进行敏化处理 675 ℃±5 ℃保温 1 h 后空冷	压力加工试样：650 ℃保温 2 h 后空冷； 铸件：650 ℃保温 2 h 后空冷按协议规定
试验溶液	10%$CuSO_4 \cdot 5H_2O$+10%H_2SO_4（比重 1.83）+80%蒸馏水	700 mL 蒸馏水加入 100 g $CuSO_4 \cdot 5H_2O$，再加入 100 mL 比重为 1.84 的硫酸，再用蒸馏水稀释到 1 000 mL	100 g $CuSO_4 \cdot 5H_2O$ 溶于 700 mL 蒸馏水中，加入 100 mL H_2SO_4 稀释到 1 000 mL
煮沸时间	24 h	15 h	16 h
溶液量	每块试样均应完全浸在单独的装有 250 cm^3 试剂的玻璃容器中	每平方厘米试样表面积 8 mL 溶液	试验溶液应高出最上层试样 20 cm 以上，仲裁时为每平方厘米试样表面积 8 mL 溶液

续表

项目		NB/T 20004—2014 方法一	NB/T 20004—2014 方法二	GB/T 4334—2020 中的 E 法
试样放置数量		每容器中放一个试样	同一容器中可放三个试样，所有试样最好为同一牌号	在保证每个试样与铜屑接触的情况下，同一容器中可放几层同一钢中的试样，但试样之间应互不接触
结果评定	声响试验	试样落在金属检验平台上，应发出轻脆金属声	—	—
	弯曲角度	90°	铸件：按铸件标准执行 其他材料：180°	压力加工件试样弯曲角度为 180°；铸钢件、焊管和焊接件弯曲角度不小于 90°
	弯芯直径	不大于腐蚀试验前试样厚度的两倍	试样厚度	对于压力加工件，试样弯曲用的压头直径应不大于试样厚度的 2 倍；对于铸钢件、焊管和焊接件，试样弯曲用的压头直径应不大于试样厚度的 4 倍
	小直径管的压扁试验要求	压扁至管壁间的距离等于管壁厚的 4 倍	未规定	压扁至 H 值 $H\frac{1.09Dt}{0.09D+t}$ 式中 D 为试样外径，t 为试样厚度
	观察方法	声响试验+弯曲后观察，必要时采用金相显微镜观察	弯曲后放大 10 倍观察，可疑或不能弯曲的试样用放大 150～250 倍金相显微镜观察	弯曲后放大 10 倍观察，可疑时用放大 150～500 倍金相显微镜观察

三、金相检验

金相检验主要包括晶粒度、非金属夹杂物和金相组织检验，在融合前后的 NB 标准中，均采用相应国内标准进行检验。金相检验的标准主要包括 GB/T 6394—2017《金属平均晶粒度测定方法》、GB/T 10561—2023《钢中非金属夹杂物含量的测定 标准评级图显微检验法》和 GB/T 13298—2015《金属显微组织检验方法》。另外，对非金属夹杂物检测，因在 GB/T 10561—2023 中的非金属夹杂物的检测方法分为 A 法（表示整个检验面上与每类夹杂物和每个系列夹杂物最恶劣视场相符合的级别）和 B 法（表示整个检验面上所观察视场内每类及每个系列夹杂物在给定级别上的视场数），因采用 A 法更为严格，且检验时较为简便，因此在 NB 标准中非金属夹杂物检验均采用 A 法。

四、应力腐蚀试验

融合前的奥氏体不锈钢传热管标准 NB/T 20007.10 和 NB/T 20007.54 中均规定了对传热管的应力腐蚀试验要求，试验方法按 NB/T 20004—2014 中第 20 章的要求进行，包括开环试验和沸腾氯化镁试验。在融合后的 NB/T 20007.10 中也规定了需按 NB/T 20004 进行开环试验和沸腾氯化镁试验的要求。

2.1.7　力学性能和工艺性能试验

一、拉伸试验

拉伸试验是测定材料在拉伸载荷作用下的一系列特性的试验，它是材料力学性能试验的基本方法之一，主要用于检验材料的强度指标和塑性指标。强度通常是指材料在外力作用下抵抗产生弹性变形、塑性变形和断裂的能力，在金属材料标准中最常用的强度考核指标是**抗拉强度**和**屈服强度**。塑性是指金属材料在载荷作用下产生塑性变形而不致破坏的能力，常用的塑性指标有**断后伸长率**和**断面收缩率**。

除抗拉强度、屈服强度、断后伸长率和断面收缩率这四项拉伸试验最常测定的性能指标外，拉伸试验还可以测定材料的弹性模量、比例极限、弹性极限等其他性能指标。

（1）性能指标的选择

在核电厂材料标准中，拉伸试验考核项目通常选择抗拉强度、屈服强度、断后伸长率和断面收缩率这四项拉伸试验最常测定的性能指标。

若工程应用条件明确，需考核材料特殊性能的，可根据具体需求，单独设置性能指标。

抗拉强度 R_m 是指材料在断裂前所达到的最大应力值。

屈服强度是金属材料在拉伸试验过程中呈现屈服现象时，金属材料产生塑性变形而力不增加时的应力值，屈服强度区分为上屈服强度 R_{eH} 和下屈服强度 R_{eL}。工程上有许多材料没有明显的屈服点，通常把金属材料产生规定的残余塑性延伸率时对应的应力定义为材料的屈服强度——规定塑性延伸强度，如 $R_{p0.2}$ 表示规定塑性延伸率为 0.2%时的应力。

断后伸长率，是指材料试样受拉伸载荷断裂后，断后标距的残余伸长与原始标距比值的百分数。

断面收缩率，是指试样断裂后试样横截面积的最大缩减量与原始横截面积之比的百分数。

（2）试验温度的确定

拉伸试验温度通常包括室温（10～35 ℃）、高温（35 ℃以上）、低温（－196 ℃～10 ℃）和液氦（－269 ℃）四种，压水堆核电厂用金属常用室温和高温两个温度：

- 室温拉伸试验是金属材料标准中基本考核项目，除非另有规定，为必选项；
- 若材料使用温度超过室温，原则上应考核其高温拉伸性能，高温拉伸试验温度通常按照材料所属物项的设计温度来设定；
- 除非另有规定，一般不对材料的低温拉伸性能进行考核。

（3）取样时机

除非另有规定，拉伸试样的状态应代表产品预期的最终状态。

材料交货状态与产品预期的最终状态一致时，应在交货状态的材料上切取拉伸试样/试料。

材料交货状态与产品预期的最终状态不一致且后续操作（冷、热加工，热处理等）可能影响材料拉伸性能时，在交货状态材料上切取的拉伸试样/试料应按产品的要求进行冷加工、热加工或热处理，以使拉伸试样的状态与产品预期的最终状态保持一致。如主设备用低合金钢锻件，在后续制造中通常会经受整体焊后热处理，拉伸试验试料应采用和部件相同的方法进行热处理，即模拟焊后热处理。又如性能热处理态交货的钢制安全壳用钢板，在后续制造中部分焊缝将经受局部热处理，这将导致板材存在两种状态，即板材经受局部热处理的区域为焊后热处理态，以及其他区域为性能热处理态，因此拉伸试验试料应包括交货态，以及模拟焊后热处理态两种状态。

（4）取样位置

拉伸试料通常有直接从材料（延长段）上切取，或从代表材料的单独试件上切取等两种途径，具体取样位置与产品型式和材料种类均密切相关，这里对核电厂常用的板材、锻件、棒材、管材等产品型式进行说明。

板材：① 对于从奥氏体化温度以比在空气中更快速度冷却（淬火、固溶等，下同）的板材，拉伸试样的纵轴离轧制表面至少 $t/4$，且试样长度的中点到任何热处理边缘至少为 t，此处 t 为板材的名义厚度；② 对于从奥氏体化温度以与在空气中相当或更慢速度冷却（正火、退火等，下同）的板材，拉伸试样的纵轴离轧制表面至少 $t/4$，且试样长度的中点到任何热处理边缘至少为 $t/4$，此处 t 为板材的名义厚度。

锻件：从奥氏体化温度以比在空气中更快速度冷却的锻件，① 拉伸试样的纵轴到锻件任何热处理表面的距离至少为 $t/4$（最大厚度不超过某一尺寸时，拉伸试样的纵轴应位于锻件厚度中心平面或横截面的中心），且拉伸试样长度的中线到任何第二表面的距离至少为 t，此处 t 为锻件最大热处理厚度；② 对于特厚且复杂的铁素体钢锻件，拉伸试样的纵轴距最近热处理表面至少等于锻件高拉应力成品表面到最近热处理表面的最大距离（但不小于 20 mm），且拉伸试样长度的中线到其他热处理表面至少为此距离的两倍（但不小于 40 mm）；当从单独生产试验锻件切取拉伸试料时，试验锻件取样依然遵循上述①和②的规定。而对于从奥氏体化温度以与在空气中相当或更慢速度冷却锻件，拉伸试样的纵轴到锻件任何热处理表面的距离至少为 $t/4$，且拉伸试样长度的中线到任何第二表面的距离也应至少为 $t/4$。

棒材：① 对于从奥氏体化温度以比在空气中更快速度冷却的棒材，拉伸试样的纵轴离棒材外表面或轧制表面至少 $t/4$（最大直径或厚度不超过某一尺寸时，拉伸试样的纵轴应位于棒材厚度中心线上），且试样长度的中点到

热处理端面至少为 t，此处 t 为棒材的直径或厚度；② 对于从奥氏体化温度以与在空气中相当或更慢速度冷却的板材，拉伸试样的纵轴离轧制表面至少 $t/4$，且试样长度的中点到热处理端部至少为 $t/4$，此处 t 为棒材的名义厚度。

管材：① 对于从奥氏体化温度以比在空气中更快速度冷却的管材，拉伸试样的纵轴离管材表面至少为 $t/4$（最大壁厚不超过某一尺寸时，拉伸试样的纵轴应位于管壁厚度中心线上），且试样长度的中点到热处理端面至少为 t，此处 t 为管材的名义壁厚；② 对于从奥氏体化温度以与在空气中相当或更慢速度冷却的板材，拉伸试样的纵轴离管材表面至少 $t/4$，且试样长度的中点到热处理端部至少为 $t/4$，此处 t 为管材的名义厚度。

（5）取样数量

拉伸试样的取样数量通常有按批抽样或按件两种形式，具体按产品标准或技术协议确定。

（6）取样方向

拉伸试样取样方向是指拉伸试样轴线方向与产品主加工方向的关系，分为纵向和横向：纵向表示拉伸试样轴线方向平行于产品主加工方向，而横向则表示拉伸试样轴线方向垂直于产品主加工方向。除产品标准或技术协议具体规定外，通常应满足以下要求。

- 板材：拉伸试样应横向切取。
- 锻件：除镦粗的盘形锻件试样的纵轴应为切线方向外，其他锻件应纵向切取。
- 棒材：拉伸试样应纵向切取。
- 管材：拉伸试样可纵向取样，也可横向取样，且一般纵向和横向会分别对应不够的断后伸长率验收值。

（7）试样样式

在融合前的材料标准中使用的拉伸试样主要包括两种：一种为 GB/T 228.1 中比例系数为 5.65 的拉伸试样（对圆形试样，相当于 5 D 试样，即 $L_0=5d_0$），该试样与 RCC-M 规范中引用拉伸试验标准中的拉伸试样基本一致；另一种为 NB/T 20004—2014 附录 A 中的试样，该标准中的试样与 ASTM A370 中规定的拉伸试样相同，即除圆形横截面试样采用 4D 试样外，其他试样均采用固定标距的非比例试样（这些试样的比例系数一般小于 5.65）。

从验证试验结果来看，采用国标/欧标和美标进行试验的结果在抗拉强度 R_m、规定塑性延伸强度 $R_{p0.2}$、断面收缩率 Z 三方面没有影响，参照 GB/T 17600.1 和 GB/T 17600.2（这两个标准等效分别采用 ISO 2566-1：1984 和 ISO 2566-2：1984；在新版的 ISO 2566-1：2021 和 ISO 2566-2：2021 中，换算方法没有发生变化）及 ASTM A370（换算方法与 ISO 2566-1 和 ISO 2566-2 的规定相同）中对相同材料采用不同比例系数试样断后伸长率的换算，比例系数较小的试样得到的断后伸长率数值较大。按照标准中的换算，对正火状态的碳钢材料，5D 试样的断后伸长率相当于 4D 试样的 91.5%；对固溶状态的奥氏体不锈钢，不同标距试样的差异相对碳钢较小，5D 试样的断后伸长率相当于 4D 试样的 97.2%。因这些标准的断后伸长率的换算不适用淬火＋回火状态的，通过试验验证，而在断后伸长率 A 偏差达到 17%，对 SA-508 Gr3.Cl.2 锻件，采用 4D 试样，在标准中的验收要求为大于等于 16%，而采用 5D 试样进行试验时，断后伸长率的结果比 4D 试样低 17%左右。因此，当采用比例系数为 5.65 的试样进行拉伸试验时，试验结果较为保守。因此对融合后的材料标准，除个别标准外（如丝材标准），拉伸试样均采用 GB/T 228.1—2021 中规定的各种比例系数为 5.65 的试样，且规定了在材料尺寸允许的情况下，应选用 R4 试样（$L_0=5d_0$ 的圆形比例试样）。

（8）试验方法

对融合前后的材料标准，拉伸试验均采用标准发布时有效拉伸试验 GB 的进行。在融合后的标准中，拉伸试验标准也都采用现行的 GB 标准，即室温拉伸试验采用 GB/T 228.1—2021，高温拉伸试验采用 GB/T 228.2。

另外，对融合前按 RCC-M 要求转化的 NB 标准，对高温拉伸试验，还按照 RCC-M MC1212（2017 版及更早的版本），规定了“从试验开始至达到屈服，试样的应力速率应不超过 80 MPa/min”的要求。对融合后的标准中的高温拉伸试验，也规定了该项要求。

（9）复试

拉伸试验结果不满足产品文件或技术协议的规定时，可在不合格试样的邻近部位截取双倍数量的试样进行复试。每个复试结果均满足产品文件或技术协议的规定时，拉伸试验结果合格。

二、冲击试验

冲击试验是夏比摆锤冲击试验的简称，该试验利用缺口试样（造成三向不等拉伸“硬”性应力状态）进行加载速度很高的冲击试验，通过测量试验过程中**吸收能量**，试验后试样的**侧膨胀值**和**剪切断面率**等来评价材料的缺口敏感性和冷脆倾向。

（1）性能指标的选择

在核电厂材料标准中，冲击试验考核项目通常同时选择吸收能量和侧膨胀值或其中一项作为冲击试验验收指标。剪切断面率评定有很高的主观性，通常不建议将剪切断面率作为产品标准或技术协议的规定值来使用。

（2）试验温度

冲击试验温度通常根据被检测材料的使役环境（如核安全级别、最低金属温度、是否焊接等）进行确定，并在产品标准或技术协议中给出。

（3）取样时机和取样位置

如产品标准或技术协议无特殊规定，冲击试样的取样时机和取样位置与拉伸试样相同。

对于紧固件材料，切取冲击试样时，还应考虑紧固件表面的加工余量，试样纵轴到紧固件表面的距离，再加上每边的加工余量，应至少为 1/2 半径或 25 mm（取较小值）。

（4）取样数量

根据试验标准，每组冲击试样由三个冲击试样组成。冲击试样的取样数量通常有按批抽样或按件两种形式，具体按产品标准或技术协议确定。

（5）取样方向

冲击试样的取样方向不仅与产品形式有关，还与核安全级别有关。

对于非核安全一级材料，其冲击试样取样方向一般与拉伸试样的取样方向一致。

而对于核安全一级锻件材料，除紧固件和棒材沿轴向切取试样外，试样取样方向为横向；核安全一级管道、管子和配件材料，应沿轴向切取试样，而对于容器接管的管材，应横向取样，且不是厚度方向；核安全一级紧固材料件和棒材，应沿轴向切取试样；核安全一级铸造材料，冲击试样取样方向与拉伸试样相一致。

冲击试样缺口底线应垂直于材料表面。

（6）试样形式

冲击试样统一选用 GB/T 229—2020 中的标准夏比 V 型缺口试样。对于受产品形状、尺寸限制而无法制备标准夏比 V 形缺口试样，可由供需双方协商选用小尺寸试样，其吸收能量规定值也应进行适配性调整。

（7）摆锤规格

技术路线统一之前的核电材料标准中，冲击试验设备选用了两种不同曲率半径的摆锤锤刃：一种是源自欧洲标准体系的 2 mm 半径的摆锤锤刃，另一种是源自美国标准体系的 8 mm 半径的摆锤锤刃，试验结果分别记为 KV_2 和 KV_8。采用不同曲率半径的摆锤锤刃得到的试验结果有一定差异，且没有具体的换算关系。

摆锤冲头的刀刃尺寸作为影响数据结果的一个关键部件，虽被认定会对数据结果产生影响，但又没有足够的研究依据支持和能被普遍认可的结论。在标准技术路线统一过程中，通过试验开展了相关论证工作，排除了其他对冲击试验结果影响因素的情况下，只考虑冲击刀刃对试验结果的影响，对标准样品用 KV_2 和 KV_8 两种冲击试验类型进行了试验，并对数据进行了比对，最终形成意见如下：

- 通过对 V 形标准试样比较可以发现，两种刀刃尺寸造成的结果偏差并不会比标准试样本身均匀性的偏差大，因此可以认为两种刀刃的结果是相同的。

- 对于弧形标准试样，R8 刀刃产生的数据高于 R2 刀刃，且试样标称能量档位越高两者差异越大。
- 分析自制试样的转变曲线数据可见，SA508Gr3CL2 在韧脆转变区间内数据离散度较高，两种刀刃的数据通过拟合后得到的转变点温度和 FATT50 温度几乎相同，不能确定刀刃对数据造成的影响。
- 两种刀刃产生的侧膨胀量上各有高低，也不能体现出刀刃对试样结果的影响。

基于此，为进一步统一两套标准，对冲击试验的吸收能量采用“kV/J”表示，而不体现 KV_2 或 KV_8，考虑到国内冲击试验一般采用 KV_2，在标准正文中规定“摆锤锤刃边缘曲率半径宜选用 2 mm”，同时也规定，应在订货要求中明确“冲击试验摆锤类型”。

（8）复试

如果三个试样试验结果的平均值满足要求，仅有一个试样的试验结果小于单个最小值，则允许复试；复试应在不合格试样的邻近部位截取 2 个试样，每个复试试样的试验结果均应大于或等于规定的最小平均值。同时推广到其他材料冲击试验的复试。

三、落锤试验

落锤试验是在选定的温度下，以简支梁的形式施加单一的落锤冲击载荷，使试样产生一个固定的挠度，而试样拉伸一面堆焊脆性合金焊道，并开缺口诱发裂纹，主要用于检测材料的无塑性转变温度 NDT，用于判断材料的韧性特性。

材料无塑性转变温度 NDT 规定值取决于材料服役环境，通常由产品标准或技术协议给出。

落锤试样通常选用 GB/T 6803—2023 中 P-2 型或 P-3 型试样；除产品标

准或技术协议专门给出外，落锤试样可取任意方向且一致。

一组落锤试样一般为 6～8 个。若产品标准或技术协议要求在产品一端 0° 和 180° 相对位置分别取样进行落锤试验时，经供需双方协商一致，一组落锤试样可由两个位置混合组成。

四、硬度试验

硬度试验按试验方法的物理意义可分为刻划硬度、回跳硬度和压入硬度三大类。工程中应用最多的是压入型硬度，其中包括布氏硬度、洛氏硬度和维氏硬度。

布氏硬度的主要优点是只要在规程范围内应用，其数值由大到小是统一的，而且由于压痕面积较大，能较好地反映较大体积范围内的综合平均性能，数据也较稳定。所以它对有较大晶粒或组成相的材料仍能适用。当零件不允许有较大印痕，试样过薄以及要求大量快速检测时，布氏硬度就不大适用了。

洛氏硬度试验由于使用了金刚石压头，所以它所能检测的硬度范围的上限高于布氏硬度，如 HRC 的有效范围如 20～67 相当于 HB230～700，其次是压痕小，基本上不损伤零件的表面，特别是它的操作迅速，直读数据，效率很高，非常适用于大量生产中的工序控制和成品检验。但在粗大组织的材料中，压痕小可能使所测数据缺乏代表性；而在不同标尺的洛氏硬度值之间也是不可比的，因为它们之间不存在相似性。

由于维氏硬度测试采用了四方角锥体压头，在各种载荷作用下所得的压痕几何相似。因此载荷大小可以任意选择，所得硬度值均相同，不受布氏硬度法那种载荷 P 和压头 D 规定的约束。维氏硬度法测量范围较宽，软硬材料都可测试，而又不存在洛氏硬度法那种不同标尺的硬度无法统一的问题，并且比洛氏硬度法能更好地测定薄壁件或膜层的硬度，因而常用来测定表面硬化层以及仪表零件等的硬度。此外，由于维氏硬度的压痕为一轮廓清晰的正方形，其对角线长度易于精确测量，故精度比布氏硬度法的高。维氏硬度试验的另一特点是，当材料的硬度小于 450 HV 时，维氏硬度值与布氏硬度值大致相同。维氏硬度试验的缺点是效率较洛氏硬度法低。

选用何种硬度检测材料的硬度，主要取决于被检材料的预期硬度和尺寸规格，操作条件等。

硬度试验的位置取决于产品形式、检测目的等，通常在产品标准或技术协议中予以明确。

五、压扁试验

压扁试验是用以检验金属管压扁到规定尺寸的变形性能，并显示其缺陷的一种试验方法。在进行压扁试验时，将试样放在两个平行板之间，用压力机或其他方法，均匀地压至有关的技术条件规定的压扁距（用管子外壁压扁距或内壁压扁距，以毫米表示），检查试样弯曲变形处，如无裂缝、裂口或焊缝开裂，即认为合格。

压扁试验适用于外径小于等于 600 mm、管壁厚度小于等于外径 15%的金属管压扁塑性变形能力的测定。

压扁试验分两个阶段，第一阶段：将钢管压扁至计算得到的平行压板间距 Z。

$$Z=(1+K)a/(K+a/D) \tag{2}$$

式中：Z——力作用下两瓶行压板之间距离的数值；

a——钢管公称厚度的数值；

D——钢管公称外径的数值；

K——按钢管外径 D 确定的系数。

第二阶段：继续压扁直到试样破裂或试样内壁相互接触为止。

仲裁试验时，试样压扁速度小于或等于 25 mm/min。

如果未规定具体要求，试验后试样无肉眼可见裂纹应评定为合格。

仅在第一阶段试验时，需要观察试样表面是否有裂纹或破裂，如出现缺陷，则判定为不合格，且由试样表面缺陷引起的不得作为拒收的理由。在第二阶段试验出现裂纹或破裂，与压扁试验结果最终是否合格没有直接联系。

六、扩口试验

扩口试验方法是一种常用的材料力学试验方法，用于评估材料的韧性和延展性。该方法通过在材料上施加拉伸力，使其发生扩张，从而测量材料的扩张率。试验过程中，用圆锥形顶芯扩大管段试样的一端，直至扩大端的最大外径达到相关产品标准所规定的值。

扩口试验适用外径小于等于 150 mm（镍基合金小于等于 100 mm），管壁厚度小于等于 10 mm 的金属管，外径过大无需进行扩口试验。锥芯通常采用 60° 顶角，仲裁试验压入速度为 50 mm/min：

扩口率 X_d 按下式计算：

$$X_d = (D_0 - D)/D \times 100\% \tag{3}$$

式中，D_0、D 分别为试验后的最大外径和原始外径，单位 mm。

2.1.8　无损检测

融合后的材料标准规定了各类材料具体的无损检测要求，主要包括：

1）检测项目的确定；

2）检测范围的确定；

3）相关产品的验收标准；

4）其他需要说明的情况。

2.1.9　管材液压试验

管材液压试验是在规定的加压速度和压力传递介质的条件下，将管材加压至规定试验压力，稳压一定时间，检查管材是否出现渗漏或破坏，以评价管材的密实性和/或强度，液压试验压力或应力分别由式（4）和式（5）计算。

$$P = 2St / D \tag{4}$$

$$S = PD / 2t \tag{5}$$

式中：P——液压试验压力，MPa；

S——管壁应力，MPa；

T——管材的名义壁厚，或最小壁厚的 1.143 倍；

D——管材的名义外径。

对于碳钢管和铁素体合金钢管，试验产生的应力通常不应低于材料规定最小屈服强度的 60%，而对于奥氏体合金钢管，试验产生的应力通常不应低于材料规定最小屈服强度的 50%。按此原则确定的液压试验压力，若产品标准或技术协议没有额外规定，对于外径 D 不超过 89 mm 的管材，最小液压试验压力应不超过 17.0 MPa；而对于外径大于 89 mm 的管材，试验压力不用超过 19.0 MPa。

采购方也可选用更高的压力进行液压试验，该压力通常由管材的服役环境确定，如设计压力的 1.25 倍等。

液压试验压力应维持足够长的时间，且不应小于 5 s。

液压试验介质应满足产品标准和技术协议的规定。

注：当产品标准或技术协议有规定时，也可用无损检测（ECT 和 UT 等）代替液压试验。

2.1.10 材料修补要求

材料修补是对材料结构缺陷的修磨和补焊，主要包含材料缺陷的清理和修整、材料补焊及相关检测要求等规定。

ASME 规范和 RCC-M 规范对材料修补要求不同。ASME 规范第Ⅲ卷各分卷 N（X）-2500 中规定了板材、锻件和棒材、管状制品、铸件的修补要求。RCC-M 规范 M 篇各材料规范规定了相应材料的修补要求。

根据 RCC-M 规范 M 篇，板材、锻件和棒材、管状制品只有用打磨法清除缺陷后，尺寸仍在允许公差范围内的部件才可以被接受，不允许锻件厂对材料进行补焊。ASME 规范第Ⅲ卷各分卷 N（X）-2500 规定，材料可以按 N（X）-2500 相应规定进行修磨和补焊。

2.1.11 见证件和档案材料的设置

一、设置见证件和存档材料的意义

材料在制造过程中无法完全避免可能影响其服役性能的不符合项发生，在材料运行服役过程中也因为老化而不可避免发生性能退化直至影响服役安全，因此在设计阶段应该充分考虑材料在制造和服役过程中可能发生性能退化的预防措施，包括材料监督和检测措施等。考虑到必须维持设备的完整性，设计上对制造、运行阶段的监督和检测措施一般采取无损检测的方法对其性能状态进行判断，但无损检测结果对材料性能状态的判断是定性的、宏观的，对于材料的内部组织、微观缺陷等的变化以及服役性能的定量评价，仅仅采用无损检测方法进行评估是远远不够的，需要开展破坏性检验以对性能变化进行机理性的、完整的分析和评价，从而给出是否可用的肯定性结论。在设备不可破坏的前提下，设计阶段考虑对关键设备部件设置见证件和存档材料是良好的选择。

其次，见证件和存档材料的设置，不仅可以为设备制造和运行阶段的材料问题提供备用材料，也可以为设备出厂作为验证手段。对留存的见证件和存档材料的一部分开展模拟制造条件后的破坏性试验，再结合产品的无损检测结果，可以全面验证设备出厂时关键部件的材料性能，保证关键设备能够健康出厂。即使设备带有缺陷出厂，留存的见证件和存档材料也能为其后期的服役监督提供备用材料。

再者，由于设备制造时期技术水平的限制，材料的某些性能或缺陷的危害并没有得到充分的认识，随着技术的进步，后续需要对这些性能或缺陷危害重新进行评估，而当前的工业水平也已经长足发展，现有工艺获得的材料已经不能代表设备制造时期的材料，留存的见证件和存档材料则成为重新认识当时的材料性能的唯一手段。

根据以上见证件和存档材料设置的目的和意义，见证件和存档材料的

代表性尤为重要。其代表性具体体现在：母材应取自验收合格的产品的延伸段或性能试验的余料、焊材应来自产品焊缝所采用的同批号的焊材、性能热处理及焊后热处理等热处理状态与产品保持一致、焊接应由已经焊过相应产品焊缝的焊工或焊接操作工来完成、见证件的焊接所采用的设备应与对应产品焊缝焊接所采用的设备相同或相似（同一型号和相同参数）、见证件焊缝坡口形状和尺寸公差应与产品焊缝相同等。

二、ASME 规范和 RCC-M 规范的差异和国内实践

RCC-M 规范对于见证件有明确的要求，主要体现在 M370 基体金属见证件和 S7800 焊接见证件。RCC-M 规范中见证件设置的目的主要是用于设备出厂的验证，没有考虑设备后期服役阶段的老化管理备用需求。其中，M370 中考虑了反应堆压力容器、蒸汽发生器、稳压器三项设备的关键部件要求设置母材见证件。S7800 中，对于 1、2、3 级设备的主要接头、热交换器管子-管板焊缝、特殊堆焊等要求设置焊接见证件。国内采用 RCC-M 规范设计核岛机械设备实践中，除 RCC-M 规范规定的见证件外，设置见证件的部件的范围有所扩大，也考虑了设备后期服役阶段的老化管理备用需求。另外，在热处理状态上除考虑与产品热处理状态一致外，还考虑了留存未经历制造热处理的材料出厂原始状态的白料。

ASME 规范在第Ⅲ卷没有明确要求设置见证件，在第Ⅷ卷中对于有冲击性能考核要求的焊缝设置焊接见证件。西屋在 AP1000 设计中，在 ASME 的基础上增加了附加要求，对关键设备如反应堆压力容器等的关键部件设置了档案材料。国内采用 ASME 规范设计核岛机械设备实践中，除采纳西屋在 ASME 基础上的附加要求外，还参考 RCC-M 设计实践普遍另行增加了见证件和档案材料设置要求。

三、融合标准的规定

在 ASME 规范和 RCC-M 规范技术路线统一时，充分考虑了国内实践

情况，见证件和档案材料设置要求基本参考了 RCC-M 规范的相关要求，并在此基础上增加了堆芯补水箱、非能动余热排出热交换器和反应堆冷却剂泵外置热交换器等设备的见证件。对于后期服役阶段的老化管理备用需求以及材料出厂原始状态的白料设置等要求没有写进标准，交由设计单位自主决定。

2.2　碳钢和低合金钢（NB/T 20005 系列）

一、化学成分

在 2022 年之前发布的多个 NB/T 20005 系列标准中采用了与 RCC-M 中对应标准中相同的材料牌号 P280GH（如 NB/T 20005.4、NB/T 20005.12、NB/T 20005.16 和 NB/T 20005.19 等），因当时在编制标准时考虑到与 P280GH 相近似的国内牌号为 16Mn，但在其他的锻件和钢管标准中已有 16Mn 牌号，且 P280GH 的技术要求与 16Mn 有一定差异，为了区分不同标准中的近似材料，对按 RCC-M 中与 P280GH 相关标准编制的 NB 标准，材料牌号仍采用 P280GH。

因 P280GH 的命名法不符合 GB/T 221-2008《钢铁产品牌号表示方法》中的命名原则，通过调研国内生产的 P280GH 钢管和锻件的实际成分，在 2022 年及之后编制的相关标准中对原 P280GH 的化学成分进行了优化，增加了该材料碳含量的下限值（熔炼分析时为 0.08%，成品分析时为 0.06%），材料牌号的名称也按 GB/T 221—2008 中的命名法改为了 14Mn。

对原 NB/T 20005.39 中的 15Mn 锻件，在融合后的 NB/T 20005.19 标准中也增加了碳含量的下限值（熔炼分析时为 0.06%，成品分析时为 0.04%），材料牌号同时改为 18Mn。

二、大型锻件取样

（一）20 锻件

1. 取样部位

对于质量大于 4 000 kg，或长度大于 5 m 的 20 锻件，试样应从每个锻件的两个端部，且位置互成 180° 的两个区域截取。对于直径超过其轴向长度的锻件，如盘形锻件或环形锻件，试样应从锻件的加长或加厚部位截取，也可从锻件径向的延伸部位上截取。

截取的试样轴线应距热处理表面 $T/4$ 以下位置（至少为 20 mm，最大 80 mm），试样到锻件端部的距离为 $T/2$。其中，T 为锻件在热处理时的计量截面厚度 t_R 或当量厚度 t_{eq}。附有隔热环的整体试样，隔热环的高度应至少等于 $T/2$（最大 90 mm），宽度至少等于 T。隔热环应在热处理前焊接在锻件上。

2. 取样方向

对于空心圆柱形锻件和直径不小于 160 mm 的锻棒，横向取样，即取样方向垂直于主加工方向。

对于直径小于 160 mm 的锻棒，纵向取样，即取样方向平行于主加工方向。

对于其他锻、轧件，横向取样，即取样方向应垂直于主加工方向，主加工方向按侵蚀或锻造工艺确定。

（二）14Mn 锻件

对单件质量大于 1 000 kg 的 14Mn 锻、轧件，应在每个锻、轧件两端相对 180° 的部位各截取一块试料。

若锻、轧件形状允许，试样轴线应垂直于主锻、轧方向，且轴线与最近热处理表面的距离不应低于：

（1）若锻、轧件厚度大于 40 mm，则为 20 mm；

（2）若锻、轧件厚度小于等于 40 mm，则为锻、轧件厚度的一半。

试样的有用部分到其他热处理表面的距离不应低于：

（1）若锻、轧件厚度大于 40 mm，则为 40 mm；

（2）若锻、轧件厚度小于等于 40 mm，则为锻、轧件厚度。

三、核 2、3 级碳钢和低合金钢的断裂韧性要求

（一）问题描述

RCC-M 和 ASME Ⅲ NC&ND 中对于断裂韧性的免除条件不完全一致。例如：NB/T 20005.7 要求可以取小试样进行冲击试验。ASME Ⅲ NC&ND 名义截面厚度小于等于 16 mm 时，不要求进行冲击试验。

RCC-M 规范中对于 2、3 级碳钢、低合金钢的断裂韧性要求主要是通过冲击试验考核材料的断裂韧性，并在 RCC-M 第Ⅱ卷 M1000 的各篇章中明确给出了规定温度下冲击试验的验收要求，采用摆锤刀刃半径为 2 mm 冲击试验机进行试验。试验温度除主给水系统用钢管、管件和锻件试验温度在 −20 ℃外，其余试验温度均为 0 ℃，且当采用标准尺寸冲击试样时，验收要求是规定值不随产品厚度变化而改变。由 RCC-M 转化的 NB 标准与原 RCC-M 保持一致。

ASME 规范中，采用摆锤刀刃半径为 8 mm 冲击试验机进行试验。除给出了免做断裂韧性试验的材料条件之外，对铁素体材料需要进行断裂韧性试验的要求：

1. 断裂韧性试验方法

（1）对 2 级材料：厚度小于等于 64 mm 时，应进行冲击试验或落锤试验；厚度大于 64 mm 时应进行落锤试验测定 TNDT。

（2）对 3 级材料：仅需进行冲击试验。

2. 给出了 10 种常用材料的 TNDT，可作为厚度小于 64 mm 材料的 TNDT。

3. 试验温度

（1）冲击试验温度应等于或低于最低使用温度（LST）；

（2）落锤试验，LST-TNDT 应满足 ASME Ⅲ D1 附录 R 中的准则。

4. 冲击试验的验收准则：满足侧膨胀值和吸收能量的要求之一，且验收要求随厚度而变化。

由 ASME 转化的 NB 标准，在参照 ASME 的相应标准的同时，结合 AP1000 的工程实践和 CAP1400 的设计，针对给定设备进行的转化并给出试验温度，如：NB/T 20005.40 和 NB/T 20005.39，目前没有给出 2 级、3 级设备通用的碳钢、低合金钢材料要求。

（二）差异分析

1. 关于 2 级设备材料落锤试验要求，建议与断裂分析要求匹配，组织与设计组讨论 RCC-M 和 ASME 中对大于 64 mm 以及不大于 64 mm 的 2 级承压设备断裂分析要求。SNERDI 认为：2 级设备用大于 64 mm 的承压材料落锤试验是必选项，不大于 64 mm 的承压材料落锤试验为可选项。

2. 试验温度问题

建议与设计组讨论，具体分析压水堆 2、3 级设备的最低使用温度。现阶段执行情况分别为：RCC-M 系列规定除有特殊要求的主给水系统、钢衬里材料试验温度 –20 ℃外，其余部件试验温度为 0 ℃，建议进行归类处理。ASME 系列按照设备和部件 LST 执行。SNERDI 坚持冲击试验温度应该参考最低使用温度 LST，不应该统一为 0 ℃。

3. KV 试验类型（KV2 和 KV8）

SENP、CNPE、CNPEC、NPIC 讨论认为应统一冲击试验类型，建议按照 GB/T 229 中 KV2 实施并进行数据收集。SNERDI 认为 GB/T 229 以及 ISO 148-1 中 KV2 和 KV8 两种方法并存，认为应该保留 KV8 试验方法，并补充侧向膨胀量数据。请 SENP 提出《冲击试验类型》问题单，补充各设计院意见后建议提交总体组。

4. 免做冲击问题

讨论认为板材和管材条件允许时可取小试样进行冲击试验，对无法截取宽度为 5 mm 的冲击试样的材料，可不进行冲击试验。SNERDI 认为奥氏体不锈钢和厚度小于 16 mm 的铁素体材料也应免做冲击。建议提交总体组讨论。

5. 验收值问题

应与试验方法配套考虑验收值问题。

（三）标准融合

技术路线统一工作对上述问题进行了专题研讨，并最终达成一致。

1. 试验温度问题：建议压水堆 2 级、3 级设备冲击试验温度进行统一为 0 ℃，对有特殊要求的主给水系统、钢衬里材料试验温度 –20 ℃外，进行归类处理。对于有特殊要求的，可通过增加备注的方式：如设计文件或合同中有特殊要求，按设计文件和合同要求执行。

2. 奥氏体不锈钢可免做冲击。

3. 建议按板材和管材条件允许时可取小试样进行冲击试验，对无法截取宽度为 5 mm 的冲击试样的材料，可不进行冲击试验进行，如设计文件或合同中有特殊要求，按设计文件和合同要求执行。

4. 关于 2 级设备用大于 64 mm 材料韧性试验的问题，将冲击试验（KV）作为一般要求，落锤试验作为可选附加要求，在设计需要时加以选用。

2.3　合金钢材料（NB/T 20006 系列）

一、锻件验收试样状态

原 RCC-M 标准与 ASME 标准在低合金钢锻件力学性能试样取样状态

上要求不一致。以 NB/T 20006.1 和 NB/T 20006.36 为例：NB/T 20006.1 要求为 HTMP 和 HTMP + SPWHT；NB/T 20006.36 要求为 HTMP + SPWHT。

当锻件进行整体消应力热处理，试样状态应为 HTMP + SPWHT，当锻件仅有局部消应力热处理，试样状态应为 HTMP 和 HTMP + SPWHT。同时推广到其他相似应用的材料类型。

二、冲击试验类型问题

GB/T 229、ISO 148-1 和 ASTM E23 标准中对冲击试验的两种类型 KV2 和 KV8，却没有明确采用不同冲头产生的数据间的差异性。

目前有两种规格的摆锤冲击冲头被同时采用，分别是源自欧洲标准体系的 2 mm 半径的冲头刀刃和源自美国标准体系的 8 mm 半径的冲头刀刃，在 GB/T 229-2007，ISO 148-1-2010 和 ASTM E23-2016 中都认可采用了两种规格的冲头刀刃，却没有明确采用不同冲头产生的数据间的差异性。

ISO 148-1、GB/T 229 中注明：对于低能量的冲击试样，一些材料用两种规格的冲头刀刃的结果会出现显著差异，R2 的刀刃的测量结果可能会高于锤刃为 R8 的刀刃；ASTM E23 中注明：对一些材料可能有显著的影响。

一些做过对比研究试验的研究者认为 R8 的刀刃肯定会比 R2 的高，但随着冲击功的减小，差别会逐渐缩小；部分研究者认为两种结果几乎相同，或根据材料的不同结果也会不同。

因此，摆锤冲头的刀刃尺寸作为影响数据结果的一个关键部件，虽被认定会对数据结果产生影响，但又没有足够的研究依据支持和能被普遍认可的结论。

国内在排除了其他对冲击试验结果影响因素的情况下，只考虑冲击刀刃对试验结果的影响，对标准样品用 KV2 和 KV8 两种冲击试验类型进行了试验，并对数据进行了比对，最终形成意见如下：

1. 通过对 V 型标准试样比较可以发现，两种刀刃尺寸造成的结果偏差并不会比标准试样本身均匀性的偏差大，因此可以认为两种刀刃的结果是相同的。

2. 对于弧形标准试样，R8 刀刃产生的数据高于 R2 刀刃，且试样标称能量档位越高两者差异越大。

3. 分析自制试样的转变曲线数据可见，SA508Gr3CL2 在韧脆转变区间内数据离散度较高，两种刀刃的数据通过拟合后得到的转变点温度和 FATT50 温度几乎相同，不能确定刀刃对数据造成的影响。

4. 两种刀刃产生的侧膨胀量上各有高低，也不能体现出刀刃对试样结果的影响。

融合后材料标准中对试验方法和考核要求进行统一，冲击试验类型优先选用 KV2，同时允许采用 KV8，同时两者应遵循相同的验收准则。此外，部件制造过程中冲击试验类型应保持一致。材料标准中冲击试验中吸收能量统一为“KV/J”，实际工程中，由设计文件具体规定采用 KV2 或 KV8。

2.4 不锈钢材料（NB/T 20007 系列）

不锈钢水压试验压力

NB/T 20006.36 要求为 HTMP + SPWHT。NB/T 20007.8—2017 压水堆核电厂用不锈钢 第 8 部分：1 级、2 级、3 级奥氏体不锈钢无缝钢管、NB/T 20007.32《压水堆核电厂用不锈钢 第 32 部分：安全壳用 022Cr19Ni10 不锈钢无缝钢管》、GB/T 14976、GB 24512.3 和 ASME SA1016 标准中对水压试验的试验压力及保压时间上存在差异，在不锈钢无缝钢管水压试验的试验压力选取上存在差异。

NB/T 20007.8、NB/T 20007.32、GB/T 14976、GB 24512.3 和 ASME SA1016 标准中对水压试验压力的计算公式皆为：

$$P=2SR/D$$

其中 P——试验压力（MPa）

S——钢管壁厚（mm）

R——允许应力（各标准存在差异）

D——钢管外径（mm）

上述标准中对水压试验规定差异如表 2.4-1 所示：

表 2.4-1　现行不同标准中水压试验要求情况对比

项目	NB/T 20007.8	NB/T 20007.32	GB 24512.3	GB/T 14976	ASME SA1016
许用应力 R	$R_{p0.2}$ 的 70%	—	$R_{p0.2}$ 的 70%	$R_{p0.2}$ 的 60%	P=220.6S/D
保压时间	≥15 s	—	≥15 s	≥10 s	≥5 s
最大压力	≤50 MPa	D≤88.9 mm：17 MPa D＞88.9 mm：19 MPa	≤50 MPa	D≤88.9 mm：17 MPa D＞88.9 mm：19 MPa	≤7 MPa
试验方法	GB/T 241	GB/T 241	GB/T 241	GB/T 241	—
备注	—	—	—	也可协商采用其他压力	也可协商采用其他压力

从表 2.4-1 可以看出，各标准对水压试验的规定方式基本上是相同的，即一方面按照承压公式进行计算，同时设定一个上限。但这一上限值各个标准是差异较大，ASME SA1016 和 EN 10216-5：2004 最小，仅为 7 MPa，NB/T 20007.8 及 GB 24512.3 较大，为 50 MPa。

材料标准中管材液压试验不考虑系统或设备水压试验。不锈钢管材液压试验一般作为严密性检验，试验压力和保压时间参照相应国标（GB/T 14976、GB/T 13296）进行统一。碳钢、低合金管材液压试验方法参照相应国标要求（GB 5310、GB 8163）进行统一。

第三章　设计标准解读

3.1 概　述

一、标准演变过程

我国的核电标准起步较晚。最早的以核级规范设备设计对象的标准是GB 16702—1996《压水堆核电厂核岛机械设备设计规范》，该版标准以RCC-M 1983版第1篇为蓝本编写，其中尽可能地将RCC-M中引用的相关标准转化为国标，对于无法转化的标准则以“暂缺”或“专用技术条件”代替。由于在材料、焊接以及无损检测方面大量核级标准的缺失，1996版标准的应用受到很大的限制。随着我国核电行业的发展以及相关配套标准的发布，2019年GB 16702—1996升版为GB/T 16702—2019，2019版标准主要基于RCC-M 2007，部分采用RCC-M 2012，随着配套标准的完善，GB/T 16702—2019版已经成功应用于我国自主核电堆型华龙一号的设计建造。然而随着我国核电行业的发展，压水堆技术路线的多样性以及走出去的需求，需要我国统一核电机械设备设计的路线，制定基于中国自己工业体系的核电建造标准，GB/T 16702.1～8成为这一工作的重要成果。本解读主要基于此版标准进行。

二、标准管辖范围

关于标准管辖范围的规定主要来自ASME标准，同时考虑到实际工程设计执行过程的实践。管辖边界的规定主要包含两部分，其一是各设备之间的边界；其二是设备与附件之间的边界。

在各设备之间的边界的规定中，标准使用了“不近于以下范围”的描述，需要特别注意这一表述。“不近于”表明，设备的边界可以包含更加大的区域，只要设计者希望这样划分且证明其合理性，例如，可以将接管环向接头划分到设备范围内，一个典型的例子是带有安全端的接管，第一个环向接头以及相应的安全端实际上可以作为设备的一部分，而不是作为管道的一部分。

对于设备与附件之间的边界，主要按照附件执行的功能进行划分为三类：具有承压功能的结构附件、载荷传递路径上的结构附件以及既不承压也不承载的附件。原则上，承压附件要求按照对应设备级别的要求，结构附件按照支承设计的要求，而非结构附件只需要满足附件焊接的相关要求。

按照定义结构附件在载荷传递路径上（如设备的支承），而非结构附件（如铭牌支架、保温层的支承等）不在载荷传递路径上，这一表述看起来清晰在实际区分时却会造成困难，不管是结构附件还是非结构附件，都或大或小传递一定的载荷，对于如何区分，在 ASME 伴读中给出了一个原则，即当附件焊缝两侧所传递载荷引起的应力小于 10% 材料的抗拉强度时，可以认定其为非结构附件。

三、标准使用条件

标准适用于核 1 级、2 级、3 级承压设备，以及小型设备、堆内构件、设备支承等。对于温度和压力的适用范围，在标准中没有明确给出。这是由于标准本身适用于压水堆核电厂，通常规则法设计的压力上限为 35 MPa（GB/T 150），而分析法设计的压力则可以达到 100 MPa（JB4732），在压水堆核电厂中甚至超过 35 MPa 的情况是不会出现的，因此标准没有明确给出设计压力的限制。因此可以认为 GB/T 16702 适用于核电厂从负压直到核电厂运行的最大压力。对于设计温度，情况与设计压力类似，压水堆核电厂的温度通常不会高于 375 ℃，即碳钢和低合金钢需要考虑蠕变的温度，在实际执行过程中，一般根据 GB/T 16702.1《压水堆核电厂核岛机械设备设计规范　第 1 部分：总则》附录 A 许用应力表中所列的最高温度作为标准温度适用范围的上限。

存在两种例外的情况，需要选用 GB/T 16702.5《压水堆核电厂核岛机械设备设计规范　第 5 部分：小型设备》或 GB/T 16702.8《压水堆核电厂核岛机械设备设计规范　第 8 部分：低压或常压储罐》，其一是当设备的压力小于 0.5 bar（表压）或者容积小于 1 L 或者温度压力乘积小于 25 barL（同时满足压力小于 200 bar）的情况下，可以采用 GB/T 16702 的规则设计核 1 级、2 级、3 级设备，小型设备规则主要是从安全性上可接收的条件下，提高经济性的措施。主要针对的是数量较多，压力较小，容积不大的设备。这些设备也都可以按照 GB/T 16702 进行设计。另一种情况是对于立式圆筒形自支承储罐的设计，对于此类设备一般压力不大，尤其设计建造方面特别的要求，需要采用 GB/T 16702.8《压水堆核电厂核岛机械设备设计规范　第 8 部分：低压或常压储罐》的规则。

四、解读的重点

作为承压设备的设计标准，GB/T 16702《压水堆核电厂核岛机械设备设计规范》通过计算、结构设计和规则要求避免设备出现失效。ISO 16528 给出了压力容器设计标准所需要考虑的 3 类共 14 种失效模式，GB/T 16702《压水堆核电厂核岛机械设备设计规范》考虑的失效模式包括：

（1）超量变形（整体屈服）；

（2）韧性断裂（塑性失稳）；

（3）渐增性塑性变形（循环载荷导致的塑性变形累积）；

（4）疲劳（循环载荷导致的裂纹萌生）；

（5）屈曲（弹性或弹塑性失稳）；

（6）脆性断裂（缺陷失稳）。

本章解读的内容重点关注为预防上述失效模式与标准中相关规定的对应关系，同时将 GB 与 ASME 和 RCC-M 规范相比较，指出哪些技术内容有所改变，并给出具体的原因。

3.2 失效模式及分析方法

一、总体概述

GB/T 16702《压水堆核电厂核岛机械设备设计规范》作为压水堆核电厂承压设备的设计标准，要求通过计算、结构设计和规则避免承压设备出现失效，主要针对压水堆承压设备承压边界不丧失结构完整性。本节对标准所考虑失效模式的要点进行论述。

ISO 16528 给出了压力容器设计标准所需要考虑的 3 类失效模式，分别为短期失效模式、长期失效模式和循环失效模式，共 14 种失效模式。设计时需结合设备运行条件和载荷考虑这些失效模式或这些失效模式的组合。

短期失效模式：施加非循环载荷导致立即失效的失效模式。

（1）脆性断裂；

（2）韧性失效［形成裂纹、过度局部应变导致的韧性撕裂、总体塑性变形和塑性失稳（爆裂）］；

（3）超量变形导致接头处泄漏或其他功能丧失；

（4）弹性或弹塑性失稳（屈曲）。

长期失效模式：施加非循环载荷导致延迟失效的失效模式。

（1）蠕变断裂；

（2）蠕变：机械接头处的超量变形或导致不可接受的载荷传递；

（3）蠕变失稳；

（4）侵蚀、腐蚀；

（5）环境引起开裂，如应力腐蚀开裂、氢致开裂等。

循环失效模式：施加循环载荷导致延迟失效的失效模式。

（1）渐增性塑性变形；

（2）交替塑性；

（3）弹性应变（中高周疲劳）或弹塑性应变（低周疲劳）下的疲劳；

（4）环境引起疲劳，例如应力腐蚀开裂或氢致开裂。

由于压水堆核电厂核岛机械设备的基本运行温度（考虑极限条件）未达到材料的蠕变温度，无需考虑长期失效模式。同时，腐蚀或侵蚀造成的损耗以及环境引起的开裂和疲劳等失效模式，通常通过结构设计来避免。因此，设计时应至少考虑以下失效模式：

（1）超量变形（整体屈服）；

（2）韧性断裂（塑性失稳）；

（3）渐增性塑性变形（循环载荷导致的塑性变形累积）；

（4）疲劳（循环载荷导致的裂纹萌生）；

（5）屈曲（弹性或弹塑性失稳）；

（6）脆性断裂（缺陷失稳）。

ASME BPV 规范未直接归纳给出需要考虑的具体失效模式。该规范将需要考虑的失效模式通过具体设计准则的形式体现。除高温篇外，该规范主要考虑的失效模式有超量变形、韧性断裂、渐增性塑性变形、疲劳、屈曲、脆性断裂，与 ISO 16528 提出至少应考虑的失效模式一致。ASME BPV 规范主要针对新建压水堆核电项目提出要求，这些规则不包括在使用中由于材料的辐照效应、腐蚀、磨蚀或不稳定所造成的性能劣化。为了实现部件和支承件的设计或规定的寿命，这些影响设计者应予以考虑。

RCC-M 规范考虑的失效模式包括：超量变形、塑性失稳、弹性或弹塑性失稳（屈曲）、交变载荷作用下的渐增性塑性变形、疲劳（渐进性开裂）、快速断裂，也与 ISO 16528 提出至少应考虑的失效模式一致。

总之，国际上多个设计规范对需要考虑的基本失效模式形成共识。

GB/T 16702 作为核承压设备的设计标准，结合设备运行条件和载荷，考虑的失效模式有超量变形和韧性断裂、渐增性塑性变形、疲劳、屈曲、脆性断裂，或这些失效模式的组合。

二、工况划分：设计工况的定义

HAF 102-2016《核动力厂设计安全规定》指出，必须确定核动力厂状态并按其发生的概率分为正常运行、预计运行事件、设计基准事故和设计扩展工况（严重事故）。

NB/T 20035—2011《压水堆核电厂工况分类》基于事故发生的频率，将工况分为四类，即：工况Ⅰ——正常运行；工况Ⅱ——中等频率事件；工况Ⅲ——稀有事件；工况Ⅳ——极限事故，并给出了这四类工况的频率界定。

ASME BPV 规范在 NB、NC、ND、NF、NG 各分卷中不按运行工况定义规则，而是采用使用限制的描述。关于运行工况的描述主要在 NCA-2141 中，关于使用限制的描述和定义主要在 NCA-2142.4。ASME BPV 规范仅在 NCA-2141 节的脚注中指出：核电厂和系统的运行工况通常分为正常、异常、应急和事故四类工况，并明确说明，关于核电厂和系统的运行和试验工况的定义，以及运行和试验工况对核电厂系统部件和设备支承的设计和可运行性重要性的确定，已超出其范围。选取核电厂或系统的运行和试验工况所适用的导则，可从特定类型的核电厂系统的安全准则文件中获得，也可以从核电厂所在地具有管辖权的管理和执行当局的要求中找到。

ASME BPV 规范在 NCA-2142.4 定义了设计限制、A 级使用限制、B 级使用限制、C 级使用限制、D 级使用限制和试验限制，分别对应于设计工况、Ⅱ类工况中的正常运行工况、Ⅱ类工况中的扰动工况、紧急工况、事故工况及试验工况。

ASME BPV 规范关注使用限制（对应 RCC-M 中的准则级别）：

（1）设计限制：设计载荷。

（2）A 级使用限制：所有 A 级使用载荷，部件和设备支承在执行规定功能时须承受这些载荷。

（3）B 级使用限制：所有 B 级使用载荷，部件和设备支承必须能承受这些载荷而不发生需做修理的损坏。

（4）C 级使用限制：所有 C 级使用载荷，允许在结构不连续区有大的变形，而这种变形可能需要停止使用部件以便对受损的部件或设备支承进行检查或修理。

（5）D 级使用限制：所有 D 级使用载荷，允许显著的整体变形，这种变形随之失去某种尺寸稳定性并发生需做修理的损坏，可以要求设备或设备支承停止其使用。

（6）试验限制：试验载荷。

部件或设备支承可采用比设计技术规格书中规定更严格的使用限制来做替换设计。如 B 级使用限制可以用于原规定为 C 级使用限制的设计。

RCC-M 规范在各篇中均有针对运行工况的描述。RCC-M 规范 2007 版及之前版本针对 1 级设备，将工况划分为参考工况（也称为第一类工况、设计工况）、第二类工况、第三类工况、第四类工况、试验工况；针对 2、3 级设备。工况则分为设计工况、正常工况、异常工况、危急工况、事故工况、试验工况；堆芯支承结构和设备支承与 2、3 级设备的工况分类相类似，但不考虑试验工况。

RCC-M 规范给出了各准则级别应避免的失效模式和各类工况适用的最低准则级别。RCC-M 规范中的准则级别包括：0 级准则、A 级准则、B 级准则、C 级准则、D 级准则、T 级准则。各准则级别与使用工况的对应关系如下。

针对 1 级部件：

0 级准则——基准工况（第一类工况），防止设备超量变形、塑性失稳、弹性或弹塑性失稳（屈曲）；

A 级准则——第二类工况（RCC-M 规范 2012 版以后为正常运行工况），防止设备渐增性变形和疲劳（渐进性开裂）；

B 级准则——第二类工况（RCC-M 规范 2012 版以后为扰动工况），防止设备超量变形、塑性失稳、弹性或弹塑性失稳（屈曲）；

C 级准则——第三类工况，防止设备超量变形、塑性失稳、弹性或弹塑性失稳（屈曲）；

D 级准则——第四类工况，防止设备弹性或弹塑性失稳（相应于压力边界完整性丧失），但不排除超量变形的危险；

T 级准则——试验工况，防止设备超量变形。

针对其他级别部件：

0 级准则——设计工况；

A 级准则——正常工况；

B 级准则——异常工况；

C 级准则——紧急工况；

D 级准则——事故工况。

RCC-M 规范 2012 版中的工况划分与 ASME 一致，将第二类工况划分为正常运行工况和扰动工况。

综上所述，ASME BPV 规范和 RCC-M 规范 2007 版主要差异有两个方面，一是在 RCC-M 中针对 1 级部件，将 ASME 体系中对应的正常和异常工况合并为第二类工况；二是 ASME 中已明确描述工况分类不是规范的责职，ASME 关注使用限制（对应 RCC-M 中的准则级别）。ASME BPV 规范针对 1 级部件的工况划分与 RCC-M 规范 2012 版一致。

ASME 和 RCC-M 2007 两个体系工况和准则方面的对应关系如表 3.2-1 所示。

表 3.2-1　ASME 和 RCC-M 2007 两个体系工况和准则方面的对应关系

ASME		RCC-M 2007（1 级设备）		RCC-M 2007（其他级别）	
工况	使用限制	工况	准则级别	工况	准则级别
设计	设计	第一类 （基准工况）	O 级	设计	O 级

续表

ASME		RCC-M 2007（1 级设备）		RCC-M 2007（其他级别）	
工况	使用限制	工况	准则级别	工况	准则级别
正常	A 级	第二类	A 级	正常	A 级
异常	B 级			异常	B 级
危急	C 级	第三类	C 级	紧急	C 级
事故	D 级	第四类	D 级	事故	D 级
试验	试验	试验	T 级	试验	T 级

ASME 和 RCC-M 2012 两个体系工况和准则方面的对应关系如表 3.2-2 所示。

表 3.2-2　ASME 和 RCC-M 2012 两个体系工况和准则方面的对应关系

ASME		RCC-M 2012（1 级设备）		RCC-M 2012（其他级别）	
工况	使用限制	工况	准则级别	工况	准则级别
设计	设计	第一类（基准工况）	O 级	设计	0 级
正常	A 级	第二类（正常运行）	A 级	正常	A 级
异常	B 级	第二类（异常）	B 级	异常	B 级
危急	C 级	第三类	C 级	紧急	C 级
事故	D 级	第四类	D 级	事故	D 级
试验	试验	试验	T 级	试验	T 级

核岛机械设备设计建造规范更多的是关注压力边界完整性，而不是电厂运行工况的划分，ASME BPV 规范在 NCA 中明确描述工况分类不是其责职，只提使用限制。经过核岛机械设备标准技术路线统一设计专业讨论研究，GB/T 16702 确定参照 ASME BPV 规范和 RCC-M 规范 2012 版将第二类工况划分为正常运行工况和扰动工况，同时定义设计压力为正常运行工况下的最大压差，设计温度为正常运行工况下金属的最高温度。

三、载荷因素及载荷组合

每一类工况都有与之相对应的一组环境的作用（压力、力、热负荷、辐照、腐蚀等），其中有些作用会随构件变形而产生机械功，这些作用均被称为载荷或载荷因素，而它们的组合称为载荷组合或组合加载。

需要考虑的载荷包括但不限于：

（1）内压和外压；

（2）设备及其内含物的重量以及在所分析的每种工况下由液体产生的静或动载荷；

（3）在所研究的区域之外产生，但作用在该区域边界上的载荷，例如：由于重量、热膨胀所产生的力，压力以及动载荷等；

（4）由于振动和地震产生的载荷；

（5）设备支承的反作用力；

（6）由稳态或瞬态温度引起的载荷。

每类载荷都应该按照适用于各设备的规则与其他载荷叠加。这种叠加规则是为了加大总载荷，或为了加大载荷的变化幅度。

规范提供了可以适用于各类载荷及其组合的不同限制，但不会给出这些限制中适用的具体载荷或载荷组合。每个设备的载荷及载荷组合应在适用的执行要求文件（如设计规范书）中确定。确定载荷时应考虑核电厂或系统在预定使用寿命期间预期或假定会出现的所有运行和试验载荷，包括适用的压力、温度、机械载荷、循环或瞬态。设计规范书必须规定合适的使用限制以满足每一使用载荷或载荷组合。

ASME BPV 规范关于设计压力、设计温度、设计机械载荷的要求引用了 NCA-2142.1。设计压力不应小于物项内外侧 A 级使用限制下的最大压差或者不小于一个组合单元的任何两个腔室之间最大压差。设计温度应不低于在所考虑的零件整个厚度上 A 级使用限制下的预期最高平均金属温度值。设计机械载荷应选定与设计压力效应组合时，它们任何一个同时发生的载荷组合产生的最大一次应力，在设计技术规格书中指定为 A 级使用限制。

RCC-M 规范 B3132 中规定了设计载荷要求：设计压力应不低于第二类工况中可能出现的最大内外压差；对于给定区域的设计温度不应低于第二类工况中该区域上每一点可能存在的最高温度；在考虑与设计压力叠加时，考虑的设计载荷因素应包括与第二类工况相关的全部载荷。RCC-M 规范 2012 版定义设计压力为正常运行工况下的最大压差，B3132.2 设计温度为正常运行工况下金属的最高温度。

综上所述，ASME BPV 规范和 RCC-M 规范 2007 版针对核 1 级部件设计载荷的主要区别在于 RCC-M 规范参考第二类工况，而 ASME BPV 规范则参考 A 级使用限制。这一差异的根本原因在于 RCC-M 2007 版及更早的版本中，对于针对核 1 级部件不采用 B 级准则（ASME B 级使用限制），其 A 级准则与 ASME A 级、B 级使用限制相当。特别是针对设计压力，RCC-M 取正常和异常工况最高压力；ASME 则取正常工况最高压力。RCC-M 规范 2012 版及以后版本中，已经增加了 B3143“B 级准则”，设计载荷的规定也与 ASME BPV 规范一致。

鉴于 GB/T 16702 将第二类工况划分为正常运行工况和扰动工况。经过核岛机械设备标准技术路线统一设计专业讨论研究，GB/T 16702 确定参照 ASME BPV 规范和 RCC-M 规范 2012 版，定义设计压力为正常运行工况下的最大压差，设计温度为正常运行工况下金属的最高温度。

3.3　分析法设计

一、总体概述

随着设备、管道和支承建造技术的进步和实践经验的积累，工程师逐渐认识到在采用延性材料的前提下，部件的某些局部区域，例如开孔接管区，出现小范围塑性变形在一定条件下并不会影响部件的正常使用。即：不需要将总应力的最大值限于材料的屈服强度以下，因为总应力中可以包括各类应力，不同类别的应力，对部件失效所起的作用并不相同；对于防止部件的失效，对各类应力及其组合并不需要用同样的安全系数加以控制，所以采用了应力分类及其评定的概念进行设计。

分析法设计的总体思路为：对部件进行详细的应力分析，并将各种不同载荷引起的应力，根据其导出应力的方法、应力在部件上存在区域的大小、沿部件厚度分布的性质等，依据失效模式进行分类，对不同类别的应力规定不同的限制条件。这里的失效模式包括超量变形、韧性断裂、屈曲、渐增性塑性变形、疲劳和脆性断裂等。目前按照规范进行设计即分析法设计。

二、应力分类法

工程上绝大多数压力容器的设计主要还是基于弹性分析，获得板壳解后根据对容器失效所起的作用不同，划分为一次应力、二次应力等分别予以不同的限制条件，来对容器的安全进行校核。这种通称为“应力分类法”的弹性分析，自 20 世纪 60 年代由美国压力容器委员会 PVRC 提出以来，已被世界上大多数国家或地区的压力容器标准所采纳，广泛应用于压力容器的工程设计，如欧盟的 EN 13445、英国的 BS 5500、日本的 JIS B8266 和我国的 JB 4732。

应力分类法的实现方法也经历了三个阶段，早期主要是基于所谓“结构不连续分析”的板壳理论，但只适用于轴对称结构的薄壁结构；之后出现了基于板壳单元的有限元方法，直接获得结构的板壳解；现在常用的方法为采用实体有限元单元求解后，进行所谓“线性化”的处理方式来获得能够产生当量力和弯曲的薄膜应力和弯曲应力，再进行应力分类限制，见图 3.3-1。

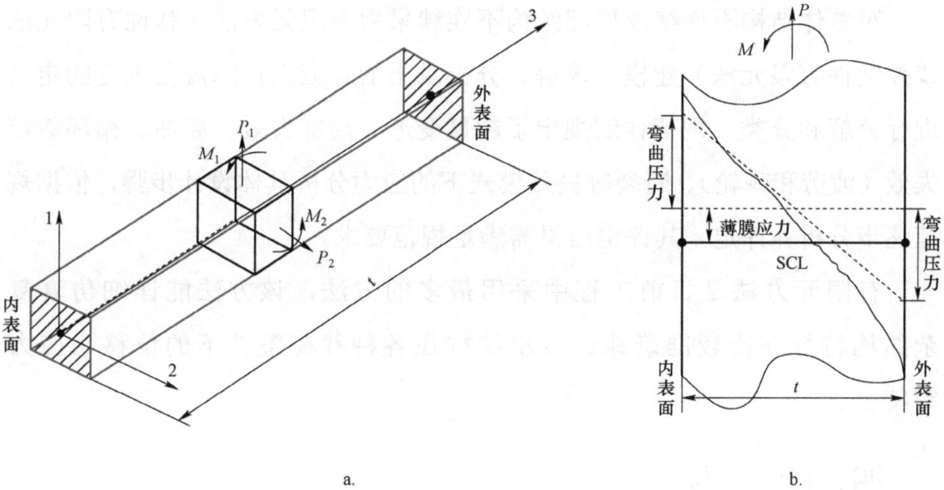

图 3.3-1　应力线性化

a. 应力线性化线或面；b. 当量薄膜+弯曲应力

结构在载荷作用下可能会发生失效，其失效模式与所产生的应力类型息息相关，因此，有必要针对应力进行详细分类，从而加以限制防止结构潜在的损坏。应力可分成以下六类：

P_m：总体一次薄膜应力；

P_L：局部一次薄膜应力；

P_b：一次弯曲应力；

P_e：热膨胀应力；

Q：二次应力；

F：峰值应力。

应力有各种不同的特征，需根据各应力的特征进行准确分类，才能有效限制。

三、有限元方法的应用

结构连续的部件规范有详细的公式或表格，可采用公式法或表格法计算出所需的分类应力，依据规范进行评定。

对总体结构不连续或局部结构不连续采用有限元方法（弹性有限元法或弹塑性有限元法）建模、求解、分析求出的总应力按照规范规定的定义进行分解和分类。规范详细规定了超量变形、局部失效、屈曲、循环载荷失效（疲劳和棘轮）、断裂等失效模式下的应力分析具体设计步骤，依据规范逐步分析并评定，其评定结果需满足规范要求。

有限元方法是目前工程中采用最多的方法，该方法能详细仿真复杂结构特征并比较准确地计算出结构在各种载荷条件下的位移、应力等特征。

四、极限载荷法

当作用在结构上的载荷增大至某一极限值时，理想塑性材料结构将变成几何可变结构，它的变形无限制地增大，从而使结构失去承载能力。这种状态称为结构的塑性极限状态，对应于此状态的载荷称为塑性极限载荷。

结构塑性极限分析的目的是：① 求出极限载荷；② 确定极限状态下满足应力边界条件的应力分布规律；③ 找出结构破损时的机构形式。塑性极限分析是在假设材料具有理想刚塑性性质的前提下进行的，因而避开了弹塑性分析的复杂计算。由极限分析的解所得到的极限载荷和由弹塑性分析所得到的极限载荷完全相等。

为了解决上述问题，除了要知道材料的有关参数外，还应知道静力和失效模式。这些条件包括：① 极限条件。即结构出现屈服时其广义力（极限条件中所包含的弯矩、薄膜力或轴向力）应满足的条件；② 破损机构条件，即在极限状态下结构的运动规律，或结构失去承载能力时的运动形式；③ 平衡条件；④ 几何条件。其中①、②两个条件应建立在理论分析和实验研究的基础上，是结构极限分析的物理依据；③、④两个条件是结构处于弹性状态或塑性状态都必须满足的条件。如果所求得的解满足以上全部条件而且满足所给的边界条件，则该解即为极限分析的完全解。

极限载荷分析是基于极限分析原理，通过理想塑性材料模型和小位移理论用数值分析方法（有限元）确定极限载荷，也叫坍塌载荷。极限载荷法的优点是相当直观，设计者只要对所作用的全部机械载荷开展有限元分析就能确定极限载荷值。实际载荷小于极限载荷并考虑适当的安全系数则满足安全要求。

五、实验法

对于理论应力分析方法尚不足以确定与所考虑的失效模式相应的载荷或应力，或者尚未有可应用的设计准则可应用，规范规定可以进行实验应力分析来确定载荷和应力。

实验法可用于：

（1）应力、应变或变形评估；

（2）疲劳评估；

（3）部件静态或动态行为评估；

（4）温度测量。

实验法是最直接的验证方法，也是相对最准确的验证方法，特别对高度非线性的案例是最有效的验证方法，其最大的缺点是验证成本较高。

3.4　材料许用应力及材料特性

一、总体概述

在核岛机械设备设计中，许用应力强度 S_m（或 2 级、3 级设备的许用应力 S）是非常重要的指标，在强度计算、力学分析中作为判据有非常广泛的应用。在设计过程中，为方便使用，标准通常以列表的形式给出 S_m（或 S）的值。除使用列表形式直接给出 S_m（或 S）以外，通常标准还给出其计算方法。该方法规定 S_m 根据材料的屈服强度、抗拉强度通过一定规则计算获得，因此 S_m 是设计中表征材料性能的一个综合指标。

虽然在工程设计中，S_m 取值可直接查表获得，但深入了解其建立的基础及方法，对于提高设计水平，优化设计方法或处理关键技术问题仍然是有益的。本文以一级设备作为重点，分析探讨了 ASME 锅炉及压力容器规范和 RCC-M 标准中许用应力取值相关的几个问题。

二、ASME 规范获取许用应力的方法

1. S_m 确定准则

核岛机械设备设计过程中用到的 1 级设备的许用应力强度 S_m 或 2 级、3 级设备的许用应力 S 可以在 ASME 第Ⅱ卷 D 篇中表 1A、表 1B、表 2A 和表 2B 中找到。根据 ASME 第Ⅱ卷 D 篇强制性附录Ⅰ和强制性附录Ⅱ，许用应力是根据一定规则（即取一定的“安全系数”），根据室温和高于室温的屈服强度和抗拉强度确定的。对于 1 级部件（螺栓除外），确定设计许用应力强度 S_m 的准则如下。

室温及室温以下：

$$S_m = \min\left(\frac{2S_Y}{3};\frac{S_T}{3}\right) \qquad \text{（式 3.4-1）}$$

所考虑温度（室温以上）以下：

对铁素体钢，

$$S_m = \min\left(\frac{2S_Y}{3};\frac{S_T}{3};\frac{2S_YR_Y}{3};\frac{1.1S_TR_T}{3}\right) \qquad \text{（式 3.4-2）}$$

对奥氏体钢，

$$S_m = \min\left(\frac{2S_Y}{3};\frac{S_T}{3};0.9S_YR_Y;\frac{1.1S_TR_T}{3}\right) \qquad \text{（式 3.4-3）}$$

其中，

S_Y 是室温下规定的最小屈服强度；

S_T 是室温下规定的最小抗拉强度；

R_Y 是与平均温度有关的屈服强度趋势曲线的值和室温下屈服强度的比值；

R_T 是与平均温度有关的抗拉强度趋势曲线的值和室温下抗拉强度的比值。

2. *趋势曲线法*

若计算 S_m，获取 R_Y 和 R_T 非常关键。ASME 标准本身并没有对如何获取 R_Y 和 R_T 进行进一步详细的解释。根据文献（Prevention of Damages in Mechanical Components，Introduction to the Design，Analysis and Construction Rules of the RCC-M，[M]，afcen，2014.），R_Y 和 R_T 与 ASME 标准建立材料高温性能基础数据，即温度下屈服强度和抗拉强度密切相关。对于某一类别的钢，比如某类低合金钢，根据材料室温、高温性能测试提供的测试数据，经归纳整理后，计算各温度下强度与室温下强度的比值，绘制各温度下的平均比值随温度变化的趋势曲线，如图 3.4-1 所示。同时，ASME 委员会认为趋势曲线与材料制品相关性不大。如此，可以对某一类别的材料的不同制品形式使用同一趋势曲线——即 R_Y 和 R_T 随温度变化的曲线。然后，对某一特定材料，可按如下方法获得温度下的屈服强度和抗拉强度。

$$S_{YRY} = S_T R_Y \qquad \text{（式 3.4-4）}$$

$$S_{TRT} = S_T R_T \qquad \text{（式 3.4-5）}$$

其中 S_{YRY} 和 S_{TRT} 分别表示室温以外的其他温度下（以下简称“温度下”）的屈服强度和抗拉强度。由于趋势曲线 R_Y 和 R_T 是温度下强度平均值与室温强度的比值的曲线，那么此处的 S_{YRY} 和 S_{TRT} 的意义即为，对于室温性能刚好等于 S_Y 和 S_T 的特定材料，其所考虑温度下的强度的最大概率值。S_Y 和 S_T 为规定的室温最小强度，因此可以将 S_{YRY} 和 S_{TRT} 等效理解为所考虑温度下“最小屈服强度”和所考虑温度下“最小抗拉强度”。这个转化可以用 3.4-2 来说明。

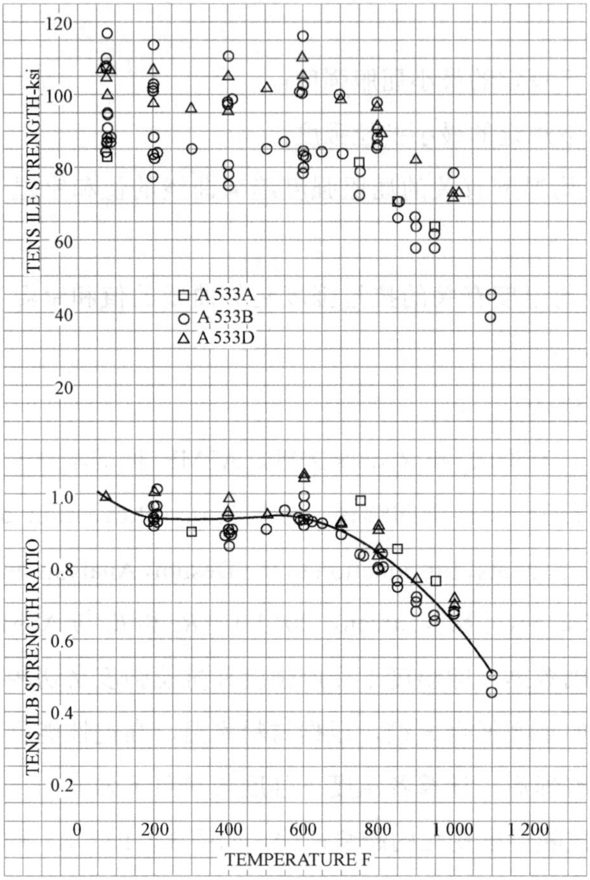

图 3.4-1 ASME 委员会对低合金钢用的“趋势曲线”的例子

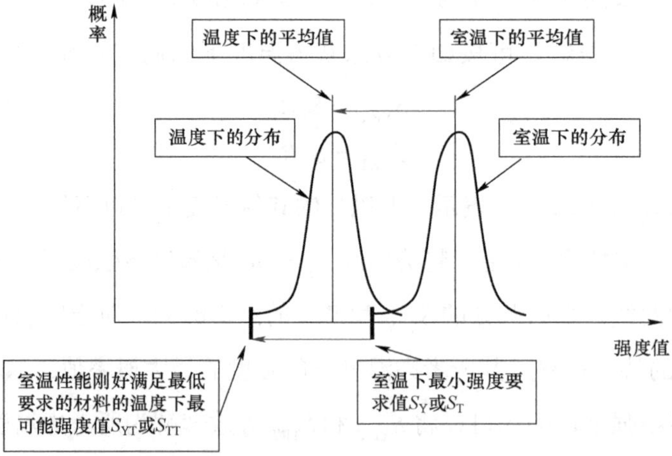

图 3.4-2 趋势曲线法获得温度下强度性能示意图

3. 趋势曲线法强度与标准中列表强度的对应关系

ASME 第Ⅱ卷 D 篇表 Y-1“铁素体和非铁素体材料的屈服强度 S_Y”和表 U“铁素体及非铁素体材料的抗拉强度 S_U”分别列出了相关材料各温度下的屈服强度和抗拉强度。这些表格中所列数据与根据趋势曲线法得到的材料的温度下的强度 S_{YRY}（式 3.4-4）和 S_{TRT}（式 3.4-5）是否相同呢？如果仅从名称来看，似乎以上表中所列即为按照趋势曲线转化获得的 S_{YRY} 和 S_{TRT}。但观察表格发现并非如此简单对应。比如对于 SA508 3 级 1 类钢和 2 类钢，表 U 所列的抗拉强度数据。不难发现，表中所列的 425 ℃及以下的强度与室温强度相同，这显然与使用趋势曲线获得 S_{TRT} 不完全一致。注意到表 U 注解的（b）条：委员会认为表格所列抗拉强度值适用于设计计算。在温度高于室温时，其倾向于平均值或期望值可最多比利用趋势曲线和室温抗拉强度调整获得的值高最多 10%。相似地，文献[5]（Companion Guide to the ASME Boiler & Pressure Vessel Code.Fifth edition，Volume 1［M］.ASME press，2018.）指出，大于室温的温度下，抗拉强度值可在不超过室温抗拉强度值的前提下增加 10%。同时，该文献还明确指出，表 Y-1 所列的温度下的屈服强度值是按照趋势曲线法获得的，与抗拉强度不同，表中所列值并未增加 10%。由此可见，对于室温以上的温度，表 Y-1 所列的即通过趋势曲线法转化的屈服强度值，而表 U 所列的是趋势曲线法抗拉强度的 1.1 倍和室温抗拉强度的较小值，即 $\min(1.1S_TR_T;S_T)$。

三、RCC-M 获取许用应力的方法

RCC-M 附录 ZⅢ规定 1 级部件用许用应力 S_m 按如下规则确定：

对铁素体钢，

$$S_m=\min\left(\frac{2R_e}{3};\frac{R_m}{3};\frac{2S_Y}{3};\frac{S_U}{3}\right)\qquad（式 3.4-6）$$

对奥氏体钢，

$$S_m = \min\left(\frac{2R_e}{3}; \frac{R_m}{3}; 0.9S_Y; \frac{S_U}{3}\right) \quad （式 3.4-7）$$

其中，

R_e 是室温规定最小屈服强度；

S_Y 是温度下的屈服强度；

R_m 是室温下规定最小抗拉强度；

S_U 是温度下的抗拉强度。

R_e、R_m 定义比较清楚，即为材料温度下规定的屈服强度和抗拉强度，S_Y 定义为“20 ℃时屈服强度等于最小规定值的产品的温度下的屈服强度最大概率值”，S_U 定义为以下数值中的较小者：① 所规定的 20 ℃下抗拉强度的最小值；② 当产品 20 ℃时抗拉强度等于规定最小值时，该产品抗拉强度最大概率值的 1.1 倍。所以，RCC-M 公式中的 S_Y、S_U 即为式 3.4-2 和式 3.4-3 中的 S_YR_Y 和 1.1 S_TR_T。由此可见，RCC-M 中 S_m 的获取规则完全继承了 ASME 的方法，但其中没有提到“趋势曲线”以及 R_Y 和 R_T，也就没有点出表 Z Ⅰ 2.1 和表 Z Ⅰ 3.1 中所列的 S_Y 和 S_U 是如何获得的。

与 ASME 相应表格类似，RCC-M 表 Z Ⅰ 2.1 和表 Z Ⅰ 3.1 中除了给出高温各温度下的 S_Y 和 S_U 外，也都给出了室温下的材料验收最小屈服强度 R_e 和最小抗拉强度 R_m。但不同的是，对一些材料，RCC-M 中给出的 R_e、R_m 与表格中室温 S_Y 和 S_U 有较明显的差异。

四、我国标准关于材料许用应力的取值

ASME 和 RCC-M 中材料的高温 S_Y 和 S_U 均与材料的趋势曲线有关。如果可以得到材料的趋势曲线，可以通过参照 RCC-M 中高温材料性能的取值方法，获得我国统一标准的材料高温性能。

根据 ASME 关于 S_U 的说明，温度高于室温时，抗拉强度趋向于比最低室温抗拉强度按照趋势曲线调整后得到的高温值高 10%。理论上来说，可以通过趋势曲线的定义，将 ASME 中所列的高温性能与室温性能相比较，

来获取相应材料的趋势曲线。但实际操作至少存在两个问题。首先，ASME给出的是分散的温度点的材料性能值，不是连续的温度曲线，因此可能得到的趋势曲线只能是近似的。其次，通过观察可以发现，“高 10%”只是一个解释性的说明，ASME 所列的高温 S_Y 值并没有严格服从该规律。因此，ASME 中高温 S_U 值更像是设置了另一个限值，即不超过室温 S_U。如此一来，对于 ASME 中高温 S_U 与室温 S_U 相等的温度范围，由于不能获得实际的高温 S_U，所以该温度范围内不能获得材料的趋势曲线。

因此，通过 ASME 提供的材料性能获得材料趋势曲线，进而参考 RCC-M 中方法获取我国标准的材料性能的方法只是部分可行，或者说至少对于高温 S_U 来说是行不通的，建议现阶段采用 RCC-M 中的数据。

3.5 过度变形（超量变形）

一、总体概述

结构在内外部载荷作用下会变形，当结构承受的载荷或应力超过了其设计时的极限值时，可能会出现过度的伸长、弯曲、扭曲等变形。这些变形可能会破坏结构的稳定性和平衡性，使其无法满足预期的功能需求或安全要求。过度变形进一步发展可导致结构出现塑性失稳，丧失承载能力。

核 1 级设备针对过度变形的评定采用的是第三强度理论，也被称为最大剪应力理论，即认为材料发生屈服是由于最大切应力引起的。在低碳钢这样的塑性材料单向拉伸试验中，材料会沿着斜截面发生滑移，进而出现明显的屈服现象。在这个过程中，试件在横截面上的正应力达到材料的屈服极限，同时在试件的斜截面（特别是 45° 斜截面）上出现最大剪应力。规范中采用应力强度表征截面上的最大剪应力，其定义为三向主应力中最大主应力与最小主应力之差，也即最大剪应力的 2 倍。

二、设计工况总体一次薄膜应力强度的限值

设计工况下，总体一次薄膜应力强度采用基本许用应力强度作为限值，以保证设备在设计工况下可防止出现整体性的过度变形和塑性失稳，且具有较高的安全系数。

室温下防止出现整体性的过度变形的安全系数为1.5，塑性失稳的安全系数为3.0。工作温度下，对应的安全系数分别为1.5和2.73（3.0/1.1）。工作温度下塑性失稳的安全系数不同的原因是抗拉强度S_U采用的是“在20 ℃时的抗拉强度趋向于所规定的最小值时，其抗拉强度的最大概率值的110/100”。

规范的第一部分附录A中给出了主要材料的基本许用应力强度。附录C给出了确定基本许用应力限值的要求，具体如下：

1. 对铁素体钢、有色金属和合金（下面2中的材料除外），在所考虑的每一温度下，其基本许用应力强度值取下面各值中的最小者：

（1）室温下规定的最小抗拉强度R_m的1/3；

（2）工作温度下的抗拉强度S_U的1/3；

（3）室温下规定的最小屈服强度R_e的2/3；

（4）工作温度下的屈服强度S_Y的2/3。

2. 对奥氏体钢、镍-铬-铁合金和镍-铁-铬合金，其基本许用应力强度取下面各值中的最小者：

（1）R_m的1/3；

（2）S_U的1/3；

（3）R_e的2/3；

（4）S_Y的90%。

三、一次薄膜加弯曲应力强度的应力限值

（一）标准差异

一级设备设计工况下一次薄膜加弯曲应力强度$P_m(P_L)+P_b$的应力限值

在 ASME、RCC-M 和 GB/T 16702 中有所不同，具体见 3.5-1 所示。

表 3.5-1　各规范关于一级设备设计工况下 $P_m(P_L)+P_b$ 的应力限值

标准	ASME	RCC-M	GB/T 16702
限值	实心矩形截面为 $1.5S_m$ 非实心矩形截面为 αS_m	$1.5S_m$	$1.5S_m$

ASME 规范规定实心矩形截面 $P_m(P_L)+P_b$ 的限值为 $1.5S_m$，非实心矩形截面为 αS_m，其中 α 定义为截面产生完全屈服的弯矩值与截面表面开始屈服的弯矩值的比值，且 α 不大于 1.5。

在 RCC-M 和 GB/T 16702 中规定 $P_m(P_L)+P_b$ 的应力限值为 $1.5S_m$。

（二）技术分析

基于小变形理论和理想弹塑性材料假设，受纯弯矩作用下单位厚度矩形截面梁的弯曲应力随弯矩的变化趋势如图 3.5-1 所示，当应力超过屈服极限后，实线表示材料为理想弹塑性情况下的真实应力，虚线表示材料为线弹性情况下的名义应力，y 表示屈服范围。

根据弯矩等效的原理，当梁处于部分屈服状态时［图 3.5-1（b）］的弯矩 M 为：

$$M=2\left(\int_{y}^{h/2}xS_y\mathrm{d}x+\int_{0}^{y}\frac{x}{h/2-y}S_y\mathrm{d}x\right)=\frac{h^2}{6}S_y\left[1+\frac{2y}{h}\left(1-\frac{y}{h}\right)\right]$$

（式 3.5-1）

当梁外表面开始屈服时［图 3.5-1（a），$y=0$］的弯矩 M_o 为：

$$M_o=\frac{h^2}{6}S_y \qquad \text{（式 3.5-2）}$$

当梁处于完全屈服时［图 3.5-1（c），$y=h/2$］的弯矩 M_c 为：

$$M_c=\frac{h^2}{4}S_y \qquad \text{（式 3.5-3）}$$

由上述两式可以得出完全屈服力矩与开始屈服力矩之比为：

$$\frac{M_c}{M_o}=1.5$$

由以上推导可以看出，对于实心矩形截面梁，使梁截面产生完全屈服的弯矩与梁截面表面处开始屈服的弯矩之比为 1.5。然而对于非实心矩形截面，可以根据上述方法推导得到，在某些结构（比如接管）α 有可能要小于 1.5，那么 $P_m(P_L)+P_b$ 仍采用 $1.5S_m$ 的应力限值，设计工况下的安全裕量不满足 1.5 的要求。

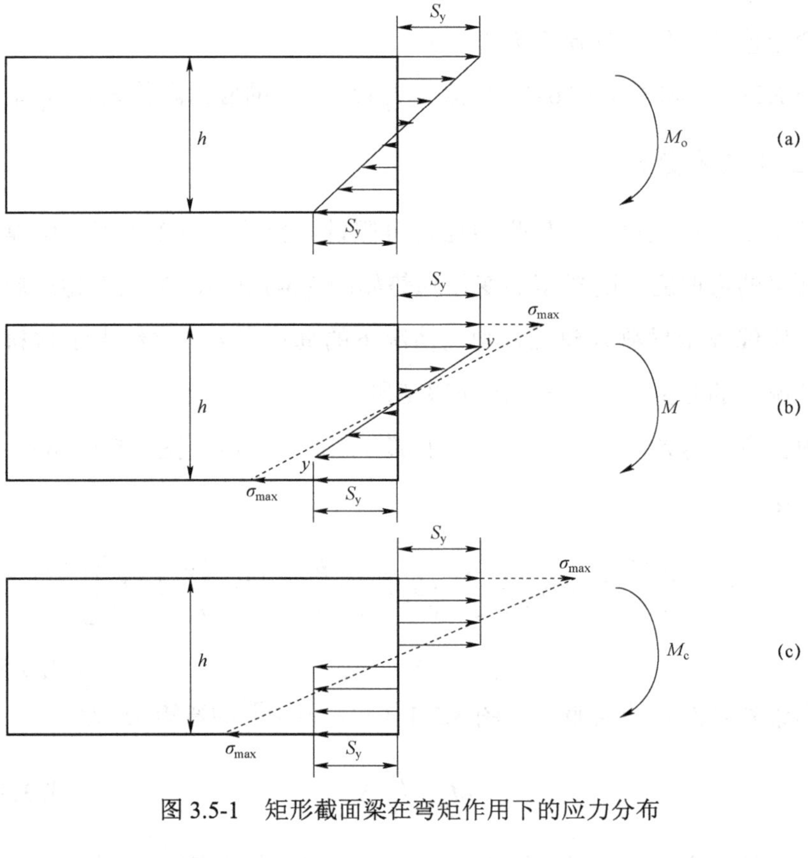

图 3.5-1　矩形截面梁在弯矩作用下的应力分布

（三）标准融合

参考 ASME 规范关于 $P_m(P_L)+P_b$ 的应力限制规定，O 级准则、B 级准则、C 级准则和试验工况下的实心矩形截面 $P_m(P_L)+P_b$ 的应力限值为 1.5 倍 P_m

的应力限值，非实心矩形截面 $P_m(P_L)+P_b$ 采用 α 倍 P_m 的应力限值，且 α 不大于 1.5。

四、一级设备在 C 级准则中的一次应力的限制

（一）标准差异

一级设备在 C 级准则中关于一次应力的限制在 ASME、RCC-M 和 GB/T 16702 中有所不同，具体见表 3.5-2。

表 3.5-2 各规范关于一级设备的 C 级准则

标准	ASME	RCC-M	GB/T 16702
限值	$P_m \leqslant \max(1.2S_m, S_y)$ $P_L \leqslant \max(1.8S_m, 1.5S_y)$ $P_m(P_L)+P_b \leqslant \max(1.8S_m, 1.5S_y)$	$P_m \leqslant 1.2S_m$ $P_L \leqslant 1.8S_m$ $P_m(P_L)+P_b \leqslant 1.8S_m$	$P_m \leqslant 1.2S_m$ $P_L \leqslant 1.8S_m$ $P_m(P_L)+P_b \leqslant 1.8S_m$

（二）技术分析

ASME 规范规定的 C 级准则应力限值如表 3.5-2 所示，P_m/S_y 大于 2/3 时，应力限值超出了设计极限。

RCC-M 规范规定的 C 级准则应力限值如表 3.5-2 所示，由于法国核安全要求在紧急工况下，防止过度变形失效的安全裕量相对于设计工况要提高 20%，因此 RCC-M 规范规定 C 级准则应力限值为 0 级准则的 1.2 倍，在设计极限内，RCC-M 规范规定的 C 级准则应力限值相比 ASME 更为严格合理。

（三）融合建议

对于一级设备在 C 级准则中关于一次应力的限制，GB/T 16702 与 RCC-M 一致，限制比 ASME 中的要保守，基于核安全要求的安全裕量，建议采用 RCC-M 和 GB/T 16702 的规定，见图 3.5-2。

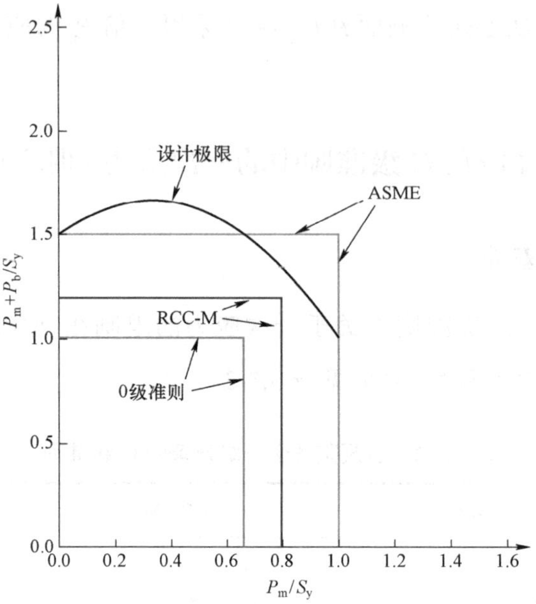

图 3.5-2　0 级和 C 级应力限制

五、一级设备在试验工况中的一次应力的限制

（一）标准差异

一级设备在试验工况中关于一次应力的限制在 ASME、RCC-M 和 GB/T 16702 中有所不同，具体见表 3.5-3。

表 3.5-3　各规范关于一级设备水压试验工况的应力限制

标准	ASME	RCC-M	GB/T 16702
限值	$P_m \leqslant 0.9S_y$ 当$P_m \leqslant 0.67S_y$时，$P_m+P_b \leqslant 1.35S_y$ 当$0.67S_y \leqslant P_m \leqslant 0.9S_y$时，$P_m+P_b \leqslant (2.15S_y-1.2P_m)$	$P_m \leqslant 0.9S_y$ $P_m+P_b \leqslant 1.35S_y$	与 RCC-M 一致

（二）技术分析

ASME 评价限值采用对极限失效准则打九折和线性化处理得到，如图 3.5-3 所示，而按照 RCC-M 为红线包围的范围 + 蓝线包围的范围，会有部分情况超出极限载荷线。

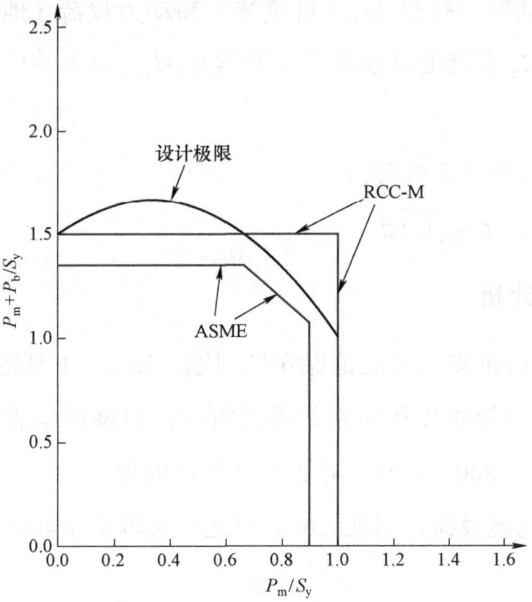

图 3.5-3　试验工况应力限制

（三）标准融合

试验工况下的应力限制参考 ASME 中的规定。

六、1 级管道一次应力评价中弯矩 Mi 缩减

（一）标准差异

核 1 级管道一次应力评价公式如下：

$$B_1\frac{PD_o}{2t}+B_2\frac{D_o}{2I}M_i\leqslant 1.5S_m$$

式中的弯矩 M_i 在 RCC-M 和 ASME 规范中的定义不同。

ASME 规范定义如下：

式中 M_i 包括静力载荷（自重等）和动力载荷（地震等）产生的弯矩，动力载荷（地震）产生的弯矩 M_i 通过谱分析计算。

RCC-M 规范定义如下。

式中 M_i 包括静力载荷 M_A（自重等）和动力载荷（地震等）的一次部分 M_E，其中，M_E 根据地震载荷产生的弯矩 M_{Dyn} 以及响应谱的阻尼比进行缩减。

如果阻尼比 $2\% \leqslant \xi \leqslant 5\%$：

$M_E = \tau M_{Dyn}$，$\tau = \sqrt{0.1\xi}$。

（二）技术分析

关于核级管道抗震设计规范保守性问题，RCC-M 规范从 2000 版后将地震载荷产生的弯矩乘以相应系数进行折减，以降低地震载荷过度的保守性。ASME 规范在 2002 版为了降低地震载荷的保守性，通过降低应力指数 B2 的方式折减地震载荷，但在 2004 版之后又取消了其降低地震载荷保守性的方法。

关于核级管道抗震设计规范保守性问题，国际上进行了大量计算与实验研究，目前一致看法为：当选取阻尼比小于 10%时，通过线性响应谱分析计算出的管道弯矩载荷过于保守。

从处于工程经济上的考虑，地震载荷计算过于保守，在管道系统布置中会增加大量的支架或阻尼器，增加工程成本，而且过多的支架对管道热膨胀载荷非常不利。

但是，值得注意的是，考虑到管道安装及运行中的焊潜缺陷原因，对地震载荷产生的一次应力折减方式，目前美国 NRC 未予以认可。

（三）标准融合

鉴于核 1 级管道一次应力评价中，往复性动力载荷（地震）产生的弯矩是否进行折减目前存在的争议比较大，所以在新编规范中，将往复性动力载荷（地震）产生的弯矩的折减方法写入推荐性附录中，供规范使用者自行采纳。

七、水压试验工况校核要求

（一）标准差异

RCC-M 2007 版、RCC-M 2012 版及 ASME 规范中对于何种情况下免除 2、3 级设备水压试验校核的规则不同。

RCC-M 2007 版 C3288 中规定试验压力小于等于 1.5 倍设计压力除螺栓外不需要校核试验工况。

RCC-M 2012 版 C3288 中没有关于免除水压试验工况校核的相关规定，即都需要进行校核；且薄膜应力接受准则由 $0.9S_y$ 修改为 $0.95S_y$。

ASME NC3218 中规定当试验压力大于 NC6221 或 6321 规定试验压力的 6%时，需要对试验工况进行应力校核。

（二）技术分析

水压试验工况校核的免除基于设计工况限值与水压工况限值以及相应载荷之间的关系，其相互关系如图 3.5-4 所示，其中红色线条为极限载荷，橙色线给出了水压试验工况的限值。

根据计算，当水压试验压力达到设计压力 1.19 倍时，设计限值与水压试验限值相交（蓝色线），当水压试验为 1.267 5 倍时设计限值与极限载荷相交（绿色线）从图中可以看出如果使用设计工况包络水压试验工况，在单纯考虑压力的情况下，当水压试验压力达到 1.19 倍设计压力时，这种包络关系则不成立。

如果使用极限载荷包络水压试验，在单纯考虑压力的情况下，当水压试验压力达到 1.267 5 倍设计压力时，这种包络关系就不成立了。

由于标准规定的水压试验压力为 1.25 倍设计压力，此压力已经可能导致超出水压试验限值的情况（极限的情况是 1.19 倍设计压力），因此从将应力限制在水压试验限值内的角度来说即使没有超出 1.25 倍的规定设计压力也应该进行校核。

如果仅仅需要将应力限制在极限载荷范围内，则当水压试验压力超出1.4%，也就是 1.25×（1+1.4%）=1.267 5 倍设计压力时，才需要对水压试验工况进行校核。

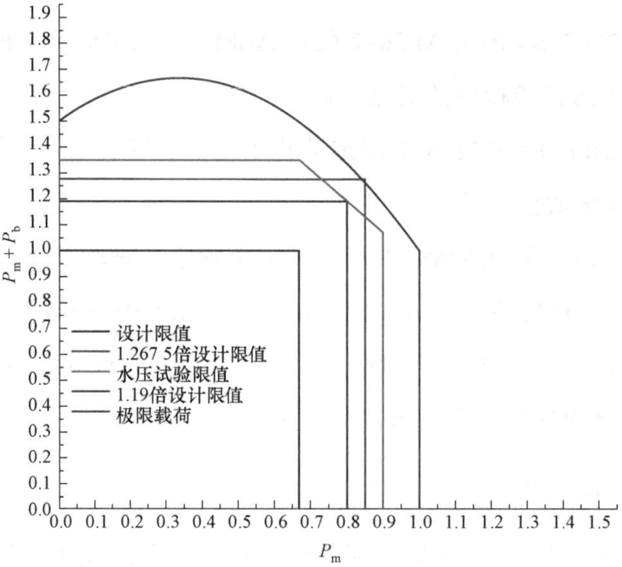

图 3.5-4　设计极限应力曲线

（三）标准融合

1）标准中水压试验工况薄膜应力的限值取 $0.9S_y$。

2）按照 RCC-M 2012 版的规定执行，不免除水压试验工况的校核，任何情况下均需校核水压试验工况。

3.6　弹性和弹塑性失稳

一、总体概述

当结构，特别是细长的杆（梁）或薄壳受压缩载荷或外压作用，结构内存在压缩应力，此时结构的变形可能对其承载能力有非常显著的影响，在结构发生塑性失稳前甚至还处于弹性阶段时，结构就可能失去承载能力而发生失效，这种失效也称为“屈曲”。

部件的强度失效通常发生在超过极限载荷和过量变形之后，此时结构出现了显著的塑性变形，结构的塑性失稳与结构初始的残余应力状态（可能由成形或焊接引起）及几何结构瑕疵（偏离理想的形状）关系不大。与之对应的是屈曲可能发生在结构处于弹性阶段、弹塑性阶段或是显著的塑性阶段（对于厚截面壳体），在前两种情况下，屈曲对几何缺陷和初始残余应力状态非常敏感。

国标、ASME Ⅲ及 RCC-M 对于防止弹性和弹塑性失稳的规定基本类似，针对的主要是受压元件（圆筒、球壳、凸形封头等）在外压作用下的周向或轴向屈曲。上述失稳与元件的抗弯界面模量有关，标准同时给出了加强圈的相关设计规则。

二、临界屈曲压力

（一）标准差异

RCC-M 附录 ZVI 给出了关于外压和轴向压缩载荷的设计规则，这些规则最早来源于 1956 年编制的 ASME Ⅷ，在 ASME Ⅲ中这些规则分布于 NB、NC、ND 及 NE-3000，鉴于对于不同规范级别的部件，这些要求大致相同，RCC-M 将这些规则编入附录 D 中。

在 ASME 标准中使用图算法，通过查图计算临界压力，RCC-M 同时给出了两种计算方法：图算法和公式计算法。

（二）技术分析

ASME 与 RCC-M 标准屈曲分析的理论基础都是基于同样的技术背景，所不同之处是表达方式上有所差别。

在 ASME 标准中，需要使用查图的方法确定许用外压，这在早期由于计算条件的限制有应用上的优势。但随着计算机技术的普及，计算复杂的公式变得轻而易举，查图的方法不利于编程而且不同的人查同一个图结果也会有差别，因此计算的准确性会有人为因素造成的差异。RCC-M 标准给出了相关的分析计算公式，分析计算公式与查图的结果见表 3.6-1，两者差异较小，鉴于查图的方法本身带有一些不确定性，可以认为公式法的结果是可以接受的。此方法的另外一个优势是可以覆盖那些没有图表数据的材料的外压计算。

表 3.6-1　图算法与公式计算方法结果对比

D/t	*L/D*	查图	分析计算	*D/t*	*L/D*	查图	分析计算
	0.2	0.221×10^{-3}	$0.221\ 1\times10^{-3}$		0.2	0.914×10^{-3}	0.914×10^{-3}
	0.4	0.106×10^{-3}	$0.106\ 3\times10^{-3}$		0.4	0.429×10^{-3}	0.429×10^{-3}
1 000	1	0.414×10^{-4}	$0.414\ 7\times10^{-4}$	400	1	0.165×10^{-3}	$0.164\ 8\times10^{-3}$
	2	0.204×10^{-4}	$0.204\ 7\times10^{-4}$		2	0.808×10^{-4}	$0.807\ 1\times10^{-4}$
	4	0.101×10^{-4}	$0.100\ 8\times10^{-4}$		4	0.393×10^{-4}	$0.393\ 9\times10^{-4}$
	0.2	0.312×10^{-3}	$0.311\ 7\times10^{-3}$		0.2	0.831×10^{-2}	$0.836\ 4\times10^{-2}$
	0.4	0.149×10^{-3}	$0.149\ 2\times10^{-3}$		0.4	0.364×10^{-2}	$0.363\ 9\times10^{-2}$
800	1	0.580×10^{-4}	$0.580\ 2\times10^{-4}$	100	1	0.134×10^{-2}	$0.133\ 4\times10^{-2}$
	2	0.286×10^{-4}	$0.285\ 9\times10^{-4}$				
	4	0.140×10^{-4}	$0.140\ 6\times10^{-4}$				

注：其中 *D* 为筒体外径，*t* 为厚度，*L* 为筒体长度。

（三）标准融合

（1）章节结构参照 RCC-M 将外压计算统一编入附录 D；

（2）为了便于应用，在附录 D 中同时给出图算法和公式算法。

三、许用应力取值

（一）标准差异

RCC-M 附录 ZIV 压缩许用应力 *So* 的取值，为下面数值中的小者：

（1）0.5 倍抗拉强度；

（2）0.9 倍屈服强度。

而在 ASME 标准中，许用压缩应力 *S* 为：

（1）对于 1 级设备 $S=\min(1.5S_m, 0.9S_y)$；

（2）对于 2/3 级设备 $S=\min(2S, 0.9S_y)$。

（二）技术分析

对于早期版本的标准，比如 RCC-M 2007 1 级设备和 2、3 级设备的安全系数分别为 3 和 4，这两种表达方式是基本一致的。

但在 RCC-M 和 ASME 标准降低安全系数之后，上述两种表达方式的差别变大了。对于 RCC-M 2012 及之后的版本，2 级、3 级设备的安全系数修改为 3.5，如果将 ASME 写成类似 RCC-M 附录 ZIV 的形式：

对于 1 级设备：

（1）0.5 倍抗拉强度；

（2）0.9 倍屈服强度。

对于 2 级、3 级设备：

（1）0.57 倍抗拉强度；

（2）0.9 倍屈服强度。

这里 ASME 标准的要求，在安全系数降低后，外压许用应力的安全系数也降低了，而采用 RCC-M 标准的表达方式则还是保持原来的数值。

（三）标准融合

外压计算许用应力取值按照 RCC-M，保持其安全系数的数值不变。

3.7　累积变形

一、总体概述

第 3.5、3.6 节分析了部件超量塑性变形及失稳这些失效模式，这几种失效模式都可能在载荷的一次施加后发生，导致超量塑性变形或失稳的应力也称作一次应力。累积变形或者说棘轮现象的发生通常与循环加载相联系，需要考虑所谓二次应力的作用，可能需要叠加一次应力也可能不需要。渐进塑性变形的特征是每次加载部件变形都会增长，最终结构因改变最初的形状而失效。

在循环载荷的作用下，部件的行为可以分为以下四种情况：

（1）部件始终处于弹性阶段，每次循环部件变形的增加量为 0；

（2）首次加载，部件产生塑性变形，后续循环部件各处均处于弹性，每次循环部件变形增加为 0；

（3）部件变形不为 0，但在几次循环发生后增加量趋向于 0；

（4）部件变形增加量不为 0，而是趋向于一个恒定的数值。

仅最后一种情况需要考虑累积变形这种失效模式。

标准要求控制累积变形的原因在于两方面：

其一，累积变形可能导致材料或部件发生不可接受的形状改变，特别是在对部件有功能要求时，形状的改变可能导致部件失去所需的功能；

其二，累积变形可能与其他失效模式如疲劳、快速断裂、屈曲及蠕变等发生相互作用，而促使这些失效模式更快发生。

针对渐进变形失效，国标、ASME Ⅲ及 RCC-M 主要规定了两方面的限制规则。首先对于一次加二次应力的范围，提出了 3 S_m 或 2 S_y 的准则，这一准则确保了结构处于安定状态，即结构在几次循环后不再发生塑性变形，整个结构处于弹性状态。标准中对于由于热应力产生的一次加二次应力范围超过 3 S_m 的情况，还提供了一种简化弹塑性分析的方法。如果采用这种方法，需要注意在后续的疲劳分析中需要考虑相关修正系数的影响。其二针对结构受到固定的机械载荷和循环热载荷下，基于 Bree 图，对允许的应力变化做出了相应的限制。需要指出的是这里的规定是其适用范围并不包括结构复杂的不连续区，而且温度分布也仅限于沿壁厚线性或二次分布的情况。对于其他的情况目前标准里没有规定。相关的规则和方法正在研究和开发中。

二、“$3S_m$”准则

规范中要求是一次加二次应力的范围：$\Delta(P+Q)\leqslant 3S_m$，“$3S_m$”准则的目的是将结构行为限制在塑性安定范围内，因此不满足规范中这一准则并不意味着累积变形就会发生。

在限制超量塑性变形时我们只关注一次应力，因为二次应力可以通过适度的塑性变形，使得应力重新分布，不会导致结构发生失效。而在循环载荷作用下，由于循环的二次应力可能导致变形的持续增长，因此必须限制二次应力。

简单起见，通过试样的拉伸试验说明这一规定的由来。对于一个拉伸试样，我们施加一个如图 3.7-1 所示的循环位移边载荷。载荷的范围是从 0 到 $\Delta Q/E$。材料假定为理想弹塑性材料，其应力应变关系曲线如图 3.7-2 所示。

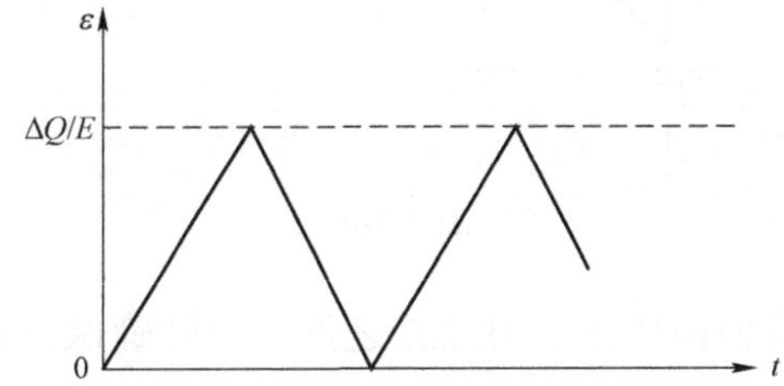

图 3.7-1

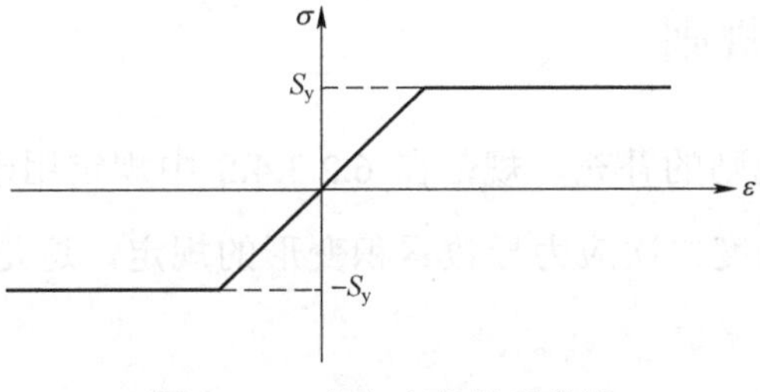

图 3.7-2　应力应变关系曲线

随着施加的载荷极值从小到大，拉伸试样会表现出三种不同的行为：

当$\Delta Q>S_y$时，试样表现弹性行为；

当 $S_y<\Delta Q<2S_y$时，试样表现塑性安定行为（见图 3.7-3）；

当$\Delta Q > 2S_y$时，试样表现塑性协调行为（见图 3.7-4）。

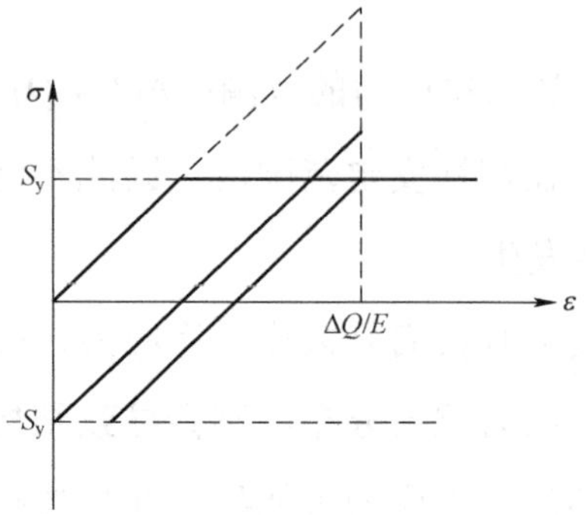

图 3.7-3

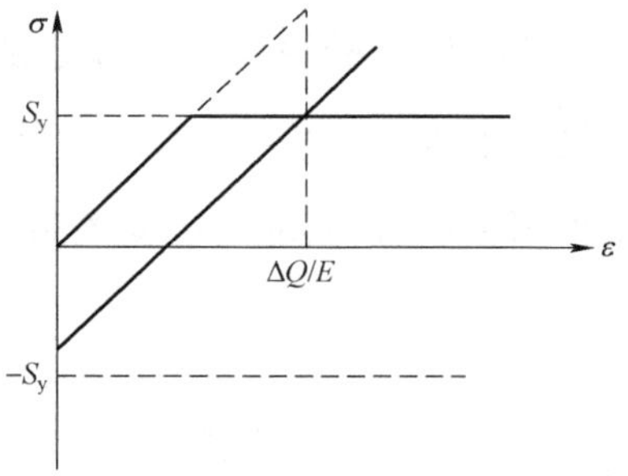

图 3.7-4

由此可见，将应力范围限制在$2S_y$之间，即可确保结构处于塑性安定的阶段。

三、热棘轮规则

作为对$3S_m$规则的补充，规范在 6.2.3.4.8 中规定用于限制总体一次薄膜应力叠加循环温度二次应力导致累积变形的规定，这是一种 A 型的棘轮的限制要求。

标准中对温度应力的限制来源于 D.R.Miller 的相关工作。他的这部分工作研究了受恒定内压作用的轴对称壳体在受径向温度梯度作用下的行为。温度的变化考虑了线性或二次的情况。

对于温度沿壁厚线性分布的情况，J.Bree 完善了 Miller 的工作，提出了一个图将结构行为分成四个区域，见图 3.7-5。

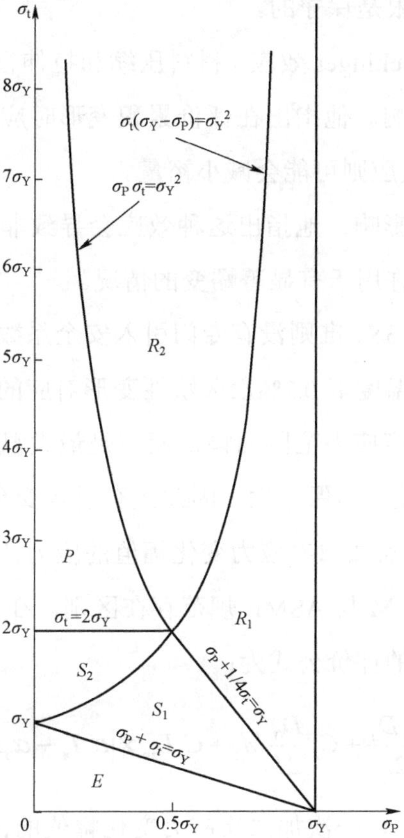

区域	行为
R_1 和 R_2	累积变形
S_1 和 S_2	塑性安定
P	塑性协调
E	弹性

图 3.7-5　Bree 图

此图也称为 Bree 图，Bree 还研究了以下假设的影响

（1）温度对弹性极限的影响；

（2）应变硬化的影响；

（3）高温应力松弛的影响。

他指出，弹性极限随温度的变化会产生有利的影响，在此方法中使用最高温度下的弹性极限是保守的。

Bree 在忽略 Bauschinger 效应（材料压缩和拉伸行为的不对称）前提下研究了应变硬化的影响。他指出在评价累积变形时应变硬化引入一定的裕量，而 Bauschinger 效应则可能会减小裕量。

关于应力松弛的影响，他指出这种效应会导致非常负面的影响，因此在规范中的规则不允许用于有显著蠕变的情况。

最后，需要注意 $3S_{\mathrm{m}}$ 准则没有专门引入安全系数，这一规则的安全裕量来自将循环中最高温度下 0.2%永久塑性变形对应的应力作为屈服强度，并且考虑的是最大温度应力范围的幅值而不是最大温度应力。结合前面的分析，$3S_{\mathrm{m}}$ 本身具有较大的保守性，因此没有引入安全系数。

在核 1 级管道一次加二次应力变化幅值的应力评价中，由热产生的弯曲应力是否评价 RCC-M 与 ASME 规范存在区别。在 ASME 规范中，一次加二次应力变化幅值的评价公式为：

$$S_{\mathrm{n}} = C_1 \frac{P_0 D_0}{2t} + C_2 \frac{D_0}{2I} M_{\mathrm{i}} + C_3 E_{\mathrm{ab}} \times \left| \alpha_{\mathrm{a}} T_{\mathrm{a}} - \alpha_{\mathrm{b}} T_{\mathrm{b}} \right| \leqslant 3S_{\mathrm{m}}$$

在 RCC-M 规范中，一次加二次应力变化幅值的评价公式为：

$$S_{\mathrm{n}}(i,j) = C_1 \frac{\left|P_0(i,j)\right| D_0}{2t} + C_2 \frac{D_0}{2I} \left|M_{\mathrm{i}}(i,j)\right| + \frac{1}{2(1-\upsilon)} E\alpha \left|\Delta T_1(i,j)\right| + C_3 E_{\mathrm{ab}} \left|\alpha_{\mathrm{a}} T_{\mathrm{a}}(i,j) - \alpha_{\mathrm{b}} T_{\mathrm{b}}(i,j)\right| \leqslant 3S_{\mathrm{m}}$$

从中可以看出 RCC-M 规范在二次应力中考虑了沿壁厚温度梯度产生的弯曲应力，而 ASME 规范中没有考虑这一项。

在一次加二次应力中考虑ΔT1 的贡献也见于 ASME 早期的一些版本。这样的做法实际上造成了很多情况下一次加二次应力范围超出 $3S_{\mathrm{m}}$ 的范围，而不得不考虑在疲劳分析中采用修正系数 Ke 来体现弹性跟进的影响。这里沿壁厚温度梯度引起的弯曲应力与累积变形分析中的情况并不相同。只是这种做法与美国通常的安全分析实践相一致，在超出这一限值区域附加考虑了管道局部失效。

ASME 委员会的意见是在公式中删除沿壁厚的温度梯度这一项，并要求评估热棘轮的影响，虽然总体上结果是乐观的，但法国安全当局不接受这样的做法。

为了不违反法国安全监管部门的要求，又要降低由于保留ΔT1 过于保守带来的问题，RCC-M 采用了一个折中的办法，即在公式中保留ΔT1，同时对 Ke 进行修正，采用混合 Ke 代替 ASME 标准中原来的 Ke 取值，从而合理降低疲劳分析的保性。

管道系统是按照梁结构进行分析的，ΔT1 项代表的是由于沿壁厚的温度梯度导致的弯曲应力，删除ΔT1 项并不影响作为梁元件塑性安定的判断。ΔT1 项影响最大的是对于疲劳分析中 Ke 的取值。

累积变形是在循环加载下才可能出现的失效模式。累积变形与结构整体行为有关。在 GB 16702 编制过程中，考虑到我国的国情，采用了去掉ΔT1 项的做法。同时在疲劳分析中不再使用源自 RCC-M 的混合 Ke 修正因子。因此这部分内容与 ASME 标准一致。

3.8　疲　劳

一、总体概述

疲劳是指在交变载荷作用下，结构中裂纹的形成过程。或者说，疲劳就是构件在反复载荷作用下会产生的微小损坏，这些损坏逐渐累积，最终可能导致构件的失效。

疲劳损伤的最初阶段是裂纹的萌生，即产生微裂纹，一个微裂纹的宏观扩展就构成疲劳裂纹，经过一定的扩展后，裂纹尺寸可能达到临界值，导致泄漏或快速断裂的风险。

疲劳破坏所承受的载荷形式主要有三种：循环载荷、蠕变效应、环境影响。循环载荷就是一种载荷反复作用，该载荷是压水堆中常见的载荷形式，如：压力、温度或其他机械载荷的循环作用。针对蠕变效应，考虑到压水堆构件的工作温度范围，蠕变效应可以不考虑，当工作温度超过 420 ℃时蠕变效应才须考虑。关于环境影响，需具体情况具体分析，目前规范也未给出明确的分析方法，实际电厂更多地采用在线疲劳监测来补充这个影响。

循环载荷分低周循环（10 至 10^5 循环）和高周循环（10^6 以上循环）。根据材料疲劳设计曲线图表可知：交变载荷大时材料可承受的循环次数就小，反之就大。压水堆设计规范主要涵盖低周循环工况，旨在确保有较大周期波动的交变载荷足够小，有较大交变载荷的循环次数足够小。

规范规定了疲劳分析，其目的是防止构件在寿期末产生了宏观疲劳裂纹，从而确保构件在寿期内的结构完整性。同时为了防止这种疲劳失效，可采取优化结构设计、减少高应力区域或使用抗疲劳材料等方法。

二、疲劳分析规则

（一）常规计算

结构承受的交变载荷来源于设计瞬态，它包含了压力、温度等载荷随时间变化的历程，这些载荷变化在结构上产生的应力可通过详细分析（例如，有限元）来确定。

确定出应力后，可依据 GB/T 16702.2 的 6.2 节或 6.6 节所列的设备疲劳分析方法或管道疲劳分析方法进行结构的疲劳分析，阀门的疲劳分析方法见 6.5 节。

分析的第一个阶段是验证塑性安定性，即在第一个载荷循环周期产生局部塑性应变后，后期循环不会导致交替的塑性应变则满足塑性安定性。

通过确保一次加二次应力变化的幅值小于材料屈服强度的两倍来验证塑性安定性，推算出来就是 $3S_m$ 作为限值。在这种验证中，被认为是强加变形的局部峰值应力没有考虑在内。

当塑性安定满足时，弹性分析结果可直接用于确定疲劳使用系数，计算的疲劳使用系数需小于 1。当塑性安定不满足时，需通过确保塑性适应条件得到满足，以及考虑这些条件在疲劳分析中导致的塑性循环变形满足渐进性变形终止，同时，也要满足在适应前产生的变形不应超过给定的极限。

（二）塑性修正

弹性计算出的应力需进行修正以接近实际产生的应力。引入了弹塑性应变修正系数，它为实际应变幅值与由弹性分析确定的理论应变幅值之间的比值。GB/T 16702 第二部分 6.2 节将机械载荷和热载荷产生的应力分别进行了弹塑性应变修正，而在 6.6 节没有区别机械载荷和热载荷，而进行了统一修正。

（三）不连续性的特殊情况

分析具有部分穿透或交界焊缝的装配体（其几何形状类似于裂纹）可能需要应力集中系数或者是疲劳强度减弱系数加以修正，以获得保守的应力。

GB/T 16702.2 的 6.3.5.3.3 节对部分焊透焊缝要求：当需要进行疲劳分析时，使用的疲劳强度减弱系数应不小于 4。

另外，GB/T 16702.1 的附录 H 也提供了显著几何不连续区域疲劳分析的方法可应用。

三、简化弹塑性疲劳计算中的塑性修正

（一）标准差异

在简化弹塑性疲劳计算过程中，需要对应力进行塑性修正。ASME BPV、RCC-M 和 GB/T 16702 中对于塑性修正因子的规定不尽相同，具体

见表 3.8-1 所示。

表 3.8-1 各规范中的弹塑性修正因子

标准	弹塑性修正因子
ASME	$K_e=\begin{cases}1 & (S_n\leqslant 3S_m)\\ 1+\dfrac{1-n}{n(m-1)}\left(\dfrac{S_n}{3S_m}-1\right) & (3S_m<S_n\leqslant 3mS_m)\\ 1/n & (S_n>3mS_m)\end{cases}$
RCC-M	对机械载荷产生的应力： $K_{emech}=\begin{cases}1 & (S_n\leqslant 3S_m)\\ 1+\dfrac{1-n}{n(m-1)}\left(\dfrac{S_n}{3S_m}-1\right) & (3S_m<S_n\leqslant 3mS_m)\\ 1/n & (S_n>3mS_m)\end{cases}$ 对于热应力： $K_{ether}=\max\begin{cases}1.86\left(1-\dfrac{1}{1.66+(S_n/S_m)}\right)\\ 1\end{cases}$
GB/T 16702	与 RCC-M 一致

ASME BPV 规范中规定在简化弹塑性疲劳分析中，当一次加二次应力强度范围 $S_n>3S_m$ 时，需要对交变应力范围进行修正，修正方法如表所示。

RCC-M 规范中规定对于奥氏体钢，对于机械载荷产生的应力和热应力分别采用不同的弹塑性修正因子，修正方法如表所示，其中对于机械载荷产生的应力的弹塑性修正因子与 ASME 保持一致。其他材料的弹塑性修正因子与 ASME 规范的规定一致。

GB/T 16702 中对于弹塑性修正因子的规定与 RCC-M 规范一致。

（二）技术分析

（1）塑性应变修正因子

规范中提供的材料疲劳性能 S-N 曲线是通过基于应变的疲劳实验数据处理得到的。当结构处于弹性状态时，应力应变呈线性关系，弹性计算结果可以直接用来进行疲劳分析；当结构发生塑性变形时，应力应变不再呈线性关系，弹性计算得到的应力应变状态并不能代表分析区域真实的应力应变。屈服区域的应力将被高估，而应变会遭到低估。所以在采用 S-N 疲劳曲线进行疲劳分析时，弹性计算得到的应变应采用大于 1 的修正因子 K_e 进行修正。K_e 定义为真实的弹塑性应变范围 $\Delta\varepsilon_{ep}$ 与弹性分析所得的应变范围 $\Delta\varepsilon_e$ 的比值：

$$K_e = \frac{\Delta\varepsilon_{ep}}{\Delta\varepsilon_e} \qquad \text{（式 3.8-1）}$$

（2）ASME 塑性应变的修正

ASME 规范规定了基于弹性分析所得的一次加二次加峰值应力的简化弹塑性疲劳分析方法。该方法的前提之一是一次加二次应力范围 S_n 与 $3S_m$（$2S_y$）的比值来决定弹塑性修正因子 K_e 的值，其中 S_n 通过沿壁厚方向的应力线性化得到，S_m 为材料的许用应力强度，S_y 为材料的屈服强度。当一次加二次应力强度范围 S_n 小于 $3S_m$ 时，K_e 为 1，弹性计算结果无需修正。如果 S_n 大于 $3S_m$，为了考虑塑性区域的影响，规范要求在弹性计算的结果上乘以大于 1 的 K_e 进行修正，即在总应力范围 S_p 上乘以塑修正因子 K_e，得到修正后的交变应力范围 S_{alt}，然后进行疲劳分析。

$$S_{alt} = K_e S_p / 2 \qquad \text{（式 3.8-2）}$$

ASME 规范规定弹塑性修正因子 $K_{e(ASME)}$ 的关系式如式 3.8-3 所示：

$$K_{e(ASME)} = \begin{cases} 1 & (S_n \leqslant 3S_m) \\ 1 + \dfrac{1-n}{n(m-1)}\left(\dfrac{S_n}{3S_m} - 1\right) & (3S_m < S_n \leqslant 3mS_m) \\ 1/n & (S_n > 3mS_m) \end{cases} \qquad \text{（式 3.8-3）}$$

其中 n 为材料的应变硬化指数，m 为当 K_e 获得最大值时 $S_n/3S_m$ 的比值。规范中提供了不同材料的 m，n 值。B.F Langer 采用变截面平板受拉和悬臂梁弯曲的弹塑性疲劳分析，验证了该式的合理性，且在大部分情况下是保守的。

为了完成热载荷条件下的疲劳分析，不仅要考虑垂直于表面的应变，还要考虑沿着表面的应变。后者是由泊松效应引起的，即一个方向收缩会引起另外两个方向的伸长，此效应代表体积效应。体积变化会因应变的弹性或非弹性而不同。D.Moulin 提出泊松比修正系数 K_v 的本质是弹性计算和弹塑性计算下的体积差异。

普通钢的泊松比 ν 值一般为 0.3，这意味着结构弹性变形会导致体积的减少或者增多。由于结构屈服导致的晶体平面的滑移不会导致体积的变化，这意味着泊松比 ν 值为 0.5。在弹塑性分析中，泊松比由弹性状态的 0.3 变为全塑性状态中的 0.5，这个影响在疲劳分析中需要加以考虑。

在弹性分析中，一般采用 $\nu=0.3$ 时，会低估当量应变范围，为了克服这个偏差，规范使用修正的泊松比来加以考虑。规范建议对弹性分析采用经过修正的泊松比 ν^*，其表达式为：

$$\nu^* = 0.5-(0.5-\nu)\left(\frac{S_y}{S_a}\right) \quad \text{（式 3.8-4）}$$

式中，S_y 为循环平均温度下的材料屈服强度，S_a 为循环次数对应设计疲劳曲线上的许用交变应力值，ν 为弹性泊松比。一般 ν 取值 0.3，以及根据 S_y 和 S_m 之间的关系，公式可以简化为：

$$\nu^* = 0.5-0.2\left(\frac{3S_m}{2S_a}\right) \quad \text{（式 3.8-5）}$$

假如一块平板受到贯穿壁厚的温度梯度 ΔT，同时边界处受约束，这种情况下按弹性计算所得的应变范围为：

$$\Delta\varepsilon_e = \frac{\alpha\Delta T}{1-\nu} \quad \text{（式 3.8-6）}$$

由修正的泊松比可得到弹塑性应变为：

$$\Delta\varepsilon_{ep} = \frac{\alpha\Delta T}{1-\nu^*} \quad \text{（式 3.8-7）}$$

所以规范中关于泊松比修正系数为：

$$K_v = \frac{\Delta\varepsilon_{ep}}{\Delta\varepsilon_e} = \frac{1-\nu}{1-\nu^*} \quad \text{（式 3.8-8）}$$

（3）RCC-M 塑性应变的修正

规范 RCC-M 在基于 ASME 弹塑性修正方法的工程实践应用上提出了更适合工程实际的修正方法。由于 ASME 提供的适用于局部热应力的泊松比修正系数在工程上使用极不方便，因为其假设循环次数是确定的，但是现实中瞬态组合是要根据计算结果决定的，故 RCC-M 在 J.P.Prost 的研究基础上分别定义了适用于机械载荷和热载荷作用下的应力的塑性修正因子 $K_{e(meca)}$ 和 $K_{e(therm)}$。其中机械载荷作用下应力的塑性修正因子 $K_{e(meca)}$ 仍然沿用 ASME 塑性修正因子 $K_{e(ASME)}$ 的计算方法。适用于热应力下的塑性修正因子 $K_{e(therm)}$ 采用式 3.8-9 确定：

$$K_{e(therm)} = \frac{-A}{\dfrac{S_n}{S_m} + B} + C \qquad \text{（式 3.8-9）}$$

其中对于奥氏体不锈钢，RCC-M 规定常数 $A = 1.86$，$B = 1.66$，$C = 1.86$，代入式 3.8-9，即得到适用于奥氏体钢热应力的弹塑性修正因子 $K_{e(therm)}$ 为：

$$K_{e(therm)} = \max\begin{cases} 1.86\left(1 - \dfrac{1}{1.66 + (S_n / S_m)}\right) \\ 1 \end{cases} \qquad \text{（式 3.8-10）}$$

J.P.Prost 对于沿壁厚方向的温度梯度情况下，通过弹塑性和弹性计算结果的比较发现，K_v 与 $K_{e(therm)}$ 的修正方向是一致的，$K_{e(therm)}$ 比 K_v 略微保守，如图 3.8-1 所示。

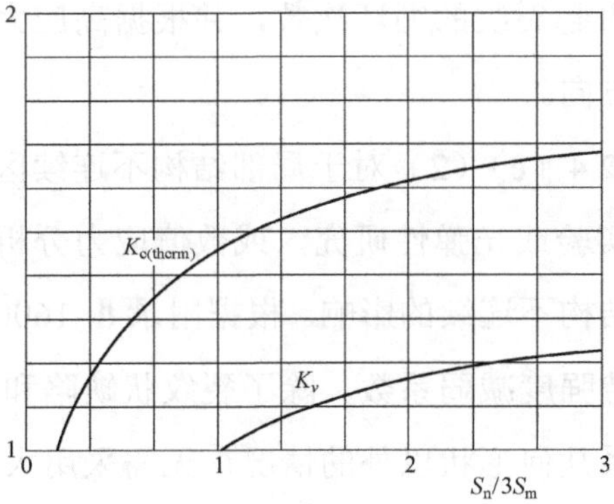

图 3.8-1　$K_{e(therm)}$ 与 K_v 的比较

（三）标准融合

由于热变形的自限性，导致热载荷下的弹塑性应变远小于机械载荷下的弹塑性应变，如果采用 ASME 的弹塑性修正因子对弹性应变进行修正，疲劳结果会过于保守，因此 ASME 的弹塑性修正因子不适用于热应力的塑性修正。相比之下，RCC-M 规范对于热应力的塑性修正因子，计算结果更为合理，故融合后的 GB/T 16702 主要参考 RCC-M 的规定。

四、几何不连续区的疲劳分析

（一）标准差异

对于几何不连续区（例如螺纹啮合和贯穿件 J 形焊缝处）的疲劳分析，ASME 第Ⅲ卷采用疲劳强度减弱系数的方法进行疲劳计算。RCC-M 和 GB/T 16702 除了规定上述方法外，还提供另一种采用疲劳萌生因数的评估方法。

（二）技术分析

对于形状类似裂纹的几何不连续区，比如螺纹啮合和贯穿件 J 形焊缝处，当尖端曲率趋于零时，由于应力集中而导致其应力过大。缺口根部的峰值应力范围随分析平面的方向而变化，而有效应力集中因子法无法预测裂纹从焊缝根部传播的路径方向。因此，有必要从有限元弹性分析中推导出一个准则来计算引起裂纹的循环次数，并根据高应力梯度几何形状来预测裂纹扩展路径的方向。

ASME NB-3222.4（e）（2）对于局部结构不连续区，规定应评估所有条件，采用理论、实验或光弹性研究，或数值应力分析技术所确定的应集中系数来估计局部结构不连续的影响。根据附录Ⅱ-1600 程序确定时，可使用经实验确定的疲劳强度减弱系数。除了裂纹状缺陷和由 NB-3680 规定了具体数值的特殊关系几何形状以外的情况，无需采用大于 5 的疲劳强度减弱系数。

RCC-M 规范附录 ZD 的目的是为这些区域的疲劳分析提供一种方法。该规范在附录 ZD 中给出了一个确定需要考虑的应力/变形振幅的规则。RCC-M 方法采用了 Peterson 在 1943 年提出、后来由 Langer 发展起来的思想。它包括确定在接近几何不连续点尖端的距离 d 处应力的变化。这个距离是材料的一个特性，对于 Inconel 合金是 0.046 mm，对于低合金钢是 0.05 mm，对于不锈钢是 0.059 mm。

RCC-M 规范附录 ZD 提供了“类裂纹”不连续区疲劳分析的两种方法：

（1）使用特定的疲劳曲线；

（2）采用 Neuber 修正方法评估类裂纹不连续区的局部应力或应变范围，采用标准的 S-N 曲线。

（三）融合建议

RCC-M 提供的裂纹状不连续区疲劳的分析方法，可以对启裂风险做出准确可靠的评估，必要时，还可以预测裂纹的生长方向，从而评估启裂给安全性带来的潜在影响。而 ASME 规范并没有为设计者提供相关指导。在融合标准中参照 RCC-M 的分析方法进行规定。

3.9　快速断裂

一、总体概述

核电厂一回路承压设备所用材料通常为 Mn-Ni-Mo 合金钢，这种材料的特点是强度高、具有韧脆转变区，所以在设计时必须考虑脆性断裂失效。具有假想裂纹的容器的失效模式一般有以下三种。

（1）脆性断裂。这种失效模式主要发生在缺陷较大时，材料韧性又不高的情况下容易发生，这种情况用断裂力学甚至是线弹性断裂力学可以很好地进行评定。

（2）弹塑性撕裂断裂。这种失效模式主要发生在裂纹在加载时首先发生起裂，若载荷不断增大，则裂纹继续发生稳定扩展，即发生撕裂，最后在裂纹变得很大时容器发生破裂（即失稳断裂）。韧性与塑性较好的材料，缺陷较大的容器容易发生这种弹塑性撕裂。

（3）塑性失稳。这种失效模式是含裂纹的容器其材料韧性塑性特别好，而缺陷相对又不大，加载时裂纹尚未起裂而净截面已发生屈服，即达到极限载荷状态，按理想弹塑性材料的假设，此时结构的变形将会无限制地沿裂纹所在的净截面发展下去而失效，故称塑性失稳。

二、断裂力学分析

GB/T 16702 的断裂力学分析，主要基于 ASME 锅炉及压力容器规范第Ⅲ卷第 1 册非强制性附录 G 和 RCC-M 规范技术性附录 ZG 的主要技术内容，根据国内第三代核电发展的需要，通过对 ASME 锅炉及压力容器规范和 RCC-M 规范主要的技术性内容进行融合之后形成 GB/T 16702。

ASME BPVC 2007 版针对安全 1、2 级部件和支撑件有断裂分析的要求，集中在第Ⅲ卷第 1 册 NB 分卷、NC 分卷和 NF 分卷。断裂分析的具体分析方法规定在 ASME BPVC 第Ⅲ卷第 1 册的附录 G（以下简称“ASME 附录 G”或“附录 G”）中。ASME BPVC 附录 G 的断裂分析仅针对铁素体承压材料进行抗无延性断裂失效分析。ASME 附录 G 规定了铁素体钢断裂韧性数据的获取方法，给出了最大假想缺陷的形状、尺寸，为 A、B 级和试验工况给出了应力强度因子的计算方法（远离结构不连续区按附录 G，而靠近结构不连续区的计算方法按附录 G 和 WRCB-175 报告 5（B）），并给出了计算应力强度因子时必须施加的安全系数和相应的评定准则，但没有给出 C、D 级工况下的评定准则。

RCC-M 2007 版针对安全 1 级部件有断裂分析的要求，集中在第 1 册 B 篇，针对安全 1 级部件的断裂分析的具体分析方法规定在第 1 册附录 ZG（下文简称 RCC-M 附录 ZG 或附录 ZG）中。RCC-M 的断裂分析针对铁素体、铁素体-奥氏体和奥氏体材料进行脆性断裂以及抗延性撕裂的断裂失效分析。附录 ZG 给出了最大假想缺陷的形状、尺寸，给出了基于影响系数法的应力强度因子计算方法，塑性区修正方法，根据不同的材料和评定方法，为 A、B、C、D 级和试验工况给出了计算应力强度因子时必需施加安全系数以及相应的评定准则。

相较于 ASME 锅炉及压力容器规范和 RCC-M 规范，GB/T 16702 在编制过程中有以下的异同点：

a. 断裂力学分析失效模式的差异；

b. 假想缺陷的差异；

c. 材料断裂韧性的差异；

d. 应力强度因子计算方法的差异；

e. 安全系数的差异。

对于以上 5 点差异，GB/T 16702 在编制过程中对比了 ASME 规范和 RCC-M 规范的差异，综合考虑原规范制定时所考虑了技术背景，在此基础上形成 GB/T 16702。

（1）GB/T 16702 断裂力学分析失效模式的考虑

GB/T 16702 的断裂力学分析以线弹性断裂力学为理论基础，目的是防止裂纹脆性断裂，其方法是比较裂纹驱动力和材料韧性后具有安全裕度，这与 ASME BPVC 2007 版的第Ⅲ卷第 1 册的附录 G 针对铁素体材料抵抗非延性断裂的方法是相同的，而 RCC-M 2007 版的第 1 册附录 ZG 包含了铁素体、铁素体-奥氏体和奥氏体材料进行抗脆断和抗延性撕裂的断裂评定方法。

GB/T 16702 的断裂力学分析的编制目标是仅针对一回路低合金钢材料的承压设备的低应力脆断问题，低合金钢为铁素体材料，其主要的失效模式是脆性断裂，所以 GB/T 16702 编制的时候摒弃了 RCC-M 规范的抗延性撕裂的断裂评定方法，因为这些内容主要是针对铁素体—奥氏体和奥氏体材料。

（2）初始假想缺陷尺寸的考虑

ASME 规范和 RCC-M 规范在进行断裂力学分析时，其相同之处都是在需要进行断裂力学分析的部位假想一个半椭圆形的表面平面缺陷，半椭圆形缺陷的尺寸通常为深度 a 与长度 2c 的比值为 1:6，基于线弹性理论计算该平面缺陷裂纹前沿处的应力强度因子，并以材料的平面应变断裂韧性 K_{IC} 作为限制进行评定。

ASME 规范和 RCC-M 规范的假想缺陷尺寸相差较大，对于非接管内隅角，ASME 附录 G 给出的设计阶段的初始假想缺陷尺寸为半椭圆表面缺陷，其尺寸见表 3.9-1，并且给出初始假想缺陷不通过时可以假想更小缺陷参考 WRCB-175 报告 5c 的方法。对于接管内隅角缺陷，附录 G 没有直接给出假想缺陷尺寸，要求参考 WRCB-175 报告 5c。厚度小于等于 63 mm（2.5 英寸）的接管及其附件，只要最低运行温度不低于 $RT_{NDT}+33$ ℃，可以免于无延性断裂分析。ASME 附录 G 只要求分析缺陷的最深点。

表 3.9-1　ASME 假想缺陷尺寸

壁厚	缺陷深度	缺陷长度
＜100 mm	25 mm	150 mm
100～300 mm	0.25t	1.5t
＞300 mm	75 mm	450 mm

注：t 为截面壁厚（单位：mm）。

RCC-M 附录 ZG 假想的缺陷与 ASME 附录 G 类似，都是半椭圆表面缺陷，假想缺陷的形状与 ASME 附录 G 一致，但假想缺陷尺寸与 ASME 附录 G 不同，对于非接管内隅角区域，具体见表 3.9-2。初始假想缺陷不通过时可以假想更小缺陷（尺寸小于表 3.9-2），需要通过评定证明它是安全的，但没有给出具体的评定方法，推荐根据 ZG-4000 按照 RSE-M 的方法处理。对于接管内隅角缺陷，附录 ZG 给出了半圆形假想缺陷及其尺寸要求。RCC-M 附录 ZG 要求对半椭圆形缺陷的最深点和表面点都进行分析。

表 3.9-2 RCC-M 假想缺陷尺寸

壁厚	缺陷深度	缺陷长度
＜40 mm	min(0.5t, 10 mm)	$a_c / 2c_c = 1/6$
＞40 mm	min(0.25t, 20 mm)	$a_c / 2c_c = 1/6$

注：t 为截面壁厚（单位：mm）。

1972 年的 ASME 规范增加了断裂评定要求，但当时的无损检测（NDE）技术在能力和可靠性的量化上困难，因此在快断评价时，考虑了一个当时认为比较合理且具有一定保守性的假想缺陷尺寸（即 1/4 壁厚）。该尺寸的平面半椭圆表面裂纹在远端应力考虑 2 倍放大因子后与承受远端应力的平板贯穿缺陷（缺陷长度等于 2 倍板厚度）的应力强度因子基本等效。美国结构完整性联盟的研究者 Yukawa 的分析表明，从当年（1991 年）的技术看，ASME 假想初始缺陷尺寸也是非常保守的，现在来看更是如此。RCC-M 规定的初始缺陷深度尺寸考虑了如下因素：（1）基于法国机组的运行数据并结合计算和分析后确定；（2）法国参考了其他国家运行经验数据。有资料指出，ASME 初始假设缺陷尺寸不能适用于事故工况，RCC-M 初始假设缺陷尺寸可应用在多类结构区域和工况。

GB/T 16702 在编制过程中，以 RCC-M 规范为主要技术参考，融合了 ASME 规范的技术内容，主要对堆芯区筒体、堆芯筒体外的其余区域以及接管内隅角区给出了假想缺陷的确定方法和规则。假想缺陷的尺寸设置基本参考了 RCC-M 规范又体现了 GB/T 16702 的自身特点，这主要是因为假想缺陷的尺寸与安全系数需要匹配对应。对于堆芯区筒体，受中子辐照脆化影响最严重的区域，考虑到与 P-T 限制曲线制定规则保持一致，堆芯区筒体的假想缺陷尺寸参考 ASME 规范取 1/4 壁厚。对于堆芯区筒体以外的其余区域，GB/T 16702 在制定假想缺陷尺寸的时候，以 RCC-M 规范为基础确定，设置壁厚≤80 mm，80 mm 至 200 mm 和 200 mm 至 300 mm 三个区间。通过对比 RCC-M 标准，GB/T 16702 在壁厚小于 40 mm 的情况下，假想缺陷小于 RCC-M，在壁厚大于 200 mm 的情况下假想缺陷大于 RCC-M

的假想缺陷，而在 40 mm 至 200 mm 区间范围内，GB/T 16702 的假想缺陷与 RCC-M 相同，比较情况如表 3.9-3。相比较来说，GB/T 16702 的假想缺陷尺寸更加合理，避免了小壁厚情况下假想缺陷过度保守和大壁厚情况下假想缺陷不保守的情况。

表 3.9-3　GB/T 16702 与 RCC-M 标准假想缺陷尺寸对比

壁厚	GB/T 16702	RCC-M 规范
t≤20 mm	5 mm	10 mm
20＜t≤40 mm	5～10 mm	10 mm
40 mm＜t≤80 mm	10～20 mm	20 mm
80 mm＜t≤200 mm	20 mm	20 mm
200 mm＜t≤300 mm	20～30 mm	20 mm

注：t 为截面壁厚（单位：mm）。

（3）材料断裂韧性的考虑

ASME 附录 G 对满足 NB-2331 且室温下规定最低屈服强度不大于 350 MPa 的铁素体钢给出了临界应力强度因子 K_{Ic} 随温度的关系式，它是材料准静态断裂韧性的下包络，见式 3.9-1。

$$K_{\mathrm{Ic}} = 36.5 + 22.783\exp[0.036(T - RT_{\mathrm{NDT}})] \qquad \text{（式 3.9-1）}$$

室温下规定最低屈服强度大于 350 MPa 但不超过 620 MPa 的材料，包括母材、焊缝和焊接热影响区，必须至少用 3 炉钢在需要评定的温度范围内，用充分多的试样进行断裂韧性试验，以验证它的断裂韧性数据大于等于式 3.9-1。附录 G 要求考虑辐照对 K_{Ic} 曲线的影响，但没有给出具体的方法。

RCC-M 附录 ZG 对满足采购规范书 M2110 和 M2120 的低合金 MnNiMo 钢，给出了临界应力强度因子 K_{Ic} 随温度的关系式，如式 3.9-2 所示。附录 ZG 建议，如果经证明可靠，也可以使用其他参考温度表征的临界应力强度因子随温度的表达式，例如 FATT 或 T_0。

$$K_{\mathrm{Ic}} = 40 + 0.09(T - RT_{\mathrm{NDT}}) + 20\exp[0.038(T - RT_{\mathrm{NDT}})] \qquad \text{（式 3.9-2）}$$

RCC-M 给出了辐照、热老化和应变老化对材料断裂韧性影响的具体处理方法，即偏移 RT_{NDT} 值。详细的计算公式在 ZG6120 中。

此外，附录 ZG 为铁素体钢的延性撕裂韧性分别给出了缺陷扩展的起裂韧性和一条保守的缺陷扩展阻力曲线。附录 ZG 没有给出奥氏体材料的断裂韧性值，只编制了条款标题（ZG 6200）。

ASME 附录 G 仅为铁素体钢给出了韧脆转变区的临界应力强度因子公式，由于附录 G 不涉及延性撕裂评定，所以不提供铁素体钢的延性撕裂韧性。附录 G 没有给出考虑辐照导致材料断裂韧性劣化的具体处理方法。

RCC-M 的附录 ZG 由于要求对脆性断裂和延性撕裂进行评定，所以给出了材料在韧脆转变区的临界因子强度因子公式以及延性撕裂韧性。但由于 ASME 与 RCC-M 材料体系的不同，两个规范所给出的韧脆转变区的临界应力强度因子公式是不同的。RCC-M 的附录 ZG 给出了辐照、热老化和应变老化对 RT_{NDT} 影响的详细计算方法。

通过对比 ASME 规范和 RCC-M 规范的参考断裂韧性曲线可以发现，ASME 和 RCC-M 在 $T-RT_{NDT}<-20$ ℃的区间存在差异，其原因是 RCC-M 引入了新的测试试验数据；且在 $T-RT_{NDT}<-20$ ℃的区间，RCC-M 计算的 K_{IC} 较 ASME 偏低。RCC-M 的材料韧性曲线是基于 16MND5、18MND5 和 20MND5 这些大类材料的实验测试数据下包络得到的，其中 16MND5 类似于 SA-508 Grade 3 Class 1，18MND5 类似于 SA-508 Grade 3 Class 2。ASME 规范和 RCC-M 规范的参考断裂韧性曲线对比如图 3.9-1 所示。GB/T 16702 在编制过程中，以 RCC-M 规范为主要技术参考，断裂韧性曲线根据 RCC-M 的附录 ZG 确定，这主要是为了和 GB/T 16702 的材料篇保持一致，同时给出了材料辐照老化的标准指引，但是不考虑 RCC-M 规范中的热老化和应变老化相关内容，这主要是根据美国 EPRI 试验研究成果，对于设计温度低于 350 ℃、设计寿命小于 60 年的压水堆核电厂承压设备，热老化对材料的断裂韧性的影响几乎可以忽略不计，所以 GB/T 16702 不再考虑。

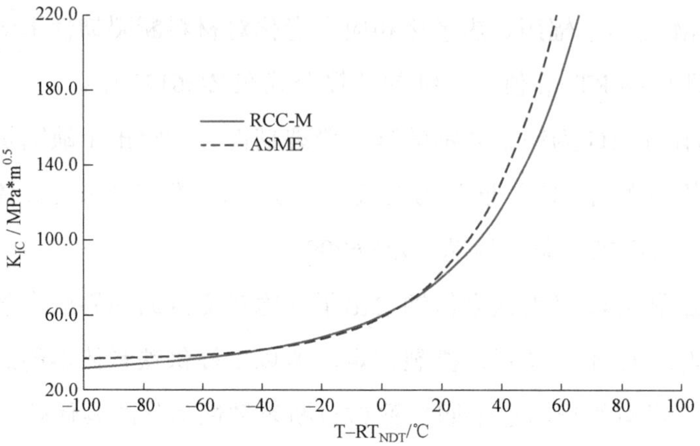

图 3.9-1　RCC-M 标准与 ASME 标准参考断裂韧性曲线对比

（4）应力强度因子计算方法的差异

对于应力强度因子的计算方法，ASME BPV 规范和 RCC-M 规范有较大的不同。1971 年 ASME BPV 规范第Ⅲ卷率先将线弹性断裂力学引入核电厂压力容器设计规范，在第Ⅲ卷附录 G 中提出了对核容器中可能存在的裂纹如何应用应力强度因子理论来进行安全性评定的方法，这开创了将断裂力学用于结构防脆断设计的先例。ASME BPV 规范附录 G 采用线弹性断裂力学的简化分析方法，依据对明显保守且能覆盖全寿期的基准缺陷进行分析，以给出设备对于快速断裂风险的相当大的安全裕度。

ASME BPV 规范的应力强度因子计算方法主要源自焊接研究协会会报第 175 期（WRCB-175 公报），对于圆筒形的简单结构，通过引入厚度相关的系数 Mm、Mb 和 Mt 求解假想缺陷的应力强度因子，求解应力强度因子过程中的修正系数和缺陷形状系数都已经体现在系数当中，大大简化了应力强度因子的计算，这里需要注意的是 ASME 规范中给出的 Mm、Mb 和 Mt 值是基于 1/4 壁厚尺寸的假想缺陷推导出来的系数，对于缺陷尺寸小于 1/4 壁厚的其他假想缺陷，需要根据 WRCB-175 公报附录 3 中给出的 Mk 和 Mb 与壁厚的关系式进行修正。

此外，对于热应力分布比较复杂的情况，以及特殊的结构部位，例如接管内隅角区域，这些地方的应力场分布比较复杂，不能采用上述的简化方法进行计算，对于这些部位，ASME BPV 规范基于影响函数法给出了“任意应力分布”情况下的应力强度因子计算方法。

RCC-M 采用线弹性断裂力学分析方法，基于影响函数法给出了半径和壁厚 R/t≤10 的空心圆筒体的轴向和轴向缺陷的应力强度因子计算方法，同时考虑了塑性区尺寸修正，依据断裂失效模式将应力强度因子与材料断裂韧性进行比较，防止缺陷出现断裂失效。应力强度因子按所考虑的缺陷尺寸、位置和分析工况有关的应力来确定。除此之外，RCC-M 在进行应力强度因子求解的过程中需要进行裂尖塑性区修正，这主要是 RCC-M 规范的假想缺陷相对偏小，塑性区的尺寸相对于假想缺陷的尺寸不能忽略，而 ASME 的假想缺陷是 1/4 壁厚，其实际的情况是厚截面深裂纹的弹性分析，塑性区尺寸对计算结果的影响可以忽略。

GB/T 16702 标准在编制过程中，兼顾了 ASME BPV 规范和 RCC-M 规范，将两种应力强度因子的求解方法都引入，方便标准使用者根据实际的计算需求，基于适用条件进行选择使用。

（5）安全系数的差异

ASME BPV 规范依照设计规范书中对 A、B、C、D 各级使用限制载荷的定义，按照其相应的限值进行防止快速断裂的评定。A 级使用载荷是容器在完成其使用功能中可能承受的载荷；B 级使用载荷是容器应承受且不发生需要修复损伤的载荷；C 级使用载荷是可能在结构不连续区产生很大变形，以致需要检查或修复损伤而暂停使用该部件的载荷；D 级使用载荷是可能产生明显的整体变形，以致丧失结构的稳定性并为修复损伤而需要停止部件使用的载荷。

ASME BPV 规范对于快速断裂力学分析的时候，给出了 A/B 级的安全系数取 2.0，水压试验工况安全系数取 1.5，但是对于 C/D 级工况，ASME BPV 规范并未给出具体的细则，只是说明对于假想载荷、缺陷尺寸以及材料韧性等能证明适合所考虑的情况时，可采用本规则。

RCC-M 规范与 ASME BPV 规范类似，给出了脆性断裂以及缺陷扩展启裂和失稳包络安全系数。对于脆性断裂，RCC-M 规范和 ASME BPV 规范的安全系数基本相当，ASME BPV 规范和 RCC-M 规范的安全系数对比见表 3.9-4。值得说明的是，ASME BPV 规范对于一次应力和二次应力对应力强度因子的贡献进行了区别对待，二次应力造成的应力强度因子安全系数取 1.0。

表 3.9-4　抗快速断裂评定准则安全系数

工况	ASME 规范	RCC-M 规范脆性断裂风险
A 级/B 级	2.0	2.0
C 级/试验	NA/1.5	1.6
D 级	NA	1.2

GB/T 16702 在编制过程中，根据 ASME BPV 规范和 RCC-M 规范安全系数的对比情况，GB/T 16702 的安全系数保持与 RCC-M 规范的安全系数一致。

（6）对主螺栓断裂力学分析要求的差异

ASME BPV 规范附录 G 给出了螺栓的断裂力学分析要求，对于需作冲击试验的螺栓材料，ASME BPV 规范附录 G 的验收标准已考虑了在 A 级、B 级使用限制和试验工况下，带一定缺陷尺寸的材料足以防止载荷作用下的无延性破坏。对于 C 级、D 级使用限制下螺栓的断裂力学分析，可以根据焊接研究协会会报第 175 期（WRCB175）《PVRC 推荐的“关于铁素体材料韧性要求”》第七章给出的评定螺栓材料各种缺陷尺寸及有关的韧性水平的规程进行断裂力学评定。然而，RCC-M 规范仅给出了铁素体、奥氏体和铁素体-奥氏体材料容器的断裂力学分析方法和要求，并未规定需要对螺栓进行断裂力学分析要求。GB/T 16702 与 RCC-M 规范基本保持一致，暂不要求对螺栓进行断裂力学分析和评定。

3.10 超压保护

一、总体概述

超压保护是指针对系统和设备中由于热量不平衡、泵超流量或其他类似现象造成的系统流体压力升高而导致的压力高于设计压力情况设置的保护措施。超压保护设计规范适用于 1 级系统和设备，具体适用范围如下：

（1）应为设备和系统提供保护，避免由于压力和相应温度工况超过设计技术规格书规定的设计压力或许用限制所导致的后果。

（2）在超压分析报告中所考虑的运行工况会导致超出设计规格书规定的运行限制时，要求采用直接式压力限制装置。

（3）由于受极短时间内压力升高（例如由阀门快速关闭引起的水锤）影响的系统保护已超出本章范围。此类载荷的影响应根据设备规格书中的要求进行处理。

（4）紧急停堆系统的设计准则及其作为整个主回路超压保护系统的一部分的应用已超出本章范围。这部分设计准则在超压保护报告中给出。

超压保护设计规范主要包括对超压分析报告、排量要求、超压保护设计规范、压力释放阀的设计和运行技术要求、压力释放阀的设计和运行技术要求、非重闭式压力释放装置、排量的确定等方面的详细设计规定。

二、超压保护报告

RCC-M C6200 和 ASME NC-7200 均对“超压保护报告”做出了规定，但对报告的责任方、内容、变更、确认和归档要求上存在差异，或相同的规定详尽程度不同，欲征求设计组对“超压保护报告”应如何规定的看法。

（1）ASME 标准相关要求如下：

a. 报告的责任方：业主或第三方被指定者；

b. 报告的内容包括：规定了压力释放装置所在的被保护系统布置图、运行工况的分析、释放量要求、被保护系统的运行控制和安全控制等（NC-7200）；

c. 报告的确认：在超压保护报告符合本章的要求之后，该报告要通过满足第Ⅲ卷附录 XXⅢ资质工程师的确认；

d. 安装后的报告审核：任何安装变更应与报告相一致；所做的变更应附录在报告后；

e. 报告的归档：存入核电厂文档，该报告应供授权检验工程师和执法当局在需要时取需。

（2）RCC-M 标准相关要求如下：

a. 报告的责任方：系统设计方；

b. 报告的内容包括：详细说明被保护的系统和部件以及提供的整体超压保护系统。附加文件有与系统超压保护相关的危害分析和运行手册、所有设备的使用参考设备规格书；

c. 超压保护报告的提交规定；

d. 超压保护报告的补充材料规定。

对于超压保护报告的要求，从 RCC-M 体系与 ASME 体系对比来看，ASME 规范体系的要求较为细化，但是部分要求与我国人员资格认证体系不符合，如：

1）ASME NB-7230 报告的确认

在超压分析报告符合本章的要求后，该报告应由一位或几位注册专业工程师进行确认，这些工程师应在对口的设计领域内是有胜任能力的，并具有符合第Ⅲ卷附录 XXⅢ所要求的资格。

2）ASME NB-7250 报告归档

在检验师签署业主数据报告之前，应将一份超压保护报告的副本存入核电厂档案中。该报告应供授权检验师和管辖核电厂的管理和执法当局在需要时取用。

此外，ASME 规范体系中，ASME NB-7220（g）压力释放装置及其相关的压力传感器和控制器的冗余性和独立性的要求，在我国大部分核电设计，有较为明确的要求：用于与反应堆安全相关（如停堆和专设启动）的压力传感器和控制器中应满足“单一故障”准则，其冗余性和独立性的评价在概率安全分析中体现，因此该条要求不适用于我国大部分核电厂设计。

为保持规范应用的一致性，以及考虑我国核电技术现状，在路线统一项目中经讨论，结合国内工程开展实际，建议不要求单独形成超压保护报告。超压保护的内容应包含在设计文件中，要求进行的分析应进行总体性规定。

3.11 垫片和螺栓连接

一、总体概述

GB/T 16702.1 的附录 E 规定了圆形法兰螺栓连接设计规则，其目的在于确定在内压及垫片上的压紧力作用下法兰及螺栓尺寸，特别是保证在使用载荷作用下的密封性。GB/T 16702.1 附录 E 适用于 GB/T 16702 相应章节中规定工况下的所有级别设备的尺寸计算。

GB/T 16702.1 附录 E 在 GB/T 16702—2019 附录 E 的基础上，根据标准技术路线统一研究结论，进行了如下修订：

（1）根据标准技术路线统一关于“螺栓法兰联接件的螺栓载荷计算方法”问题的讨论结果，GB/T 16702.1 附录 E 参照 ASME 第Ⅲ卷附录Ⅺ补充了“表 E.1 垫片材料、垫片系数 m 及最小垫片密封压力 y”；

（2）参考 RCC-M 2012 版附录 ZV，E.2.1 节增加垫片参数 b，m，y 的

定义，E.2.2.2 节增加保证垫片密封所需的力 Fj 和保证连接件密封性要求的力 FM（P）的计算公式，E.3.2 增加描述“当螺栓的实际横截面积 SB 比所需横截面积 SA 大时，法兰分析中所考虑的螺栓预紧力应增加”。

因此，GB/T 16702.1 附录 E 技术内容与 RCC-M 2012 版附录 ZV 相当，同时参考 ASME 第Ⅲ卷附录 XI 列出了一些常见垫片材料、垫片系数 m 及最小垫片密封压力 y 的参考值，供设计时参考使用。

二、设计原理

GB/T 16702.1 附录 E、RCC-M 附录 ZV 和 ASME 第Ⅲ卷附录Ⅺ法兰螺栓连接设计均基于 Waters 法。法兰螺栓连接件的分析可分为两步：

步骤 1：对连接件进行整体分析，确定所有作用载荷，得出确保连接件密封所必需的预紧力，如图 3.11-1 所示；

步骤 2：基于步骤 1 整体分析获得的法兰受力情况，对法兰进行单独分析，如图 3.11-2 所示。

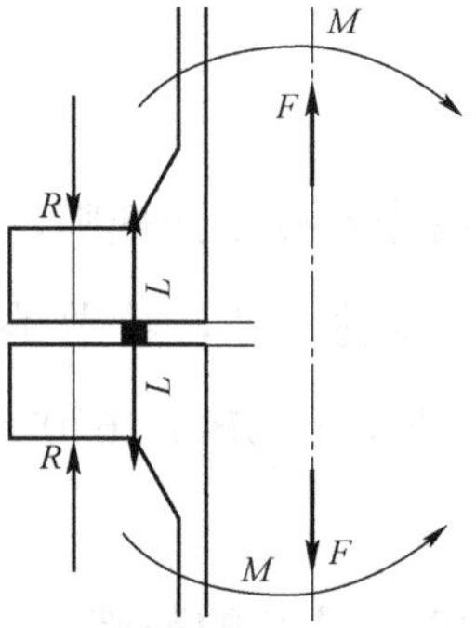

图 3.11-1　步骤 1：载荷作用下的整体分析

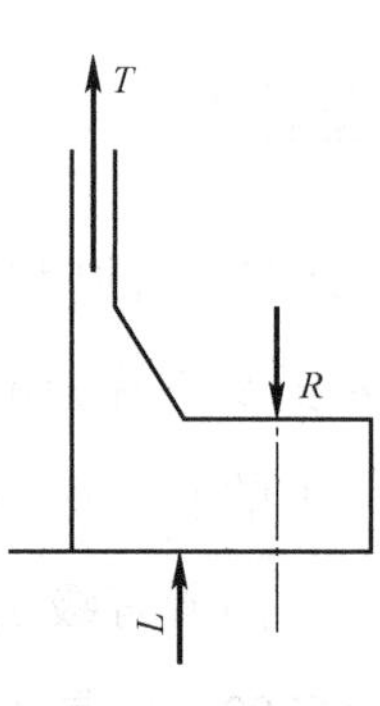

图 3.11-2　法兰特性分析

一般地，法兰螺栓连接组件承受的载荷包括：

（1）内压 P；

（2）垫片反力（即图 3.11-1 中的反力 J）；

（3）螺栓预紧力（即图 3.11-1 中的力 R）；

（4）作用于组件外部的机械载荷（即图 3.11-1 中的力 F 和弯矩 M），外部载荷由相邻的结构（管道、阀门等）导致。

上述的各种载荷保证了螺栓法兰连接组件的整体平衡，但会引起沿着法兰周长分布的弯矩，这些弯矩可以通过分力及其弯矩计算，从而确定法兰内部的各种应力，并对这些应力进行限制。

GB/T 16702.1 附录 E 和 RCC-M 附录 ZV 认为螺栓法兰连接分析中应考虑外部机械载荷，因为这些载荷会影响密封，而 ASME 第Ⅲ卷附录Ⅺ不考虑外部载荷的影响。

三、各类载荷计算

ASME 第Ⅲ卷附录Ⅺ不考虑外部载荷，而在计算内压载荷、垫片反力和螺栓预紧力时，ASME 第Ⅲ卷附录Ⅺ和 GB/T 16702.1 附录 E、RCC-M 附录 ZV 计算方法相同，但 ASME 第Ⅲ卷附录Ⅺ仅考虑设计工况，而 GB/T 16702.1 附录 E 和 RCC-M 附录 ZV 考虑了设计工况、运行工况和水压工况，在螺栓尺寸计算和法兰尺寸计算时需要分工况进行校核。

针对垫片反力计算，ASME 第Ⅲ卷附录Ⅺ中，表Ⅺ 3221.1-1 列出了常用的垫片材料、垫片系数 m 及最小垫片密封压力 y，这些值是建议性的，供计算时参考。相比于 ASME 第Ⅲ卷附录Ⅺ，RCC-M 附录 ZV 没有给出垫片特性参数，并规定这些垫片参数由垫片制造商规定。

GB/T 16702.1 附录 E 根据标准融合要求，参考 ASME 第Ⅲ卷附录Ⅺ列出了一些常见垫片材料、垫片系数 m 及最小垫片密封压力 y 的参考值，供初始设计时参考使用，最终计算时应采用垫片制造商提供的数据，以确保计算结果的准确性。

四、法兰应力校核

GB/T 16702.1 附录 E、RCC-M 附录 ZV 和 ASME 第Ⅲ卷附录Ⅺ进行法兰应力校核均基于 Waters 法，基本方法相同，主要差异在于：

（1）GB/T 16702.1 附录 E 和 RCC-M 附录 ZV 考虑了外部载荷引起的弯矩，ASME 第Ⅲ卷附录Ⅺ不考虑外部载荷引起的弯矩；

（2）GB/T 16702.1 附录 E 和 RCC-M 附录 ZV 分设计工况、运行工况和试验工况分别校核法兰应力，ASME 第Ⅲ卷附录Ⅺ仅校核设计工况法兰应力。

五、螺栓法兰联接件螺栓载荷计算中垫片特性参数

在标准技术路线统一问题讨论中，针对螺栓法兰联接件螺栓载荷计算中垫片系数 m 及最小垫片密封压力 y 的取值进行了讨论，该问题经设计组内第二次会议讨论，确定 GB/T 16702.1 附录 E 标准草案相应部分参照 ASME 补充“垫片材料及接触密合面运行工况下垫片系数 m 以及最小设计压紧应力 y”表格。本次 GB/T 16702.1 附录 E 修订增加“表 E.1 垫片材料、垫片系数 m 及最小垫片密封压力 y”，供设计时参考使用，m 和 y 的具体数值由垫片制造商规定。

六、螺栓法兰联接件的螺栓载荷计算方法

在螺栓法兰联接件的设计中，对设计工况下的螺栓载荷和垫片压紧工况下的螺栓载荷 ASME BPV、RCC-M 规范计算方法不尽相同。

ASME Ⅲ卷第一册强制性附录Ⅺ中，螺栓载荷根据 Waters 方法确定，其中表Ⅺ 3221.1-1 列出许多常用的垫片材料和接触密合面运行工况下垫片系数 m 以及最小设计压紧应力 y。RCC-M 规范对于螺栓载荷的计算并无专门章节描述，垫片系数以及最小设计压紧应力需要与垫片供应商一起完成设计。

GB/T 16702 参照 ASME，规定“垫片材料及接触密合面运行工况下垫片系数 m 以及最小设计压紧应力 y”。

第四章　制造标准解读

4.1 概　述

NB/T 20001《压水堆核电厂核岛机械设备制造规范》规定了核岛机械设备制造的基本要求，适用于压水堆核电厂核岛机械设备的制造和检验。NB/T 20001 标准是 GB/T 16702《压水堆核电厂核岛机械设备设计规范》的配套标准，实际使用时，还应考虑以下几个方面的标准：

（1）压水堆核电厂核岛机械设备物项分级应符合 GB/T 17569；

（2）压水堆核电厂核岛机械设备焊接应符合 NB/T 20002；

（3）压水堆核电厂核岛机械设备无损检测方法应符合 NB/T 20003；

（4）压水堆核电厂核岛机械设备理化检验方法应符合 NB/T 20004；

（5）材料应符合 NB/T 20005、NB/T 20006、NB/T 20007、NB/T 20008、NB/T 20009。

NB/T 20003 充分吸纳国内各核级设备制造企业的相关经验，对核岛机械设备制造所涉及的各主要环节的技术指标和要求进行了规定，标准的主要技术内容包括：

（1）标识与标记；

（2）切割和不做焊补的修整；

（3）机械加工；

（4）焊接件的装配对正修订；

（5）热交换器管子与管板胀接；

（6）表面处理；

（7）清洁；

（8）螺栓；

（9）热处理；

（10）试验与检测；

（11）产品焊接见证件和存档材料。

4.2 制造规范（NB/T 20001）

一、标识与标记

NB/T 20001 对标识与标记进行了区分，其中标识对应 identification，指一个或一批物项对应的一个编号，用于将设备零件与其相关的文件之间建立明确的联系，标记对应 marking，指标明物项装配位置、焊接位置等状态信息的记号；并根据相应定义更改了本章节中相应的描述。NB/T 20001—2023 相对于 NB/T 20001—2013，主要的修订变化内容包括：

（1）对于标识与标记文字和符号高度，原 2013 版中只针对管道直径规定了字符高度，2023 版中修改为根据标识位置零件厚度采用不同字体高度；

（2）在 5.2.1 节中增加了 f）激光标识的方法和相关要求，该标识方法在核电设备制造中已为常用方法，2013 版中未作收录，因此补充；

（3）5.2.3 临时标识和标记中，增加了临时标识允许使用标签标识，该方法常见于核电设备制造中，因此补充；

（4）增加了 5.3 节位置标记的相关内容，对装配位置标记和对接焊缝位置标记内容进行了规定，产品装配及焊接时可能由于位置标注不明确导致不符合项产生，规定此项可减少该项问题的产生，因此增加；

（5）增加了 5.4 节状态标记相关内容，规定使用标记区分待检品、合格品或不良品，在核电产品制造过程中应明确区分待检品、合格品与不良品，并放置在规定区域，因此增加。

二、切割和不做焊补的要求

NB/T 20001—2023 在 NB/T 20001—2013 基础上，新增加了第 6.1.6 节水射流切割和第 6.1.7 节　激光切割的内容；随着国内切割技术的发展，激光切割和水射流切割在生产中获得了大量的应用，因此在标准中增加了对激光切割和水射流切割的说明；水射流切割属于冷加工，切割面没有热影响区，因此加工面无需打磨；激光切割属于热切割，其热影响区比等离子切割的热影响区小，因此切割面可参照等离子切割对切割面的要求进行处理（或不做处理）。

三、机械加工

RCC-M 规范和 ASME 标准未明确规定通过工艺试验或评定对机加工工艺进行确认。本章节提出此项规定旨在针对部分精度高，难度大，重要性高的零部件，在产品正式开始加工前，确认工艺、设备、刀具等的可靠性。工艺试验或评定开展方案，可根据实施方对零部件加工难度、工艺系统成熟度自行确定。

NB/T 20001—2023 规定，通过开展工艺试验或评定，确认了加工系统的可靠性。产品加工的实施，应选择经工艺验证的同套加工（或同类）系统和加工工艺进行加工。加工系统包括：设备、刀具、装夹具、切削液、环境条件。对于细长轴、不锈钢等自身刚性不足的零件，应避免装夹产生变形。对于部分存在较大内应力的零件，应尽可能在精加工前通过时效等方法消除或稳定工件内应力，从而稳定零部件加工尺寸。另高精度零件加工，应考虑合适的存放，保证尺寸稳定。

四、焊接件的装配对正

NB/T 20001—2023 修订主要参考了 RCC-M《压水堆核岛机械设备设计和建造规则》F 篇中 F4000 章下的 F4300 焊接件的装配和对正，ASME《锅炉压力容器规范》第Ⅲ卷第 1 册 NB 分卷中 NB4000 制作和安装章下的 NB-4230 装配和对中，并按照标准融合要求，吸取标准融合方面的实用内容，结合国内核岛机械设备制造经验，对部分条款进行修改、补充和完善，完成了 2013 版的修订。

（1）对于焊接件的装配和对正最大允许公差要求不低于 RCC-M、ASME 规范中的相应要求。

（2）对于在公差范围内错边的平滑过渡修整尺寸做了规定，规定必要时，可在焊缝边缘堆焊附加焊缝金属。

（3）对于双面焊或从另一侧可接近的单面焊接头装配对正公差，采用了 ASME 规范中的规定，即按截面厚度进行了分解、细化，并对接头纵向、环向分别提出了最大允许错边量要求，方便生产制造中执行。

（4）对于双面焊或从另一侧可接近的单面焊接头装配对正公差，增加了球形容器接头、封头内接头、圆筒形壳体和半球封头之间接头的错边量的要求，并对错边量的最大值规定为 2 mm，指标要求高于 ASME 规范中的相应规定。

五、热交换器管子与管板胀接

考虑当前工艺发展水平和胀接工艺在实际产品应用情况，同时参考 RCC-M《压水堆核岛机械设备设计和建造规则》中 F4400“热交换器管板与管子的胀接”相关章节的内容，使得标准更具有指导核电产品胀接工艺的操作性。明确了本标准适用于核 1、2 和 3 级设备产品范围。

（1）标准中的 11.1 节给出了胀接各个区域的图示，以便更加直观理解胀接各个区域范围及定义。11.1.1 节预备性试验为确定胀接工艺提供相关指导。根据实际产品制造经验，预备性试验有助于降低胀接风险及其残余应力，提高胀接工艺质量，从而提高产品制造质量。目前，核电新产品要求在制造前开展相应的工艺试验。

（2）将定位胀单独作为一个章节考虑。伴随核电产品工艺的优化，定位胀作为影响管板与管子封口焊质量的关键工艺，有必要将之单独列章节，便于实际操作。

（3）根据核电产品制造实际情况，给出了对不满足胀接接头技术分析的要求。

六、表面处理

NB/T 20001—2023 关于表面处理的要求，主要参考了 RCC-M《压水堆核岛机械设备设计和建造规则》中《F5000 表面处理》、GB/T 4955《金属覆盖层 覆盖层厚度测量 阳极溶解库仑法》、GB/T 4956《磁性基体上非磁性覆盖层 覆盖层厚度测量 磁性法》、GB/T 5270《金属基体上的金属覆盖层 电沉积和化学沉积层 附着强度试验方法评述》、GB/T 6462《金属和氧化物覆盖层厚度测量显微镜法》、GB/T 6463《金属和其他无机覆盖层厚度测量方法评述》、GB/T 10125《人造气氛腐蚀试验 盐雾试验》、GB/T 11354《钢铁零件渗氮层深度测定和金相组织检验》、GB/T 11376《金属的磷酸盐转化膜》、GB/T 11378《金属覆盖层覆盖层厚度测量轮廓仪法》、GB/T 11379《金属覆盖层 工程用铬电镀层》、GB/T 13346《金属及其他无机覆盖层 钢铁上经过处理的镉电镀层》、GB/T 13744《磁性和非磁性基体上镍电镀层厚度的测量》、GB/T 16921《金属覆盖层 覆盖层厚度测量 X 射线光谱方法》、GB/T 19349《金属和其他无机覆盖层 为减少氢脆危险的钢铁预处理》和《NB/T 20133 压水堆核电厂设施设备防护涂层规范》，并结合设备制造过程中的实践经验，对部分条款进行修改、补充，完成了标准的修订。

由于镀锌、镀镍、电解抛光、喷锌工艺在核岛机械设备中广泛使用，根据实际需要，标准中增加了这四种表面处理。这四种表面处理的编写依据为上述标准及实际生产经验。

由于 NB/T 20133 系列标准对涂漆进行了详细规定，可直接使用，因此 NB/T 20001—2023 规定了"涂漆应参照 NB/T 20133 系列标准执行"，同时删除了 2013 年版中与涂漆相关的附录 C、附录 D、附录 E。

"电解抛光"为 NB/T 20001—2023 的新增加内容。电解抛光是三代核电的要求，标准主要依据三代核电电解抛光的要求，并通过工程实践，总结和提炼电解抛光的执行和验收要求，本章节的内容主要包括电解抛光的要求、基体材料、电解抛光规程、工艺评定、检验和返修要求。

七、清洁

NB/T 20001—2023 将"编制清洁规程、操作卡、明细卡等文件"修订为"编制清洁规程"等文件。因不同的制造安装单位在执行清洁控制时的文件实施类别不同，但普遍均清洁规程作为清洁控制的基础文件，考虑实际执行的统一性，本版删除了操作卡、明细卡等文件要求，制造安装单位可以选择是否发布操作卡、明细卡，但必须发布规程。

八、螺栓

NB/T 20001—2023 对于螺栓的要求主要参考了 RCC-M《压水堆核岛机械设备设计和制造规则》F 篇中 F7000 螺纹连接章下的 F7100—F7800，ASME《锅炉压力容器规范》第Ⅲ卷第 1 册 NB 分卷中 NB4000 制作和安装章下的 NB-4710 螺栓和螺纹连接，并按照标准融合要求，结合国内核岛机械设备制造经验，对 2013 版进行了如下修订。

（1）对于螺栓连接相关规程或工艺增加了相应内容，具体如下：

a）大直径螺栓安装的特殊要求（如需采用特殊装置：重量平衡装置、螺栓装卸装置、液压拉伸装置等）；

b）对有紧固力矩要求的螺栓应制定分级操作要求，力求紧固力均匀；

c）螺栓的安装程序及安装过程中防护要求；

d）对于不锈钢螺纹的处理应增加防污染的控制要求。

（2）对于螺栓装配要求增加了注意事项，具体内容如下：

a）螺栓装配前，应对螺纹及与螺纹接触的所有表面进行清洁处理（包括螺栓安装工具：如液压拉伸装置等），保证无任何影响螺栓旋入旋出的杂质存在；

b）螺栓旋入时应保证螺纹的对中安装；

c）螺栓安装前应确认螺纹扣头及螺纹齿顶已圆滑处理；

d）螺纹润滑剂的涂抹应均匀，切忌沾涂到密封面和密封垫上而影响其密封性能；

e）具有紧固力矩或预紧力要求的螺栓，应在螺栓安装到位后进行一定的回旋操作；

f）对于大直径螺栓的安装应明确规定螺栓旋入旋出的力矩控制要求，切忌强力安装；

g）螺栓装配紧固应使用标定合格的力矩扳手。

（3）对于密封面的要求进行了部分内容修正并增加了相应内容，具体如下：

a）修正了密封面加工要求：密封接触面上加工的切削纹理应为同心圆或螺旋沟纹；

b）增加了密封接触面的光洁度应满足密封等性能要求。

（4）对于装配工具的要求增加了相应内容，具体如下：

a）按照工程设计要求，在螺栓拉伸器使用前，应对螺栓拉伸器和螺栓进行标定；

b）当使用重量平衡装置时，应保证螺栓安装过程中重量的全平衡要求；

c）当使用螺栓旋转装置时，应保证装置具备安全力矩的设定和控制要求；

d）对于大直径螺母的安装，在使用螺母装配工具时，应注意对螺纹保护的操作要求。

九、热处理

热处理要求主要参考标准 RCC-M（2007 版）F8000，并在其基础上，根据国内核电设备的制造经验，进行了相关修订。

（1）将原来的描述“热处理件”改为了“相同热处理件、不同热处理件”。实际热处理过程中，为保证热处理的温度均匀性，对相同工件和不同工件的热处理要求不同，布置的热电偶数量不同。为表达清晰明确完整，对相同热处理件、不同热处理件分别进行规定要求，具体为：将原来的描述“在包含若干热处理件构成批量处理情况下，在批量中心处的那个热电偶上至少放置一个热电偶”修改为“在包含若干相同热处理件（形状、尺寸一致）构成批量处理情况下，在批量中心处的那个热处理件上至少放置一个热电偶；如果同时要对多个不同热处理件（形状、尺寸不一致）进行热处理，则每个部件上都要求有热电偶，当需要对部件进行热梯度检测时，应增加额外的热电偶。热电偶之间的间距不应超过 4.5 m”。NB/T 20002.6—2013 中第 8.4.4.3 节和 ASME NB4620 中均规定了在任何 4.5 m 的长度间隔内，温度变化不超过一定温度值，因此需要在 4.5 m 的长度间隔内测量温度值，所以在多个热电偶测量时，规定了热电偶之间的间距不应超过 4.5 m。

（2）增加了热电偶的具体规定，明确了热电偶使用的注意事项。热处理过程中如何测得工件的实际温度，达到热处理的目的，十分重要。通过布置在工件上的热电偶来测量某个位置在受热过程中实际的温度，避免受其他因素的影响，测量不准确，因此对热电偶的使用给出了具体要求。明确的具体要求为“热电偶与热源应进行适当隔离，使测量的温度能代表部件的实际温度，而不是来自热源的直接辐射。热电偶除热接点外其余部分应保持绝缘。应适当安排热电偶位置，使得火焰不接触接头或导线本身。当使用电阻加热方法时，热电偶上应覆盖保护性包装以防接点与加热元件的直接辐射。”

（3）增加了“其中，NB/T 20002.6 第 8 章中加热或冷却速率 ℃/h 为加热或冷却过程中任意一小时间隔的温度差”的描述，明确了时间间隔为任意一小时。实际执行过程中不同的人对速率的要求理解不同，有的人认为速率值必须满足一小时内任意时间间隔内的温度差，而不是仅针对一个小时间隔的温度差，容易产生歧义，造成理解错误。

（4）第 15.4.1 节，将原来的描述“若机加工后要求确保不稳定奥氏体不锈钢件的尺寸稳定性”修改为了“若奥氏体不锈钢或镍基材料成形后要求部件的尺寸稳定性”，增加了镍基材料的描述，体现了完整性。

（5）新增“蒸汽发生器传热管防凹痕的控制要求”内容。随着三代核电的发展，对蒸汽发生器在环缝的局部热处理过程提出了新的要求，当支承板与传热管间隙小于某个值时，需采取工艺措施防止由于热处理过程中支承板的变形导致传热管产生凹痕。根据近年来国内核电多年防止传热管产生凹痕的制造经验新增了第 15.6 节，以满足设备制造的要求。第 15.6 节为蒸汽发生器传热管防凹痕控制的最低要求，具体的工艺控制措施由蒸汽发生器设备制造厂自行制定。导致传热管产生凹痕的关键变量为管子支承板的变形量，热处理过程中可使用冷风通风装置和/或热风通风装置补偿不同部件的热膨胀量或收缩量，以减小管子支承板的变形。热处理过程中可采用特殊的测量设备对距离管板最远的一块管子支承板的边缘部位进行变形位移测量，并通过相连接的仪器进行数据收集、监控和分析。

十、试验与检测

NB/T 20001—2023 版中增加了“试验与检测”的内容。编写结构主要参考了 RCC-M，以及 ASME 和 GB 150，并考虑了我国的核级设备制造的实际情况。主要修改的内容包括：

（1）删除了水压试验压力的具体规定，试验压力按照 GB 16702，同时“还要符合设备技术规格书的要求”。本章内容需要与 GB 16702 设计标准配套使用，因为试验压力和试验温度与试验压力的强度校核密不可分，与设计规范密切相关。

（2）16.2.4 a）水压试验准备中增加了“压力表测量的最大允许误差应小于或等于 1%（1 级或优于 1 级的压力表）。压力表应采用标准静重试验机或经检定的标准压力表进行检定，检定有效期为 6 个月”。压力表的检定要求和检定周期考虑了我国对压力表的检定周期来规定的，为了防止试验时压力表出现异常，增加了规定：应安装两只量程相同的压力表。在 RCC-M 中没有明确规定，ASME 规定每次试验前或一批相同产品试验时压力表每 15 天需要检定，要求有点高。

（3）增加“可以采用数字式压力表，其标定和读数综合误差不超过试验压力的 1%，测量范围可以不限制”，符合时代的发展。

（4）增加“设备或系统水压试验时，最好安装两只量程相同的压力表，一只置于设备的顶部，另一只置于水压试验操作工易于观察的地方”，防止压力表出现异常。

（5）应将不进行压力试验的设备与元件或系统断开，或在试验时，用盲法兰或类似方法将设备隔离。若关闭的阀门适用于拟用试验压力，就可使用阀门。增加本条主要是安全提示和应该采取的必要措施，尤其对于系统试验时，系统比较复杂，在试验前一定要确保低压系统的隔离，开口进行封堵。

（6）设计用于盛装蒸汽或气体的设备，必要时可设置临时支撑件，以支撑试验液体的重量。说明：对于盛装气体的设备，如果进行水压试验，液体的重量可能使设备产生变形，因此水压时需要增加临时支撑，防止变形。

（7）如有要求，对于考虑试验期间的附加压力载荷，膨胀节头应装临时约束件。说明：由于水压时容易疏忽对膨胀节的约束保护，水压时造成膨胀节的损坏，特别增加这项提示安全内容。

（8）16.2.5 验收准则中修改为如果密封装置在水压试验时所处的条件与其在正常运行所处的条件不一样，而且其轻微泄漏不妨碍表面检查，泄漏量不得超过将系统试验压力维持一段规定的时间所需要的要求，那么密封装置（或隔离装置）的轻微泄漏不应损害水压试验结果的有效性。说明：增加“泄漏量不得超过将系统试验压力维持一段规定的时间所需要的要求”的目的是：对轻微泄漏给出了一个量的限制，轻微泄漏不影响检查和保压的要求，不允许用加压泵加压的方式来维持压力。

（9）增加了“16.2.6 水压试验后的修补或加工。水压试验后设备表面的修补，当补焊的深度小于 10 mm 或壁厚的 10%（取两者的较小值）且补焊前后按照标准要求进行了相应的无损检验，如有要求，补焊后进行了焊后热处理，这种补焊不影响水压试验的有效性。”水压试验后，产品最终外观检查或油漆前发现产品外观有超标凹坑等缺陷或后续产品吊装过程中难免磕碰需要修磨和补焊，这时水压端盖已经去除，甚至不再具备水压试验的条件，在实际生产制造过程中常会发生的问题，本条的规定目的是解决这个问题。规定在什么情况下，这种返修不影响水压试验的有效性，就是说这样的微小修补可以不再进行水压试验，设备后续安装后系统压力试验可以用来检验设备的可靠性。在标准中做出这样的明确规定很有实际工程意义。参考 ASME NB-6114.2 要求，作出了这样的规定，相对 ASME 要求更加严苛。对于修补的质保要求、应该办理的相关修补手续、补焊的评定、焊工资质、采用的焊接工艺、修补后的探伤和热处理等需要符合标准的相关要求。当修补符合标准的相关要求后，这样的微小修补才可以不再进行水压试验。

（10）增加了“水压试验期间，已完工的部件留有 10 mm 或壁厚的 10% 的材料余量（取两者的较小值）是允许的，水压试验后再加工到设计要求的尺寸，这种加工不影响水压试验的有效性。”水压试验时某些开口的接管口需要焊接端盖，但焊接可能产生变形（如椭圆、收缩变小），水压后接管口尺寸无法加工到图纸要求的尺寸。为了解决这个问题，需要预留一定的厚度预留，水压试验后再加工光圆接管的内外径，再加工接管的坡口。为了不影响水压试验的有效性，参考 ASME NB-6115《若压力试验要求对关键尺寸和公差进行机加工，则压力试验时的成品元件上允许有额外的材料，材料不得超过壁厚的10%或3/8in.（10 mm）（以较小的值为准）》要求，作出这样的规定。这种有计划性地预留少量的厚度余量，水压试验后再加工，符合本条的规定时，不影响水压试验的有效性。在RCC-M B5112章有同样的规定（除非制造大纲特别说明因技术上的原因一些加工作业必须在水压试验之后进行，否则在水压试验之后又进行非计划性机加工、大面积磨削或施焊都将使已进行的水压试验的结果无效），但没有明确具体可以留多大的预留是允许的。为了工程实际和方便性，参照ASME做出具体的规定。

（11）16.3气压试验、16.4压力试验的特殊情况节为新增章节。对于按压差设计的组合容器，压力试验时很容易疏忽，将共室零件打坏，增加本节的内容很有必要。

（12）16.5阀门试验节为新增章节。适用于1级、2级、3级通用阀门设备，主要为关断阀类、调节阀及安全阀（对于AP1000使用的爆破阀，因结构特殊且暂不具备普遍性，未在本章节定义）。增加内容为上述通用阀门设备的强度试验、密封试验、气动执行机构壳体强度试验及密封试验、安全阀及调节阀性能试验，规定的相关试验内容、试验要求及验收条件内容全面，具备可操作性，且验收条件明确。本章节内容属于本标准压力试验总章节范畴，“阀门试验”内容，使标准内容更完整；另外，本节所规定的试验项目主要基于阀门的出厂试验，试验内容为阀门产品的最低试验要求，压力试验项目（16.5.1）引用了RCC-M 2007-B/C/D5300中试验项目，且依标准EN12266“强制附加试验”和“非强制附加试验”；阀门强度试验及密封试验，在EN12266总体试验要求上，引用GB/T 13927要求的试验方法，室温下材料许用压力引用GB/T 16702值，性能试验部分，引用GB/T 16702和阀门设备技术规格书，同RCC-M 2000+02一致。因此，结合目前国内在运在建核电机组运用的阀门结构类型种类，基于阀门出厂试验实践经验，在试验方法、试验压力、保压时间、验收标准上，比RCC-M 2007更细化明确，具备良好操作性。

（13）16.6 节“泵的试验”为新增内容，提出了三类回转动力泵（离心泵、混流泵和轴流泵）的 1 级、2 级和 3 级泵在制造厂家应进行的试验项目和基本要求，涵盖了泵在制造过程中的全部基本试验（不包括属于设计验证的鉴定试验），分为承压部件的水压试验、转子部件的平衡试验和泵与电机一体的整机性能试验，适用于 1 级、2 级和 3 级回转动力泵的厂内试验或在核电厂检修后的试验。一方面，由于当前没有统一尺度的制造过程试验标准，对于执行同样功能而技术来源不同的泵，其试验项目和要求在实际项目执行中存在差异，特别是对于 1 级设备的核反应堆冷却剂泵（即常说的核主泵），其差异性更大。另一方面，是由于对于泵的试验，无论 ASME 规范，还是 RCC 规则，仅规定了水压试验，未规定泵的平衡试验和性能试验。而对于能动设备的泵来说，某些 1 级、2 级和 3 级泵可能同时具备三项基本核安全功能（“包容放射性物质”“排出堆芯热量”和“控制反应性”），或者至少具备其中之一。泵的平衡试验和性能试验，从一定程度上确保了“泵送介质”和“可运行性”的功能，从而保证了“排出堆芯热量”和“控制反应性”的基本核安全功能。

（14）规定了“蒸汽发生器通量棒检测和通棒检测”要求。随着国内核电设备制造技术的发展，为了保证蒸汽发生器管束组件的质量，通量棒检测和通棒检测已经成为蒸汽发生器管束装配的常规操作，但是尚未有标准对其进行规定。该章节的编制依据核蒸汽发生器管束装配时，通过通量棒检测和通棒检测来保证管子支承板的装配精度，该章节主要规定了通棒检测和通量棒检测的方法和考核要求。

十一、产品焊接见证件和存档材料

随着核电设备制造的发展，核岛设备制造中一般均要求设置焊接见证件和母材存档材料，焊接见证件用于检验产品焊缝质量，存档材料为母材余料，用于核电厂将来可能需要的相关性能验证。为了本标准的完整性，新增此章节，其具体内容包括了产品焊接见证件和母材存档材料的设置、试验、保存和记录等。本章的产品存档材料指的是产品中的母材存档材料。

核岛设备制造中焊接见证件的相关内容包括数量、焊接、检验、试验等，由于这些相关内容在标准 NB/T 20002.6 中均已体现，且完整、详细、可操作性强，所以本章节直接引用标准 NB/T 20002.6，不再重复描述。

核岛设备制造中产品存档材料的相关内容包括截取、状态、标识、试验、保存、记录等。由于截取、记录在标准 RCC-M（2007 版）M370 中的内容完整、详细、可操作性强，因此参考标准 RCC-M（2007 版）M370 对截取、记录进行了规定。状态、标识、试验、保存等内容，结合核电多年制造经验进行了规定，具体为“存档材料应与母材交货状态相同，不参与设备制造过程的热循环。核岛设备制造厂无需对存档材料进行试验”等描述。

十二、热交换器管子与管板胀接工艺评定

对于热交换器管子与管板胀接工艺评定要求主要参考法国核电标准 RCC-M《压水堆核岛机械设备设计和制造规则》F 篇 F4400 换热器管板中的胀管，附录 B 引用了 F4400 中对预备性试验和胀管工艺评定的要求和规定。

值得注意的是该工艺评定重点对管子管板胀接接头进行评定，该评定形式不包括管子管板的定位胀和管子管板焊接，因此与产品的管子管板连接形式有一定的差异。

第五章 焊接标准解读

5.1 概 述

焊接是设备制造过程中的关键工艺，由于焊接接头的质量不能通过后续的检验完全确定，焊接属于典型的特殊工艺，在核电建造中一直是各方的重点关注对象。国外核电规范中，有关焊接相关要求的篇章均占有重要的一席之地，例如法国 RCC-M S 篇、美国 ASME BPVC 第Ⅸ卷、第Ⅲ卷 NX-2400/NX-4300/NX-4600/NX-5000、俄罗斯 ПНАЭ Г-7-009-89。同样，我国的核岛机械设备焊接标准也是整个核岛机械设备标准的重要组成部分，目前主要包含以下几方面：

（1）焊接规范（NB/T 20002 系列标准）。针对规范级设备的焊接相关活动，包括焊接材料验收、焊接人员、焊接工艺评定、产品焊接、检验等内容。GB/T 16702 中的 1、2、3 级设备和堆内构件的焊接应满足该系列标准的要求（这在 GB/T 16702 中通过引用 NB/T 20002 体现）。GB/T 16702 中的小型设备、设备支承件、低压或常压储罐可按该焊接规范的要求，或者按照 GB/T 16702 相关附录中要求。该系列标准还可用于其他重要物项中，例如安全壳钢衬里、不锈钢水池覆面等。

（2）焊接材料（NB/T 20009 系列标准）。针对规范级设备的核电专用焊接材料标准，其中 NB/T 20009.1～14、NB/T 20009.32 适用于 GB/T 16702 的 1、2、3 级设备和堆内构件，NB/T 20009.35—37 适用于钢制安全壳（GB/T 42143—2022）。

（3）其他专门焊接要求（NB/T 20275、NB/T 20277）。考虑到奥氏体-铁素体双相不锈钢的焊接具有其特殊性，例如相平衡、腐蚀性能、特殊的焊接工艺评定变素等，专门设置了专用的双相不锈钢焊接标准 NB/T 20277（包括焊材、焊接工艺评定、产品焊接和检验的特殊要求等）。类似地，螺柱焊的要求与常用的手工电弧焊、埋弧焊等也存在较大差异，专门设置了螺柱焊的焊接标准 NB/T 20275。

核岛机械设备焊接标准清单见第一章。

5.2　焊接通用要求（NB/T 20002.1）

一、材料的焊接性试验

根据国内核电制造施工的相关经验，核电设备应采用具有成熟可靠工程经验的材料。如可查阅到相关材料焊接性试验数据，如材料热影响区和匹配熔敷金属的冶金特性、力学性能、抗裂性能，以及使用性能等数据，可不用进行焊接性试验，否则，应进行材料的焊接性试验。

二、设备和环境

焊接车间需配备适当的设备，如焊机、预热及热处理设备、起重与装夹设备、人员防护设备、清理设备、焊材保温筒等适用于所涉及焊接活动的设备，且相关设备应定期检查和维护以保证能正常使用。

对于焊接环境的要求，如温度、湿度和风速等，这些对焊接活动会产生不利影响的因素应适当控制。

三、预热和后热

预热可降低焊接接头的冷却速度，防止碳钢和低合金钢母材和热影响区产生裂纹，并在一定条件下改善其性能（避免出现马氏体等组织）。当焊接超过一定厚度的含碳量高的碳钢和低合金钢等钢种时，由于焊接区域冷却的速度较快，容易在焊缝及热影响区产生淬硬组织，在一定水平的扩散氢和应力作用下，产生裂纹，所以应预热，从而防止裂纹的产生。

对于新材料，一般通过焊接性试验确定推荐的预热温度，通常采用的方法有斜 Y 坡口焊接裂纹试验方法、焊接热影响区最高硬度试验方法等。当遇到拘束度较大或环境温度低等情况时，还应适当增加预热温度。

预热常常恶化工作条件，使生产工艺复杂化，过高的预热和道间温度还会降低接头韧性，因此，焊前是否需要预热和预热温度的确定需要认真考虑。

预热要求来源于 ASME BPVC 第Ⅲ卷非强制性附录 D。

后热指为防止焊接件快速冷却进行的焊后加热，包括在焊接中断时和焊接完成后，立即对焊件的全部或局部进行加热或保温，使其缓冷的工艺措施，它不等于焊后热处理。后热的主要目的是促使焊缝中的扩散氢尽快逸出，避免氢致裂纹。温度达到 200 ℃以后，氢在钢中的扩散能力大大提高，消氢效果较好。后热温度一般不超过马氏体的转变终结温度。本标准对后热的要求来源于 RG 1.50《低合金钢焊接预热温度的控制》以及国内核电的建造经验。因此，确定后热温度的范围为 205 ℃～400 ℃。

四、焊后热处理

焊后热处理的主要目的有三个：消氢、降低焊接残余应力、改善焊缝组织和综合性能。

（1）消氢：加快焊缝和热影响区中氢的逸出，可有效防止合金钢产生焊接裂纹。

（2）降低焊接残余应力：在焊接过程中，由于加热和冷却的不均匀性，以及焊件本身产生拘束或外加拘束，在焊接结束后，焊件中总会产生焊接残余应力，焊接残余应力会对于焊接接头的静载承载能力没有影响，但是对于疲劳性能、抗快速断裂能力、SCC 等有明显不利影响。焊后热处理能够降低焊接残余应力，使应力分布比较平缓。

（3）改善焊缝组织和综合性能：如低合金钢在焊接后，其焊接接头会出现淬硬组织，使材料的塑韧性下降。在经过适当的热处理以后，焊缝及热影响区的金相组织可得到改善，提高焊接接头的塑性、韧性，从而改善焊接接头的综合性能。但是焊后热处理的温度过高或者保温时间过长，反而使焊缝金属结晶粗化，从而造成力学性能以及断裂韧性下降。

5.3 焊接填充材料的验收（NB/T 20002.2）

一、焊接填充材料评定

在标准 NB/T 20002.2—2013 第 3.4 节中要求“需要评定的焊接填充材料，由焊材供应商按 NB/T 20002.4 评定合格”；而在标准 NB/T 20450.2—2017 中没有焊材评定的要求。

NB/T 20002.2—2013 对焊接填充材料的评定试验，主要是针对商标牌号的评定。评定试验包括两部分，一部分由焊接填充材料供货商进行，包括焊接填充材料（供货状态）试验和熔敷金属试验；另一部分由设备制造商进行，是在标准试件上进行一组简化的工艺评定试验。可以说，评定试验就是证明某商标牌号的焊材能够稳定可靠地满足制造质量要求且在实际生产条件下使用该焊材可以获得满足要求的产品焊接接头。

NB/T 20450.2—2017 要求首次用于核电厂的焊接材料（商业牌号）有附加要求，主要有两方面要求，一方面要求焊接材料制造商的资质证明，证明其有经验生产满足核电质量要求的该焊材；另一方面要求焊接材料具有使用业绩，从而证明在实践中使用此焊材可以获得满足规定要求的产品接头。

综上分析，焊接填充材料评定试验和焊接材料（商业牌号）附加要求的具体要求有一定的差异，但目的类似，都是针对某商标牌号的焊材，保证其生产及应用能满足核电行业的质量要求。就操作性而言，NB/T 20002.2—2013 要求的焊接填充材料评定试验更具体可行，在融合后的 NB/T 20002.2 中保留了对焊接材料评定试验的要求，同时增加了对首次用于核电厂的焊接材料（商业牌号）的附加要求。

有关焊接材料评定的具体要求见第 5.5 节。

二、首次用于核电厂的焊接材料商业牌号

随着新技术、新工艺、新材料在核电领域应用的逐渐增多，面对一些首次用到核电厂的焊接材料的商业牌号，标准中应该给出具体的要求。

NB/T 20002.2—2013 标准在首次用于核电厂的焊接材料（商业牌号）方面未做相关要求规定，而 NB/T 20450.2—2017 中对于首次用于核电厂的焊接材料（商业牌号）有附加要求，一方面要求焊接材料制造商的资质证明，另一方面要求焊接材料的使用经验证明。因此在此次标准修订过程中，增加了对首次用于核电厂的焊接材料（商业牌号）的要求，这样更有利于新材料的使用和提升产品的焊接质量。

三、“批”的定义

对于“批”的定义，主要在药芯焊丝上存在一定差异，NB/T 20002.2—2013 要求药芯焊丝至少满足 GB/T 25778—2010 标准 T4 级，NB/T 20450.2—2017 要求药芯焊丝符合 GB/T 25778 的 T2、T3 或 T4 级。

根据标准 GB/T 25778，T2 级批量是在连续 24 h（即连续的正常工作班次）生产时间内生产的一个型号和规格的产品数量，但不超过 45 000 kg，该批焊材应采用一个炉号或控制化学成分的盘条、钢带或管材生产，药芯填充物符合同一组合干配料或控制化学成分的规定；T3 级批量是由一个炉号的盘条、钢带或管材与一个单一干配料或一个组合干配料的药芯填充物

所生产的产品数量；T4 级批量是在一个生产周期内生产的一种型号和规格的产品数量，但不超过 45 000 kg，该批焊材应采用一个炉号或控制化学成分的盘条、钢带或管材生产，药芯填充物应符合同一组合干配料或控制化学成分的规定。

T2、T3 或 T4 批量的要求存在一定差异，NB/T 20450.2—2017 中规定了 T2、T3、T4 三种可选的批量，有一定的灵活度；NB/T 20002.2—2013 只规定了 T4 一种批量可选。T2、T3 的批量控制要求并不低于 T4。为了给焊材供应商一定的灵活性，不建议只限定选择 T4 一种批量要求，因此在融合后的 NB/T 20002.2 中，综合了两个标准对于药芯焊丝的“批”的定义，规定了具有相同的牌号，并至少满足 GB/T 25778 标准 T3 批量分类要求；或 T4 级批量，最大重量不超过 10 000 kg 的分类要求。

四、焊缝分类验收

NB/T 20002.2—2013 按用于承载焊缝、隔离层焊缝、堆焊焊缝、密封焊缝等几种用途分别确定验收项目，而 NB/T 20450.2—2017 未按焊缝的使用目的进行区分，通过对比分析后，最终决定采用 NB/T 20002.2—2013 的方式进行区分，这样可以减少一定试验项目，具有较强的针对性。

五、焊材及熔敷金属化学分析检验要求

NB/T 20002.2—2013 对焊材成品及熔敷金属都要求化学成分分析，而 NB/T 20450.2—2017 对于一些情况（如焊接方法为钨极惰性气体保护电弧焊 141），化学分析可在焊接材料本身进行。

从标准上分析，NB/T 20002.2—2013 要求较严，对焊材成品及熔敷金属都要求化学成分分析，无疑是更保守更能保证焊材的化学成分满足设计要求；NB/T 20450.2—2017 则对于部分焊接情况，化学分析可在焊接材料本身进行，是因为考虑了这些焊接情况下焊材的元素烧损较小，焊缝熔敷金属的化学成分与焊材本身接近，所以用焊材本身的化学分析替代焊缝熔

敷金属化学分析，以节约焊材验收的成本。但在焊接材料的实际验收中，对焊材成品及熔敷金属都进行化学成分分析并无技术难度，也更能保证焊材的化学成分满足设计要求。

六、钴含量要求

对于 Co 含量，NB/T 20002.2—2013 对与反应堆一回路介质直接接触的堆焊层，直接暴露在反应堆辐照区的焊缝有要求；NB/T 20450.2—2017 只对与一回路介质接触的材料有要求。两个标准对焊材 Co 含量要求不一致，具体如下：

NB/T 20002.2—2013 按材料种类对 Co 含量要求如下。

（1）碳钢和低合金钢：Co≤0.03%；

（2）奥氏体不锈钢：Co≤0.20%，最好 Co≤0.10%；

（3）镍基合金：Co≤0.10%。

NB/T 20450.2—2017 是按焊材用途（堆焊层、非堆焊层）对 Co 含量进行要求。与反应堆冷却剂接触的堆焊层用焊材 Co 含量不得超过 0.05%；对于任一部件上与反应堆冷却剂接触面积超过 624 cm^2 的隔离层焊缝或返修焊缝，Co 含量不得超过 0.10%；其他与反应堆接触的焊材，Co 含量不得超过 0.20%。

由于 Co 元素被辐照活化后带有对人体有害的放射性，Co 含量越高，产生辐照后的反射性越大。因此，在现行冶炼技术水平可以达到的情况下，应该严格限制与放射性介质接触的及强辐照区焊材中 Co 含量。因此融合后的 NB/T 20002.2 中的 Co 含量按照如下要求进行规定：

（1）参考 NB/T 20002.2—2013 的要求，对直接暴露在反应堆辐照区以及与一回路介质接触的材料都进行 Co 含量限量要求。

（2）参考 NB/T 20450.2—2017 的要求，对堆焊层用的焊材，包括奥氏体不锈钢堆焊材料的 Co 含量限定为“不得超过 0.05%”。对于任一部件上与反应堆冷却剂接触面积不超过 624 cm^2 的隔离层焊缝或返修焊缝，Co≤

0.10%；其他焊缝，Co≤0.20%。

（3）参考 NB/T 20002.2—2013 的要求，强辐照区的碳钢和低合金钢焊缝 Co 含量不超过 0.03%。

七、焊接填充材料卡片

NB/T 20002.2—2013 标准的第 12 节，按焊接填充材料名称、化学成分、焊态或热处理后的力学性能及所适用焊接的母材，列出了 31 种焊接填充材料卡片。这些卡片便于使用者对焊接材料的选择、焊材采购及验收规范的制定。而 NB/T 20450.2—2017 没有对应的章节及类似的内容。

目前国内核电焊接行业标准中，已经编制了各个品种焊材的专用核电焊接材料标准，这些标准的内容已经涵盖了 NB/T 20002.2—2013 第 12 章焊接填充材料卡片的主要内容，再保留“焊接填充材料卡片”这一章节没有太大意义，且容易与专用焊材的规定相互冲突，因此在融合统一后的标准中删除了这一部分内容。

八、焊材验收报告有效期

针对焊材验收报告有效期的要求，结合制造单位在实际生产中遇到的问题，在融合后的 NB/T 20002.2 中对焊材验收报告有效期进行修改，增加了“总时间不得超过焊材评定卡片规定的最长存储期限”的规定。

5.4　焊接工艺评定（NB/T 20002.3）

一、焊接工艺评定的通常做法

总的来说，焊接工艺评定是为验证所拟定的焊件焊接工艺的正确性而进行的试验过程及结果评价。ISO 15607 总结了现实存在的各种焊接工艺评定的做法，包括：

（1）基于焊接工艺评定试验。这种做法通过焊接和检验一个标准评定试件来评定焊接工艺，是最常见的一种做法。ISO 15614，ASME Ⅸ QW-200都属于这种做法，也是在目前的核岛机械设备焊接中被广泛接受并普遍采用的方式。

（2）基于焊接填充材料。这种做法通过对焊接填充材料的试验来评定焊接工艺，当母材焊接性能好，热影响区不会产生明显的恶化时，可以考虑使用这种方式。ISO 15610 规定了其要求，例如，母材限于 ISO 15608 的 1.1 和 8.1 的同种材料焊接。

（3）基于以往焊接经验。这种做法通过之前的大量合格产品的生产经验来评定焊接工艺，其应用需要有之前大量合格的产品接头的经验来支持。ISO 15611 规定了其具体要求。

（4）基于标准焊接工艺规程。标准焊接工艺规程是由制造商以外的（权威的）第三方评定合格的，ISO 15612、ASMEⅨ QW-500 规定了其做法，AWS D1.1 第 3 章“预先评定的焊接工艺规程”也属于这一做法。在一些标准中允许采用标准焊接工艺规程，例如 AWS D1.1 钢结构焊接规范、ASME B31.1。

（5）基于生产前焊接试验。这种做法是模拟实际产品情况焊接试件并进行检验，这种做法对于一些接头性能与某些特殊条件（拘束条件、传热条件等）密切相关的情况可能是唯一可靠的做法。ISO 15613、ASMEⅨ QW-181.1.1、QW-193.1 都是属于这种做法。

NB/T 20002.3 中的做法绝大多数属于基于焊接工艺评定试验。部分属于基于生产前焊接试验，例如管子与管板焊缝，Ω特殊密封焊缝等。其他做法由于核电中缺少实践和行业共识目前尚未列入。

二、第 1 等级和第 2 等级的由来

第 1 等级和第 2 等级的提出，源于标准技术路线统一中对于基于 RCC-M

的NB/T 20002.3—2013和基于ASME的NB/T 20450.3—2017在焊接工艺评定方面的研究。

关于焊接工艺评定的目的，ASME Ⅸ在 Introduction 中指出“The purpose of the Procedure Specification and the Procedure Qualification Record（PQR）is to ensure the material joining process proposed for construction is capable of producing joints having the required mechanical properties for the intended application”。其目的是保证接头机械性能，与接头完好性有关的因素（例如管道外径大小），在焊工考试中处理。严格意义来说，ASME Ⅸ本身并没有严格遵循这一说法，例如管子-管板的焊接工艺评定没有考核机械性能，而是考核接头完好性。

ISO 15614-1 指出“The primary purpose of welding procedure qualification is to demonstrate that the joining process proposed for construction is capable of producing joints having the required mechanical properties for the intended application”。这里保证机械强度是主要目的，但不是唯一目的。如果焊接工艺中的变素会影响接头的完好性（例如取消后热），也需要考虑。

总体而言，NB/T 20002.3—2013（参考ISO 15614-1和RCC-M S3000）附加要求较NB/T 20450.3—2017（参考ASME Ⅸ、NRC RG等要求）范围窄，要求严。

其原因可能是：ASME只考察对于机械性能（拉伸/弯曲/冲击）有影响的要素，而RCC-M中合格的评定试件除了满足机械性能要求外，还要求满足无损检测（缺陷控制）、硬度/金相（组织）、铁素体含量（避免过低造成热裂纹、过高影响服役性能）、晶间腐蚀等，增加的评定合格项目导致需要考虑的影响因素增多。

如果只将机械性能作为评价标准，ASME Ⅸ是完善的。然而，如果需要考虑其他检验项目时，ASME 在要素上就存在一些不足，例如，背面保护气体不当会发生氧化造成耐腐蚀性能下降，严重时甚至出现菜花状缺陷；不锈钢、镍基合金中的道间温度过高则促进热裂纹的产生；不恰当的后热可能产生冷裂纹等。而这些在 ASME 中都不影响工艺评定的有效性。

而从另一方面，ISO 15614-1 则可能过于严苛，有些要素可能与评定接头质量无直接联系，例如，试件的外径、焊接方法的自动化程度等。

综合考虑，在焊接工艺评定的统一上，可存在 4 种方案，各有利弊。见表 5.4-1。

表 5.4-1　焊接工艺评定要求融合方案对比分析

方案	优点	缺点
以 NB/T 20002.3 为基础，参考 ISO 15614-1：2017 的 level 2 修订	技术上可以包容 NB/T 20450；实施难度小；要素与试验项目协调；国际化方面选用要求较严格的一档，包容性好	可能会导致已有的按 ASME 进行的焊接工艺评定失效；评定数量多
两个方法并列给出，在草案阶段根据各要素对于试件的影响进行必要的微调，如后热（影响冷裂纹）、清根（影响根部质量）。明确 level 2 可覆盖 level 1。在应用过程中逐步统一	实施难度小	由于试验项目增加，仍存在已有的按 ASME 进行的焊接工艺评定失效的风险；存在两个评定，给设计、制造等增加了复杂性，后期使用两个水平的评定存在进一步发散（而不是逐步统一）的风险
两个方法并列给出，在草案阶段根据各要素对于试件的影响进行取舍，最终整合为一个（整合包括厚度、气体保护等全部要素）	根据要素对于合格评定接头的影响确定取舍，既不过于保守，也不局限于机械性能的考核，技术上最为合理；要素控制与试验项目协调。（为简化起见，凡焊工考试中考核的要素在工艺评定中就不再考虑，例如焊接方面的自动化程度、工件的外径等）	实施难度大，风险高；仍存在已有的按 ASME 进行的焊接工艺评定失效的风险；国际化方面走出了自己的道路，需要的解释、说明、论证会比较多
以 20450.2 为基础，参考 level 1 修订	实施难度小；评定数量少，现有的可以使用	与试验项目不协调；技术上不能包容 NB/T 20002.3 的内容，不能包容现有华龙项目的实践。国际化方面选用要求较松的一档，包容性差

经深入讨论，最终工作组选择第 2 方案。这一做法也是与目前国际上标准融合的实践相一致，即承认差异的存在，总体上建立融合的框架，将能达成一致的先固化下来，对现阶段难以达成一致的差异清晰表述出来，在后续的实践中逐步实现更高程度的融合统一。另外，1 级和 2 级不是互相独立的，按照 2 级进行的焊接工艺评定试验可以覆盖 1 级。

三、焊接变素

（1）焊接工艺规程与焊接工艺评定

焊接工艺规程与焊接工艺评定的要素是不同的，工艺评定中的要素为，定义为“要求评定的焊接条件”，这个条件的改变将导致工艺评定的失效。而焊接工艺规程中除主要变量外，还包括“非主要变量”，非主要变量定义为：“在 WPS 中提出，但不需要做工艺评定的条件”，即此变素的改变不影响工艺评定的有效性。两者的定义见 GB/T 19866—2005 焊接工艺规程及评定的一般原则（GB/T 19866—2005，ISO 15607：2003，IDT）。

NB/T 20002.3—2021 与 RCC-M 类似，在焊接工艺评定中只对重要变素（主要变量）进行了规定，而没有非重要变素、附加重要变素的概念。ASME Ⅸ中的很多非重要变素、附加重要变素在 RCC-M 中都成为重要变素。然而，需要注意的是，在焊接工艺规程中，需要完整地填写重要变素和非重要变素，对于电弧焊，焊接工艺规程中应包括的变素的内容见 GB/T 19867.1。例如，对于 GTAW 氩弧焊，非熔化电极类型、尺寸在 NB/T 20002.3 中没有涉及，但是在焊接工艺规程中必须体现，以指导焊接施工。

主要变量是指影响力学性能和弯曲性能的焊接条件，也包括影响冲击韧性的焊接条件（ASME Ⅸ和 NB/T 20450 中的补充重要变素），在 NB/T 20002.3—2021 中补充了其他影响使用性能的焊接条件，对焊接接头提出了其他方面的试验项目考核要求，如无损检测、金相组织、硬度等。从某种意义来说，考核的是“接头对于应用的适用性”，其考核项目更多，对于主要变量的规定以及覆盖范围要求也通常更苛刻些。如 5.6 节碳含量大于 0.030%的奥氏体不锈钢工艺评定补充要求，该主要变量在耐腐蚀性能方面进行了验证并给出了覆盖范围。

非主要变量主要是为了有效和完整地指导焊接工艺的正确实施，是焊接操作的必要信息，如工艺评定中对于 TIG 机械焊规定了影响工艺评定有效性的热输入的大小，而针对焊接工艺规程需要具体规定焊接电流、电压和焊接速度范围。

（2）母材分类

母材焊接性分类主要包括 ASME 的 P-No.和 ISO 15608 的分类分组，两者对分类分组和覆盖范围规定不同。

NB/T 20002.3—2013 中的材料分组按 GB/T 19869.1—2005 附录 B（源于 ISO/TR 15608）。NB/T 20450.3—2017 中的材料分组源于 ASME 第Ⅸ卷，其分类分组方法在规范中未明确给出。ISO/TR 20172、20173、20174 分别给出了欧洲材料、美国材料和日本材料的 ISO/TR 15608 分类分组号，这种分类分组方法是明确的，并且标准中给出了很多国家的材料的分类分组，体系明确而开放。

全面统一这两个材料分类体系是困难的，然而，考虑到其分类分组具有的相似性，特别是核电建造中使用的材料类别的有限性（主要是碳钢、低合金钢、不锈钢和镍基合金等），总体来看，对于核电母材而言，同一类别内，按 ISO 15608 的分类方法和 ISO 15614：1-2004 的评定覆盖范围规定更为严格。此外，在国际上关于焊接工艺评定统一的标准 ISO 15614-1：2017 中，母材分类也已统一按 ISO/TR 15608。因而，融合后的焊接工艺评定的母材分类中采纳了 ISO/TR 15608 的做法。在 NB/T 20002.3 的附录 B 中，还给出了核电母材的分类分组表，用户可通过标准号和钢号查询获得其分类分组信息。

（3）热输入和电弧能量

热输入是影响焊接工艺评定有效性的变素，随着微处理器和焊接电源技术的进步，采用波形控制的熔化极气体保护焊应用逐渐扩大，基于传统测量装置的焊接电流、电压值已无法反映波形的瞬时变化，故对于采用波形控制的焊接工艺，不允许采用如 ASME Ⅸ QW409.1（a）的传统计算方式，而需要采用高采样频率（如 10 kHz）电参数测量装置，基于此 2010 版 ASME Ⅸ QW409.1（c）增加了基于瞬时能量与瞬时功率测量的两种热输入计算公式。

同时，NB/T 20002.3—2021 为了统一热输入的计算和评价，在电弧能量的基础上乘上无量纲的热效率因数。

当采用波形控制的焊接电源未提供基于瞬时能量或瞬时功率的采集和显示功能时，可采用外接测量装置，如焊接电弧测试分析仪等。

（4）预热温度和道间温度

预热指焊接开始前，对焊件的全部（或局部）进行加热的工艺措施，预热即采用了加热的手段。预热温度来自工艺评定试件坡口或前一焊道及其临近区域焊前所测定的最低实测温度值。在整个焊接活动中，应保证产品焊缝不低于规定的最低预热温度。对于室温或稍高温度下开展的不预热的工艺评定，最低预热温度可按 NB/T 20002.1 的 10 ℃确定，而不必实测具体温度，从而避免实践中有些单位夏天进行不锈钢焊接工艺评定写 30 ℃，冬天焊接达不到 30 ℃还需要预热的不必要操作。为此，标准中关于预热温度的有效范围表述为“要求预热时，评定的预热温度下限值是焊接工艺评定试验开始所施加的名义预热温度”。

如果评定试件焊接之前，采用了一个较低的预热温度（例如 50 ℃），而在后续焊道的焊接过程中，前一焊道的温度（例如 200 ℃）远高于该温度，这种情况下，最低预热温度仍定为 50 ℃显然对于试件而言没有代表性。为此，标准中在评定试件焊接中特别规定，对于需要预热的情况，“至少在完成一半焊缝厚度之前，预热温度应尽可能接近规定的最低预热温度（例如，温度保持在规定的最低温度 +25 ℃以内，如果试件焊道间的冷却时间过长，温度偏差可提高到 40 ℃）”。

类似的，对于道间温度标准规定“当焊缝完成一半后，道间可保持较高的温度实施焊接，以达到并测量名义的道间温度”。评定的道间温度上限值是焊接工艺评定试验中达到的最高道间温度。道间温度过高，对于碳钢、低合金钢会造成冲击性能的下降，对于不锈钢、镍基合金则会增加产生热裂纹的风险。

（5）厚度和外径

关于管和支管的直径，标准中目前沿用了 ISO 15614-1：2017 的处理方式。第 1 等级规定“管子直径的改变不影响焊接工艺评定的有效性”，而第 2 等级则给出了直径的覆盖范围规则。需要注意的是，第 2 等级中的直径覆盖范围要求与焊接方法及其自动化程度无关，而对于机械化焊或自动焊的焊接操作工考核中，直径并非重要变素，所以从影响接头完好性的角度，在焊接操作工考核中并不认为直径的变化会带来实质影响。后续希望通过实践，能减少第 2 等级中对于直径的覆盖范围限制。

关于对接焊缝的母材厚度和焊缝金属厚度，本标准沿用了 ISO 15614-1：2017 的处理方式，第 1 等级和第 2 等级在母材厚度方面存在差异，在焊缝金属厚度覆盖范围方面则取得了统一。对于角焊缝，第 1 等级对于母材厚度和焊缝厚度均不进行限制，而第 2 等级则专门规定了角焊缝的母材和焊喉（角焊缝中的焊缝厚度）覆盖范围规则。

（6）焊接位置

NB/T 20002.3—2013 和 NB/T 20450.3—2017 中对于焊接位置具有不同的表示方式，见表 5.4-2。

表 5.4-2　焊接位置的不同表示方式

20002.3—2013	PA	PB	PC	PD	PE	PF	PG	H-L045	J-L045
20450.3—2017	1G 1F 1FR	2F 2FR	2G	4F	4G	3G 向上 5G 向上 3F 向上 5F 向上	3G 向下 5G 向下 3F 向下 5F 向下	6G 向上	6G 向下

考虑到 NB/T 20002.3 的表示方式与 GB/T 16672—1996 一致，且在监管当局文件如 HAF603（2008 版）、NNSA-HAJ-0002-2019 中也采用了 PA、PB 等表示方法，仍采用了 NB/T 20002.3—2013 的方式。

同时工作组注意到 GB/T 16672—1996 等同采用 ISO 6947：1990，而目前 ISO 6947：2011 内容已有所调整，例如，增加了 PH（对应 5G 向上，原来是 PF)、PJ(对应 5G 向下,原来是 PG)、PK(全位置轨道焊),在 NNSA-HAJ-0002-2019 中也增加了 PH、PJ,因而标准中增加了 PH/J/K 的内容。

由于 GB/T 16672—1996 中未给出焊接位置的公差,为便于实际执行,按 ISO 6947:2011 增加了试件焊接主要位置的公差。

在 NB/T 20003.—2021 的 5.5.4.2 节,焊接位置对于评定试件的影响主要考虑了以下两个方面:

a. 对于操作的影响,从而影响试件接头的完好性。这主要体现在对于向下焊的焊接位置(PG/PJ/J-L045),需要单独的评定。

b. 对于热输入的影响。不同位置由于熔池受力状态存在差异,热输入会存在差异,而热输入对于硬度(对碳钢和低合金钢,热输入越小,冷却速度越快,硬度越大)和冲击性能(热输入越大,冷却速度越慢,冲击性能越低),因而标准要求冲击试样应取自热输入最高的焊接位置(如 PF、PA),而硬度试样则取自热输入最低的焊接位置(如 PC、PE)。但是对于10 类钢(奥氏体—铁素体双相不锈钢),由于低热输入也会造成铁素体相含量增加,对于冲击性能不利,因而热输入最高和最低位置均应取冲击试样进行试验。

除非要求在单一位置做评定,或者评定使用固定管,否则均应在不同焊接位置焊制两个试件以满足硬度和冲击要求,且两个试件都应进行无损检测。

对于上述两个试件不要求分别进行全套的破坏性检验,除硬度和冲击按要求取在对应焊接位置的试件外,其他破坏性试样可取自任一试件,其中一个试件长度可减短。

四、试验项目

(1)无损检验

焊接工艺评定无损检验是验证试件焊接质量是否可满足产品规定的无

损检验质量要求。

通常认为工艺评定的目的是评价某个工艺下焊接试件的力学性能是否合格。然而若出现超标缺陷而造成焊接试件无损检验结果不合格时，这可能是焊接操作造成的，也有可能是焊接工艺本身不合理造成的（例如，规定的电流过小，可能造成夹渣或气孔）。另一方面，无损检验不合格时，如证明其与焊接工艺无关，可以继续进行后续评定试验。

RCC-M 以及国内以往核电建造实践中，对焊接评定试件有无损检验要求，国内外压力容器行业规范 ISO 15614-1、NB/T 47014 等也均有此要求；实际上，美国西屋在 AP1000 设计时，已在其技术文件中对 ASME Ⅸ卷及 NX 卷中此要求的缺失做了必要的补充。

（2）拉伸试验

a. 横向接头拉伸

焊接接头的横向拉伸试验目的是测定焊接接头的抗拉强度，一般来讲，试样的抗拉强度不应低于母材标准规定的下限值。

“除非另有规定”是考虑在 ASME Ⅸ卷和 NB/T 47014 中均允许焊材“低强匹配”，以及试样断在母材上时，其抗拉强度不小于母材的规定最低抗拉强度的 95%，可认为试验结果合格。但需要提醒设计者注意：焊接接头抗拉强度低于母材的最低抗拉强度时，有可能影响设计计算的有效性。

b. 熔敷金属纵向室温和高温拉伸

当厚度≥15 mm 时才进行熔敷金属纵向拉伸试验。对于管对接焊缝，仅当厚度和外径足够取样时才进行。该试验也是 RCC-M 以及国内以往核电建造实践中的良好实践，第 1～6 类材料需满足 Rm × A≥10 500；在 ASME Ⅸ卷和 NB/T 47014 中均没有该要求。

纵向拉伸试验相比横向拉伸试验，还需测定屈服强度 Rp0.2、断后伸长率 A%、断面收缩率 Z，是对熔敷金属性能的综合验证。其中的断后伸长率 A%与试样形式有关，标距 50 mm 情况下，直径 10 mm 的试样较直径 12.5 mm 试样的 A%会小（见 GB/T 17600），因而标准中明确断后伸长率是

5 倍直径标距试样下测得的。

（3）冲击试验

标准中冲击试验厚度方向试样的取样部位按壁厚、单面焊或双面焊进行了具体规定。

由于材料制造加工工艺固有特点，母材（热影响区）可能存在厚度越深性能越差的问题；而焊缝通常靠近表面的焊道通常具有较高的道间温度，并使用较大直径的焊材，往往是热输入较高的区域。所以对于热影响区冲击试验的评价应该是与焊缝金属区区别化对待。

（4）晶间腐蚀试验

标准参考了 NB/T 20450.3—2017 的规定，将晶间腐蚀试验作为碳含量大于 0.030%的非稳定化的奥氏体不锈钢焊接工艺评定的补充要求。

这些规定充分考虑了厚度、碳含量和热输入对于晶间腐蚀的影响，有利于保证产品焊缝耐晶间腐蚀性能。试样包括焊缝以及两侧至少 13 mm 的母材，使得该试验不仅考核了焊缝，还考核了焊接热影响区。并且作为补充试验，可以通过一个补充试验支持多个工艺评定的晶间腐蚀考核，从总体上减少了试验数量。

（5）铁素体含量测定

奥氏体不锈钢中保留一定含量的铁素体，可以有效地避免焊接中产生热裂纹。同时，铁素体含量也不宜过高，否则会对接头的韧性以及耐腐蚀性能造成不利影响。

焊缝中不锈钢含量有两种表示方法：体积百分比（Schaeffler、Delong、金相法、磁性法等）和铁素体数 FN（WRC、磁性法等）。在目前的 RCC-M 规范中，以体积百分数表示，在目前的 ASME BPVC 第Ⅲ卷中，以 FN 表示。

金相法可能是最早使用的铁素体含量检测方法，目前仍在使用，并且在一些场合是唯一有效的方法，例如检测双相钢焊接热影响区的铁素体含量。基于试样化学成分和金相法测定的铁素体含量，1949 年 Schaeffler 发表了不锈钢焊缝金属的 Schaeffler 图。1956 年 Delong 对 Schaeffler 图进行了局部细化，发表了 Delong 图，其中的试样铁素体含量是利用磁性法测定。1973 年 Delong 对其进行了修订，修订后的 Delong 图（见图 5.4-1）也就是被 RCC-M 中采用的版本，但是其中去除了 FN 数量。实际上，修订后的 Delong 图的一个重大变化就是增加了基于 AWS A4.2 磁性法测量的 FN 数量。

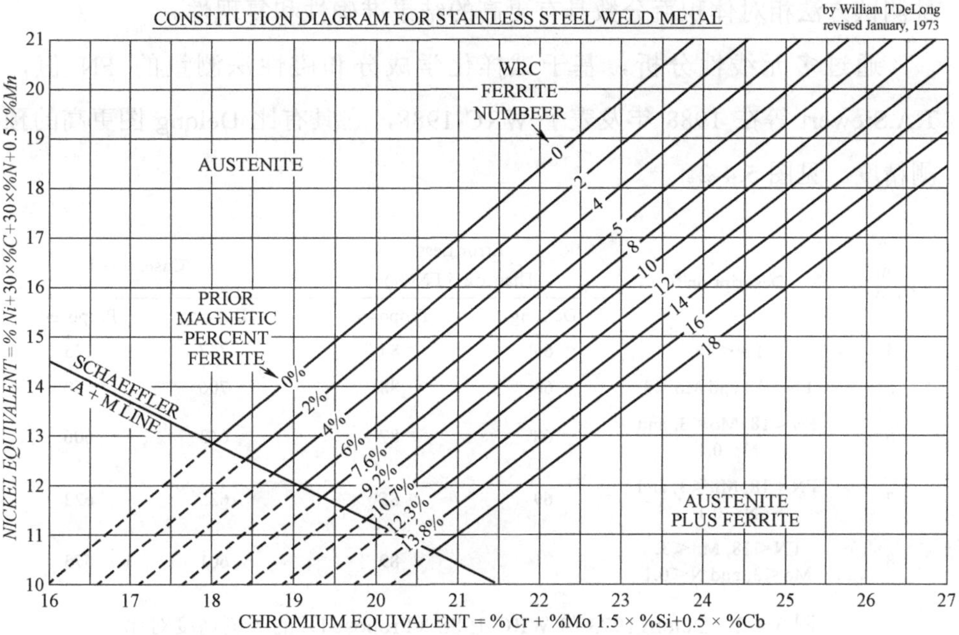

图 5.4-1　1973 年修订的 Delong 图

关于体积百分比，一个明显的事实是，不同相图计算的结果存在差异。此外，虽然一些磁性法仪器可以将读数以百分比表示，但由于没有统一的体积百分比标样，测量结果可能存在较大差异（一个平均值为 5%的试样，不同实验室测量最低值可达 3.5%，最高可达 8%）。美国焊接协会 AWS 认为，到目前为止，精确地测量铁素体含量是不可能的，这一观点也被越来越多的人所接受。

利用铁素体具有磁性，而奥氏体不具有磁性的特点，可使用精确制作的磁性标样来表示当量磁性焊缝金属（FN）。一级标样是在含碳量低于 0.16%碳钢基体上制作一层精确控制厚度的非磁性涂层，不同厚度试样在马格尼仪上获得不同的吸引力，标识为某个 FN 数值。目前这一标定要求在 GB/T 1954—2008、ISO 8249、AWS A4.2 中已经统一。为便于使用，可使用焊接熔敷金属或类似熔敷金属组织的二级标样，使用一级标样校准的马格尼仪确定每个试样的 FN 值，用于磁性法测量仪器的校准。研究证明，此种测试方法相对体积百分数具有更高的结果准确性和复现性。

通过多元线性分析，基于试样化学成分和磁性法测量的 FN 值，T.A.Siewert 等在 1988 年发表了 WRC-1988，它具有比 Delong 图更高的预测精度。见图 5.4-2。

Data Group	Description[a]	Error Less Than ±2.5 FN(%)		Cases Used	
		DeLong	Proposed	DeLong	Proposed
4	FN<18	66	84	747	723
5	FN<18 and Mo<3	68	88	706	660
6	FN<18, Mo<3, and N<0.1	68	87	643	606
7	FN<18, Mn<3, and N<0.1	69	85	635	622
8	FN<18, Mn<3, Mo<3, and N<0.1	71	89	601	573

图 5.4-2　Delong1973 与 WRC-1988（Proposed）的预测精度对比

1992 年，D.J.Kotecki 和 T.A.Siewert 对 WRC-1988 进行了修订，发表了 WRC-1992，将其适用范围扩大到了双相钢和异种金属接头。

从整个技术发展过程看，WRC-1992 图较 Delong 图（1973）更准确，且无预测范围限制，采用 FN 的表达方式可与国际通行的磁性法（美国 AWS A4.2、ISO 8249、GB/T 1954—2008）一致，因而在 NB/T 20002 标准中对于焊缝金属的铁素体含量表示方法采用了 FN，测量方法为 WRC-1992 或磁性法。

五、模拟补焊

NB/T 20002.3—2021 的第 6 章规定了模拟补焊的要求。需要注意的是，并非任何情况下都需要进行模拟补焊，目前标准中规定的需要进行模拟补焊的情形在标准第 4.2 节，即：

——在碳钢或低合金钢母材上的奥氏体不锈钢或镍基合金堆焊层、隔离层或焊缝的补焊；

——热交换器或蒸汽发生器传热管与管板焊缝的补焊；

——熔化极非惰性气体保护电弧焊（135）和药芯焊丝（136 或 114）焊成的焊缝采用其他焊接方法的补焊；

——控制棒驱动机构密封焊缝（CANOPY 型、OMEGA 型）的补焊；

——采用或不采用填充材料的等离子弧（15）焊缝的补焊。

对于其他情形，只要补焊所用的焊接工艺都在评定的有效范围内，就可以采用。当然，设计方有可能提出额外的需要进行模拟补焊的情形。

模拟补焊的评定试件需要在原焊缝基础上，挖除一半厚度的，并使得补焊区域包括焊缝金属和未受热影响的母材。显然，模拟补焊比第 5 章的对接试件更接近实际产品补焊的状态。

六、换热管—管板焊接工艺评定

在进行换热管—管板焊接工艺评定的融合中，发现 NB/T 20002.3—2013 与 NB/T 20450.3—2017 基本相同，而不像第 5 章的对接焊缝那样存在很大的差异。

从试验检验项目也可以看出，两者基本相同。均进行目视、液体渗透无损检验，进行金相检验。检验的目的是焊缝尺寸和缺陷控制，没有力学性能要求（对于无间隙的）。这一例子再次说明了评价手段和评定要素之间存在密切的联系，当评价目的和手段相同时，评定要素也存在很大的相似性。该部分具备统一的条件，在工作组内部形成统一的文本。

对于有间隙的换热管-管板焊接工艺评定，由于主要承受载荷的是换热管-管板焊缝，因而其试验项目、验收标准以及评定要素会有所不同，详见 ISO 15614-8。

5.5 焊接填充材料评定（NB/T 20002.4）

一、焊接填充材料评定的目的和适用范围

焊接填充材料评定的主要目的是对焊接材料的性能进行评估和验证，是为了确保焊接材料性能的可靠性和稳定性，以满足产品的质量要求。

本标准规定了焊条、药芯焊丝和焊剂等焊接填充材料的评定要求。适用于压水堆核电厂核岛机械设备用碳钢、低合金钢、奥氏体不锈钢、镍基合金焊接及堆焊用填充材料的评定。

填充材料的评定包含两个部分，第 1 部分与填充材料供货商有关，第 2 部分与使用这些填充材料的制造商有关。

评定试验主要是针对每一填充材料商标牌号。评定试验包括：焊接填充材料（供货状态）试验、熔敷金属试验、在标准试验件上的焊接接头试验等三项。明确了焊接填充材料（供货状态）试验和熔敷金属试验应由焊接填充材料供货商进行，焊接接头评定试验应由设备制造商进行。

填充材料供货商应提供这种材料的每种牌号无稀释影响材料签发评定数据单。

二、评定的有效范围

本章给出了有关焊接填充材料评定的有效性要求。对于填充材料的原材料制造商、焊剂或药皮成分的改变，都要求填充材料供货商必须通知制造商，如果该变化涉及填充材料特性以及使用条件的修改，则必须修改牌号并重新进行评定实验。

每一牌号的填充材料评定范围与以下参数有关：

（1）母材的牌号和厚度；

（2）焊接填充材料的几何特性；

（3）焊接工艺以及电流类型；

（4）焊缝类型。通常情况下，堆焊层仅要求其耐腐蚀作用，耐腐蚀性能与填充材料的化学成分有关，因此，规定当承载焊缝的评定满足堆焊层的化学成分要求时，可不进行堆焊填充材料的评定；

（5）焊接位置及方向；

（6）焊接参数；

（7）热处理。

三、评定试验的实施

标准规定了焊接填充材料试验（供货状态）（包括几何尺寸试验、物理性能试验），承载焊缝用填充材料的无母材稀释的熔敷金属试验、在标准试验件上焊接接头评定试验，堆焊用填充材料无母材稀释的熔敷金属试验、在标准试验件上的堆焊试件的试验有关要求。

这些试验内容覆盖了焊接材料的和产品焊缝的性能，保证了焊接填充材料用于设备制造和安装时，相应产品焊接接头和堆焊层的性能。

当焊接工艺评定试验包括了焊接接头评定试验或堆焊试件的试验时，可免去在标准试验件上的评定试验。

5.6　车间评定（NB/T 20002.5）

一、车间评定的目的

NB/T 20002.5 规定了车间评定的要求。此处的车间来源于英文 workshop，但不应简单理解为通常意义上的“生产车间”的概念，此处的车间更应该被理解为制造商在某一地点的焊接生产设施和人员的集合，或者简单理解为特定地址的制造商。

车间评定的目的是评价其具有满足要求的能力和技术水平。该部分要求源于 RCC-M S6000。其内容要求与焊接工艺评定的有效期的规定有关。

在 RCC-M 1993 版，S3170 中有焊接工艺评定有效期的规定，从评定颁发日期起，对 1 级部件为 2 年，对其他部件为 3 年。在 RCC-M 2000 版中，考虑到通常的工业实践中对于焊接工艺评定有效期没有限制，因而 S3170 中取消了这些要求。但是，对于最重要的 1 级和 2 级部件的焊接接头，为了确保车间具有足够的技能水平，在 S6000 中提出了技能水平保持的要求。

有用户或许有疑问，焊接工艺规程是评定合格的，焊工拥有相应的资格，母材、焊材也符合各项要求，为什么不能进行产品焊接，而需要车间评定呢？这个可以用几个例子来进行说明。

ASME Ⅸ QW-500 规定了标准焊接工艺规程的要求。标准焊接工艺规程是由权威部门确认评定合格的，用户使用标准焊接工艺规程时，尽管焊工资格等各方面都没有问题，在产品焊接之前，仍然需要按 QW-510.（d）～（e）的要求，来验证其具有实施标准焊接工艺规程获得合格接头的能力。

建造阶段是不允许焊接工艺评定在不同单位之间转移的。考虑到在役阶段焊接的特点（时效性），ASME Ⅺ允许一个业主 A 使用其他业主 B 的工艺评定，此时也需要该业主 A 演示其具有使用该 PQR 编制的规程完成合格接头的能力，见 IWA-4440.（b）。

类似的，虽然制造商完成了焊接工艺评定，但是很长时间不使用了，他是否还具有足够的实施能力。车间评定中的技能水平维持回答了这个问题。

需要说明的是，车间评定并非对于任何部件都是必需的。例如，对于支吊架的焊接，就没有车间评定的要求。即使是进行车间评定，对于 3 级部件，也没有通过最晚一次完成类似焊接工作不超过 3 年来说明技能水平保持的特殊要求。总的来说，接头重要性越高、难度越大，技能水平维持的要求就越高，这也是和人们通常的认知是一致的。

二、关于生产经验的证明

NB/T 20002.5 中关于生产经验的证明分为 3 个层级：

（1）按 NB/T 20002.5 的 2.3.1 说明车间具有的经验。对于不属于下列（2）和（3）的情形，这里没有技能水平维持的要求。

（2）对于附录 A 中的焊缝的附加要求：进行分类，属于同一类的，最后一次焊接工艺使用时间不超过 3 年。

（3）对于稳压器下封头电加热元件焊缝等特殊焊缝的附加要求：不分类，按焊缝，最后一次焊接工艺使用时间不超过 3 年。

三、焊接工艺评定转移

对于同一制造商，从一个车间转移到另一个车间或现场，通过车间评定来评价其具有满足要求的设施、人员和生产经验。对于生产经验不具备的情况，通过成功实施工艺评定和焊接试件来验证其具备足够的技能水平。

5.7　产品焊接（NB/T 20002.6）

一、概述

为适应核电多种堆型设计、制造的需要，国内存在以 RCC-M 和 ASME 为模板的两套标准体系：NB/T 20002.6—2013《压水堆核电厂核岛机械设备焊接规范　第 6 部分：产品焊接》、NB/T 20450.4—2017《压水堆核电厂核岛机械设备焊接另一规范　第 4 部分：产品焊接和热处理》和 NB/T 20450.5—2017《压水堆核电厂核岛机械设备焊接另一规范　第 5 部分：焊接检验》，其中 NB/T 20002.6—2013 基于 RCC-M 标准编制，主要应用于 M310、ACP1000 及华龙等堆型，NB/T 20450.4—2017 和 NB/T 20450.5—2017 基于 ASME 编制，主要应用于 AP1000、CAP1400 和 CAP1700 堆型。制造厂因此需配备两套标准体系的质量管理、工艺规程、工艺评定等程序，存在管理风险和质量风险。

随着国内核电产业的发展，以及国家实施核电“走出去”的战略，迫切需要一套统一的核电标准。国家能源局高度重视核电标准体系建设，于 2017 年 1 月 22 日批复“关于同意开展核岛机械设备领域标准框架优化和技术路线统一”专题研究，以我国现有的两套核岛机械设备相关标准为基础，按设计、材料、焊接、无损检测和制造进行分解，制定国内的统一标准。焊接组历时五年，通过两套标准对比分析、标准差异问题处理、草案编制、意见征求、会议讨论、标准修改等流程方式，最终形成了统一的标准文本。

二、标准演变及主要修订内容

NB/T 20002.6—2013《压水堆核电厂核岛机械设备焊接规范　第 6 部分：产品焊接》主要依据 RCC-M S7000 章节，主要参考 RCC-M 2007 版，并结合国内设计与制造的情况进行适应性修改。NB/T 20450.4—2017《压水堆核电厂核岛机械设备焊接另一规范　第 4 部分：产品焊接和热处理》和 NB/T 20450.5—2017《压水堆核电厂核岛机械设备焊接另一规范　第 5 部分：焊接检验》主要依据 ASME 第Ⅲ卷 NB/NC/ND 以及三代核电的相关设计、制造要求。

NB/T 20002.6—2021 版则综合并替代 NB/T 20002.6—2013 版、NB/T 20450.4—2017 版及 NB/T 20450.5—2017 版，主要修订内容如下。

（1）与原 NB/T 20002.6—2013 相比，增加了临时性附件和永久性附件的定义。

（2）对于焊接材料的存放和使用，与原 NB/T 20002.6—2013 相比，修改了以下内容：

a. 增加了对存放条件室内相对湿度应低于 60%的要求；

b. 修订了焊剂循环使用的要求。

（3）对于焊接坡口加工和检验，明确规定：对于奥氏体不锈钢材料限制采用碳弧气刨。针对母材类型，结合无损专业组的意见，修订了焊接坡口的表面检测验收标准。

（4）对于产品焊缝的实施，7.3.2.2 节规定了 MIG、MAG 和药芯焊丝手工焊接工艺的使用限制条件（GB/T 16702—2019 中有相关规定，修订后删除，调整为在 NB/T 20002.6 中进行规定）。

（5）对于热处理，修订了焊后热处理的要求以及免作焊后热处理的条件。

（6）对于产品焊缝的无损检测，针对焊缝类型和等级要求，结合无损专业组的意见，修订了 1 级、2 级、3 级焊缝的无损检测验收标准。

三、标准主要内容

本标准规定了压水堆核电厂核岛 1 级、2 级、3 级设备机械设备在制造和安装过程中的焊接相关要求，包括待焊表面准备、焊接材料的使用、产品焊接和补焊所采用的焊接方法、产品焊缝和补焊焊缝的最终加工、有关热处理（预热、后热、焊后热处理）及无损检测、产品焊接见证件实施等焊接操作的要求。

本标准除第 1、第 2、第 3 章按标准的编制格式要求外，其余章节按照设备焊缝实施的工艺顺序进行安排。

第 4 章　文件要求

规定了产品焊缝实施时所必需的相关工艺文件，包括工艺规程、操作准则及产品焊接记录。

第 5 章　焊接材料的存放和使用

规定了焊接材料的存放地点、入库、贮存、出库等技术和管理上的要求，以及焊接材料在使用过程中的烘干、保管、标识等要求，对焊剂的循环使用提出焊剂颗粒度及混合比例的要求。

第 6 章　坡口加工和检验

规定了焊接坡口的加工方法、坡口表面及邻近区域的相关表面检验，碳弧气刨工艺的具体要求，待焊坡口表面无损检验后缺陷的处理方式和要求，坡口的组装以及组装前后的相关检验要求。

第 7 章　产品焊缝的实施

规定了定位焊缝、附件的焊接要求、产品焊缝的焊接实施要求、锤击、焊缝表面的最终加工及相关检验等要求。

第 8 章　热处理

规定了不同材料预热、后热和焊后热处理的要求。

第 9 章　补焊

规定了产品焊缝补焊的一般要求、最终热处理后采用回火焊道补焊而免作热处理的特殊情况、补焊区的无损检验以及热交换器管板处空芯插塞密封焊的补焊要求和相关检查。

第 10 章　产品焊缝的无损检测

规定了 1 级、2 级、3 级焊缝的表面检验和体积检验的方法、检验范围、检验时机以及相应的验收标准。

第 11 章　产品焊接见证件

规定了焊接见证件设置的总体要求、产品焊缝见证件的设置数量及频率、焊接见证件的制备、检验和相关试验、堆焊层和隔离层的取样频率、取样时机和相应验收准则、见证件报告包含的内容等要求。

四、标准统一过程中的问题讨论

（1）焊缝余高问题

NB/T 20002.6—2013 按照 1 级、2 级焊缝和 3 级焊缝分别规定了焊缝正面、背面的余高验收标准，NB/T 20450.4—2017 则对于余高的限值不区分焊缝等级，验收准则对比分析见表 5.7-1。对于核级设备，按照设备及焊缝等级的不同其要求也应存在差异，因此按不同等级进行划分设备和焊缝的余高要求较为合理，且相比较而言，NB/T 20002.6—2013 的余高要求较为严格，因此统一后的标准采用原 NB/T 20002.6—2013 的余高规定。

表 5.7-1　验收准则对比分析

容器、泵和阀门的焊缝允许的最大余高对比								
焊缝最大余高			名义厚度					
			$t \leqslant 25$	$25 < t \leqslant 50$	$50 < t \leqslant 75$	$75 < t \leqslant 100$	$100 < t \leqslant 125$	$t > 125$
NB/T 20450.4—2017			2.5	3.0	4.0	5.0	6.0	8.0
NB/T 20002.6—2013	1 级、2 级焊缝	正面	1/10 焊道宽度 + 1 mm，最大 5 mm					
		背面	1/10 焊道宽度 + 1 mm（封底焊缝）					
			e/20 + 0.5 mm，最大值为 1.5 mm（无封底焊缝）					
	3 级焊缝	正面	1/10 焊道宽度 + 2 mm，最大 5 mm					
		背面	1/10 焊道宽度 + 2 mm（封底焊缝）					
			e/10 + 1 mm，最大值为 3 mm（无封底焊缝）					
管道的焊缝允许的最大余高对比（外表面余高）								
焊缝外表面最大余高			名义厚度					
			$t \leqslant 3$	$3 < t \leqslant 5$	$5 < t \leqslant 13$	$13 < t \leqslant 25$	$25 < t \leqslant 50$	$t > 50$
NB/T 20450.4—2017			2.5	3.0	4.0	5.0	6.0	6 mm 或 1/8 焊缝宽度的较大值
NB/T 20002.6—2013	1 级、2 级焊缝			1.5	2（$e \leqslant 10$）		2.5	
	3 级焊缝		1/10 焊道宽度 + 2 mm，最大值为 5 mm					
管道的焊缝允许的最大余高对比（内表面余高）								
焊缝内表面最大余高			名义厚度					
			$t \leqslant 3$	$3 < t \leqslant 5$	$5 < t \leqslant 13$	$13 < t \leqslant 25$	$25 < t \leqslant 50$	$t > 50$
NB/T 20450.4—2017			2.5	2.5	3.0	4.0	4.0	4.0
NB/T 20002.6—2013	1 级、2 级焊缝			1.5	2.5（$e \leqslant 10$）		3.0	
	3 级焊缝			2.0	2.5（$e \leqslant 10$）		3.0	

（2）焊缝锤击问题

NB/T 20002.6—2013 要求为限制焊接变形且采用其他方法较为困难的情况可使用锤击，且锤击前应提交书面报告得到采购方的认可后方能进行，并明确要求焊缝第一层和最终焊缝表面不得进行锤击；NB/T 20450.4—2017 则要求相对宽松，为减小变形可进行受控锤击，且焊缝第一层和最后一层在焊缝进行焊后热处理的情况下可以锤击。

从产品焊缝质量考虑，尽可能地不采用锤击方法控制焊接变形，尤其是一级设备，如压力容器，在设计文件中明确要求严禁锤击焊缝，RCC-M中则明确要求焊缝第一层及最终层不得进行锤击。锤击不当会给结构带来不利影响，甚至产生微小裂纹源，焊后热处理可消除或减小焊缝中的焊接应力，但无法消除微小裂纹，因此非必要对焊缝不可实施锤击。

（3）产品焊缝体积检验验收准则问题

标准中变化最大的就是射线和超声检验的验收准则。NB/T 20002.6—2013 针对 1 级、2 级、3 级焊缝分别规定了验收准则，且随着焊缝等级的提高其验收标准也相应严苛；NB/T 20450.5—2017 中提出抽样射线检测的要求，并且没有焊缝等级的区别，验收准则是统一且唯一的。本次标准统一工作中，NB/T 20003—2021 的变动相当大，表面检测标准删除了验收准则，仅规定了记录值要求；体积检测则修订了焊缝的验收准则。

为保持 NB/T 20002—2021 焊接规范与 NB/T 20003—2021 无损检测标准在焊缝验收准则上的一致性，本标准中的体积检测验收要求采纳了 NB/T 20003—2021 的验收准则，1、2 级焊缝按照质量Ⅱ级要求执行，3 级焊缝按照质量Ⅲ级要求执行。产品焊缝的表面检验也按无损检测组的意见进行了修订，总体上参考 NB/T 20003—2010，将记录阈值统一到 1.5 mm，并在磁粉检验中补充了规定尺寸区域内的显示数量限制要求。

5.8 焊接材料标准（NB/T 20009 系列）

一、标准编制背景

核电用焊接材料主要用于与核安全有关的规范 1 级、2 级、3 级设备，形成的焊接接头与母材共同构成了防止核泄漏的屏障，保证电站安全运行，保障人员和环境不致遭到超过国家规定限值的辐照照射和污染。因而核电焊接材料较一般工业用焊接材料的要求要严格得多。

核电焊材技术要求往往由设计部门通过技术规格书限定。国外并无专门的核电焊材标准，为了推进国内核电焊材的标准化，提高核电焊材国产化水平，标准主管部门先后组织编写了 NB/T 2009.1—14（2010—2013 年），20009.21—32（2014—2017 年），20009.35—37 等焊材标准。其中一些标准已在我国核电项目建设中成功应用。

NB/T 20009.1—14（2010—2013 年）基于 RCC-M S2000，NB/T 20009.21—32（2014—2017 年）基于 ASME Ⅲ以及示范电站实践。各自自成体系，对于同一核电对象存在两套要求，且互不通用。例如，同型号的碳钢焊条 E5015，在 NB/T 20009.1—2010 和 NB/T 20009.21—2014 中都有规定，其化学成分上存在细微差异，在性能指标、试验方法方面也存在不同要求。

通过核电标准技术路线统一工作，认为这种差异的产生主要有以下原因：

（1）不同国家工业基础环境不同

核电建造不能脱离一个国家的工业基础环境，这突出表现在试验方法差异方面。拉伸和冲击试验，RCC-M 采用 ISO 标准（与我国类似），而 ASME B&PVC 采用美国 ASTM 的标准。铁素体测定，RCC-M 采用在欧洲有较大影响力的 Delong 图，而 ASME B&PVC 则使用美国 Welding Research Council 的 WRC-1992。晶间腐蚀试验方面，基于 ASME 的标准采用的 NB/T 20004 的方法二源于美国 ASTM E262。

（2）具体堆型实践

RCC-M 的具体要求在很大程度上反映了法国压水堆建造的实际做法，在以 RCC-M 为蓝本的标准中，继承了其具体要求，同样，在以 ASME B&PVC 为蓝本的标准中，也增加了大量反映了国内示范电站建造实践的内容。这些源于堆型建造实践的要求也导致了两套标准的差异。这突出反映在具体技术指标差异方面，包括拉伸性能差异、化学成分、RTndt 要求等。

a. 不同堆型使用的母材钢号不同，热处理情况不同，室温和高温的拉伸性能也不同。而核电规范中焊材的抗拉强度和屈服强度是以不低于母材进行考核的，这造成了两套标准中焊材性能的差异。例如，NB/T 20009.1—2010 中，E5015/5018 在热处理态下其室温抗拉强度下限为 470 MPa，是考虑了焊接主蒸汽管道的 P280GH 需要进行焊后热处理，而该母材的室温抗拉强度下限为 470 MPa。在高温拉伸要求方面，这一点更为明显。

b. 不同堆型中的建造实践中，技术规格书带来的差异。例如，RCC-M（S2800，S2900 焊材数据卡片）的焊材要求，是源于法国核电建造中采用的焊材的技术要求，属于已被以往实践验证为可接受的要求，同时 RCC-M S2700 指出，焊材并非必须满足这些焊材数据卡片，允许满足其他要求。而以 RCC-M 为蓝本的标准中，则完全继承了这些数据卡片的要求。类似的，在三门、海阳示范电站建造实践中，西屋编制了一些焊接技术规格书对于焊材也有技术规定。在以 ASME B&PVC 为蓝本的焊材标准中，也完全继承了这些技术规格书的要求，例如 S 的含量控制、RTndt 的要求。

从焊材标准来说，主要是涉及同一型号化学成分、力学性能的差异。就这件事情本身来说，可以从经济性和必要性两方面进行研究。如果统一使用较严格的参数指标（例如，杂质 S 含量统一为 0.010%）不会造成成本的大幅增加，可以统一使用较严格的参数，反之，如果使用较宽松的参数指标完全可以满足要求，进一步提高指标反而会对于成本有较大影响，则可以使用较宽松的参数。

要完成上述分析，需要大量收集、整理目前核电实践中的焊材性能数据，分析确定其通常可以达到的性能指标，并与焊材厂家进行充分沟通。

与此类似，在确定焊接材料熔敷金属必须满足的最低要求时，需要考虑其拉伸性能（抗拉强度、屈服强度）不得低于母材的相应要求。统一中需考虑对于国内压水堆机型兼容性，这样就需要搜集、建立国内压水堆机型使用的各类母材牌号的标准数据（包括高温拉伸性能数据），由此可确定其配套焊材必须达到的最低要求。

通过上述工作，结合对于这些焊材性能指标的影响分析，并与焊材厂家进行充分沟通，较好地解决焊接材料同一型号的化学成分、力学性能等指标的差异问题。

二、试验项目

作为例子，表 5.7-1 给出了不锈钢药皮焊条 E308L 在核电领域（根据 RCC-M S2920）和一般工业标准中（根据 GB/T 983—1995）的验收试验项目比较。可以看出，核电用焊接材料对于很多试验项目都有明确的要求，而这些在一般工业应用中是没有的。增加这些试验项目对于保证核安全是必不可少的。

表 5.7-1 不同用途的 E308L 的试验项目比较

	核电（RCC-M S2920）	一般工业领域（GB 983）
化学分析	√	√
室温拉伸	√	√
350 ℃高温拉伸	√	×
δ铁素体含量	√	×
晶间腐蚀	√	×
冲击性能	√	×

（1）高温拉伸

目前，我国典型的压水堆核电厂一回路反应堆压力容器的设计温度为 343 ℃。为了保证运行时一回路承压边界的完整性，对于母材和焊接材料都有高温拉伸性能的要求。

（2）铁素体含量

不锈钢焊接中，热裂纹是最容易产生的一类缺陷，而裂纹类缺陷对于核承压边界是不允许的。一个简单有效的预防不锈钢热裂纹的措施是控制熔敷金属中的铁素体含量，美国核管会导则 R.G.1.31 和法国 RCC-M S 册中均对不锈钢熔敷金属中的 d 铁素体含量有明确要求。

（3）晶间腐蚀

不锈钢的晶间应力腐蚀裂纹（IGSCC）是核电厂运行中要重点防范的一类失效模式，试验数据和运行经验表明这类缺陷的出现是与材料制造时的敏化过程（主要是焊接以及超过 400 ℃的热处理）密切相关的。晶间腐蚀试验对于考核材料在敏化状态下发生晶间腐蚀的倾向是必要的。

（4）冲击性能

核电厂中为了避免承压边界的突然破裂，对于材料和焊接接头都提出明确的冲击性能要求。RCC-M S 册中要求不锈钢焊接接头单个试样的室温下 KV 冲击性能不低于 60 J。

三、化学成分要求

即使对于同一试验项目，核电焊接材料在性能指标方面往往有较高的要求。同样以 E308L 焊条为例，表 5.7-2 给出了不同用途下对于熔敷金属化学成分的要求。

表 5.7-2　不同用途下对 E308L 熔敷金属化学成分的要求

	C	Si	Mn	P	S	Ni	Cr	Mo	Co	Cu
一般工业领域（GB 983）	0.04	0.90	0.5-2.5	0.040	0.030	9.0-11.0	18.0-21.0	0.75	—	0.75
核电（RCC-M S2920）	0.035	0.90	2.50	0.025	0.025	9.00-12.00	18.00-21.00	0.50	0.20	

从表中可以发现以下差异：

（1）C 含量：碳含量的高低对于不锈钢的晶间腐蚀倾向影响较大。含碳量高的情况下，焊接或热处理中 C 容易和 Cr 在晶界结合生成碳化铬，造成该处产生贫铬区，降低耐腐蚀性能，从而引发晶间腐蚀。因而核电厂中对于不锈钢焊条的 C 含量提出了更高的要求。

（2）S、P 含量：S、P 作为杂质元素，容易在焊接接头凝固过程中产生低熔点物质，从而造成热裂纹，因而核电用不锈钢焊接材料对于 S、P 的含量提出了更高的控制要求。

（3）Co 含量：不溶性腐蚀产物（CRUD）中的 Co 在中子的照射下，容易活化形成放射性同位素，提高一回路的放射性水平。为此，核电焊材中对于和一回路介质接触的材料（包括焊材）的 Co 含量都有严格的控制要求。

从上面的分析可以看出，由于核电焊材具有很多不同于一般工业焊材的特殊要求，所以不能直接采购焊材制造厂的成熟的常规产品。在没有核电焊材标准的情况下，焊材制造厂只能根据用户的要求定制或者特制，很难形成成熟的核电焊材产品，因而容易造成供货周期长。同时，由于定制或者特制的产品试验项目要求多，性能指标要求高，又属于新产品，生产控制方面可能不够成熟，对于影响质量的某些因素可能控制不严，从而容易造成质量的不稳定。

四、焊材性能的稳定性要求

核电焊材不仅试验项目多，性能指标高，而且对于性能的稳定性要求高，这突出表现在对于批次的定义，以及对于焊材评定的要求上。

表 5.7-3 以不锈钢焊条为例，对比了不同用途下批次的定义。

表 5.7-3　不同用途的碳钢焊条的批次定义

核电（RCC-M S2430）	一般工业领域（GB 983—1995）*
同一炉号、同一直径的焊芯，用同一种混合物作涂料并经过同一制造过程的焊条	每批焊条由同一批号焊芯、同一批号主要涂料原料，以同样涂料配方及制造工艺制成。每批焊条最高重量为 10 t

*注：目前的 GB/T 983—2012 已经去除批次定义。有关采购试验和批次见 GB/T 25778，由用户确定组批规则和试验级别。

两者的主要差异在于：① 对于药皮的控制，② 对于制造过程的要求。在核电中，要求“同一混合物作涂料并经过同一制造过程”，而 GB 983 中，仅要求“同一批号主要涂料原料，以同样涂料配方及制造工艺制成”，要求要松得多，因而，同一批次中产品的波动性要相对大些。

此外，核电焊接材料要求必须对采购的批次进行取样，试验，在国家标准基础上往往增加或替代其他试验，采用 GB/T 25778 的级别 6，而采用 GB/T 25778 中的其他级别。

为了提高核电焊材的稳定性和可靠性，避免在应用中出现问题，RCC-M S5000 中还提出对于药皮焊条、药芯焊丝、埋弧焊丝—焊剂组合的评定要求，评定包括焊材厂家的工作（对于焊材本身和无稀释熔敷金属的评定试验）和用户的工作（标准试件，通常可由焊接工艺评定代替），通过评定工作，不仅可以给出焊材能保证的各项性能参数（化学成分、力学性能等），而且还给出了焊材的存储和使用条件，对于保证产品焊接质量非常有利。这些在一般工艺领域都是没有的。

五、试件的代表性

焊接材料需要通过焊接才能体现在最终产品上，其性能与所采用的焊接工艺密切相关，通常焊材工业标准中规定的试件制作条件并不一定代表实际产品中的焊接工艺，因而，按满足通常焊材工业标准的焊材，其性能在实际产品中未必能达到同样的水平。

作为设计保守，追求可靠性的核电行业，要求焊接材料的试件制作条件对于实际产品制造应具有代表性，以保证最终产品接头中焊缝金属的性能水平。例如，实际产品接头累积进行了 10 h 的焊后热处理，焊接材料的试件制备时，其焊后热处理不得小于 8 h（至少 80%的产品累计热处理试件）。

第六章　无损检测标准解读

6.1 概　述

一、标准演变过程

NB/T 20003 的前身是核工业标准 EJ/T 1039-1996《核电厂核岛机械设备无损检验规范》，该标准参照法国 RCC-M 1993 版等效编制，同时参考了 ASME 规范和国内标准的相关要求。EJ/T 1039-1996 的主要内容包括：超声波检验、射线照相检验、液体渗透检验、磁粉检验、管材制品涡流检验、其他检验方法（目视检验、表面状态测定、泄漏试验）以及无损检验人员的技术资格。

随着 RCC-M 不断修订更新，EJ/T 1039-1996 已不能满足先进核电技术发展要求，2007 年国防科工委下达计划要求对 EJ/T 1039-1996 进行修订，修订主要依据 RCC-M 2000 版、2002 补遗以及 2005 补遗三部分内容，同时参考和吸收了美国 ASME《锅炉压力容器规范》第Ⅴ卷、第Ⅲ卷以及相关的国内标准。修订后的标准 NB/T 20003《核电厂核岛机械设备无损检测》，由能源行业标准化技术委员会于 2010 年发布，NB/T 20003—2010 分为八个部分：通用要求、超声检测、射线检测、渗透检测、磁粉检测、涡流检测、目视检测和泄漏检测。

2009 年，从美国西屋引进的 AP1000 依托项目开工建设，其制造、安装阶段的核岛机械设备无损检测参照的是美国 ASME《锅炉压力容器规范》，当时国内没有与之等效对应的无损检测标准。2012 年，国家能源局下达计划要求制定适用于国内三代非能动核电厂核岛机械设备的无损检测配套标准，基于 ASME 第Ⅴ卷转化编制的 NB/T 20328《核电厂核岛机械设备无损检测另一规范》于 2015 年发布，NB/T 20328—2015 分为六个部分：通用要求、超声检测、射线检测、渗透检测、磁粉检测和涡流检测。至此，国内两套核岛机械设备无损检测标准并行使用。

2017 年 1 月，为解决国内两套核电标准体系并存问题，国家能源局批复专项课题，开展我国两套核岛机械设备设计、材料、焊接、无损检测和制造等领域标准的技术路线统一工作，其中“无损检测技术路线统一”与当时已启动的 NB/T 20003 修订工作合并开展，修订后的 NB/T 20003—2021 实现了对 NB/T 20003—2010 和 NB/T 20328—2015 存在差异的六个部分（通用要求、超声检测、射线检测、渗透检测、磁粉检测和涡流检测）的融合统一，对只有一套的目视检测和泄漏检测标准（NB/T 20003.7—2010 和 NB/T 20003.8—2010），进行了补充、修订。

NB/T 20003 系列标准为基础性标准，为核电厂核岛机械设备设计、材料、焊接和制造类标准提供技术支撑。核电厂核岛机械设备设计、材料、焊接和制造标准中涉及具体无损检测方法要求时，可直接引用本标准的检测方法和质量分级要求，也可在其标准中添加特殊的要求和更具体的规定。对于无损检测验收准则，在材料、焊接等相关标准中规定。NB/T 20003—2021 也可作为在役检查标准中检测方法的支持性标准。

二、标准主要内容

1. NB/T 20003.1—2021《核电厂核岛机械设备无损检测　第 1 部分：通用要求》

本标准规定了核电厂核岛机械设备超声检测、射线检测、渗透检测、磁粉检测、涡流检测、目视检测和泄漏检测的使用原则和一般要求。“使用原则”部分主要阐述了选择各种无损检测方法的基本原则，让标准使用者了解每种检测方法的适用情况和检测时的优点和局限。“一般要求”部分包括人员、单位、设备器材和文件方面的相关要求。NB/T 20003.1—2021 的目次结构见表 6.1-1。

表 6.1-1　NB/T 20003.1—2021 目次结构

前言
1　范围
2　规范性引用文件
3　术语和定义
4　使用原则
5　一般要求
6　记录、评定及质量分级
7　检测记录和报告
附录 A（资料性）缺陷与无损检测方法对照表

两套标准“通用要求”部分结构基本相同，内容存在一些差异。融合统一后的 NB/T 20003.1—2021，术语和定义、检测人员、检测单位、检测设备器材等内容均遵照国内现行法规或标准的相关规定，相比于 NB/T 20003.1—2010，NB/T 20003.1—2021 主要有三方面变化：① 规定了无损检测设备、器材的校准、核查要求，各检测方法部分统一了计量术语的使用；② 明确了检测方法部分仅给出缺陷（显示）记录评定和质量分级要求，不包含验收内容，验收要求在相关材料、焊接标准中给出，所以参照 NB/T 20003—2021 执行无损检测，需要与相关材料、焊接标准配套使用；③ 增加了检测记录、检测报告至少应包括的内容。

2. NB/T 20003.2—2021《核电厂核岛机械设备无损检测　第 3 部分：超声检测》

本标准适用于核电厂核岛机械设备中铸件、板材、锻件、棒材、螺栓材料和管材等原材料和零件以及焊接接头、堆焊层和预堆边等在制造和安装过程中的超声检测。NB/T 20003.3—2021 的目次结构见表 6.1-2。

表 6.1-2　NB/T 20003.3—2021 目次结构

3. NB/T 20003.3—2021《核电厂核岛机械设备无损检测　第 3 部分：射线检测》

本标准规定了核电厂核岛机械设备采用 X 射线和 γ 射线检测的技术要求、缺陷评定和检测结果质量分级的要求。NB/T 20003.3—2021 适用于核电厂核岛机械设备中铸钢件、钢制焊接接头制造和安装过程中的射线检测。NB/T 20003.3—2021 的目次结构见表 6.1-3。

表 6.1-3　NB/T 20003.3—2021 目次结构

续表

10 检测报告
附录 A（规范性）全焊透角接接头的透照方式
附录 B（规范性）铸钢件的射线检测
附录 C（规范性）工业射线胶片系统的特性指标
附录 D（资料性）焊接接头典型透照方式示意图
附录 E（资料性）环向焊接接头最少透照次数的确定方法
附录 F（规范性）射线源尺寸的计算
附录 G（规范性）定位标记的放置部位
附录 H（规范性）特殊情况的射线检测技术
附录 I（资料性）胶片的手工处理

标准融合统一过程中，对于两条技术路线存在差异的内容，主要通过标准比对分析来确定技术要求的统一方式，同时还参考了国内无损检测标准多年应用积累的相关经验，NB/T 47013.2—2015《承压设备无损检测 第2部分：射线检测》在国内特种设备行业广泛应用，统一标准中圆形缺陷、条形缺陷的评定方法主要参考了 NB/T 47013.2—2015。对于存在较大差异的内容，例如：像质计灵敏度要求和黑度要求，通过开展验证试验，为统一要求的制定提供了数据支撑。对于术语和定义、检测人员资格、设备和器材等内容均遵照国内现行法规或标准的相关规定。

4. NB/T 20003.4—2021《核电厂核岛机械设备无损检测 第4部分：渗透检测》

本标准规定了核电厂核岛机械设备渗透检测的技术要求、缺陷评定和记录要求。NB/T 20003.4—2021 适用于核电厂核岛机械设备中板材、锻件、棒材、铸件、管材和焊接接头等在制造和安装过程中的渗透检测。NB/T 20003.4—2021 的目次结构见表 6.1-4。

表 6.1-4 NB/T 20003.4—2021 目次结构

前言
1 范围
2 规范性引用文件
3 术语和定义
4 一般要求

续表

5　渗透检测设备和器材
6　检测方法
7　渗透检测操作方法
8　检测报告
附录 A（资料性）荧光和着色渗透检测工艺程序示意图
附录 B（规范性）非标准温度下渗透检测的验证技术

标准融合统一过程中，对于两条技术路线存在差异的内容，主要通过标准比对分析来确定技术要求的统一方式，考虑了 NB/T 20328.4—2015 和 NB/T 20003.4—2010 两套标准应用中的反馈，同时还参考了国内无损检测标准多年应用积累的相关经验。对于术语和定义、检测人员资格、设备和器材等内容均遵照国内现行法规或标准的相关规定。

5. NB/T 20003.5—2021《核电厂核岛机械设备无损检测第 5 部分：磁粉检测》

本标准规定了核电厂核岛机械设备采用连续法磁粉检测的技术要求。NB/T 20003.5—2021 适用于核电厂核岛机械设备用铁磁性材料、零部件及焊接接头在制造和安装过程中的磁粉检测。NB/T 20003.5—2021 的目次结构见表 6.1-5。

表 6.1-5　NB/T 20003.5—2021 目次结构

前言
1　范围
2　规范性引用文件
3　术语和定义
4　一般要求
5　磁粉检测设备和器材
6　校准和核查
7　磁化电流
8　检测方法
9　检测过程
10　检测报告
附录 A（规范性）固定式磁粉探伤机系统性能核查
附录 B（规范性）标准环形试块、检测介质性能检验参考试块
附录 C（资料性）几种正弦波电流峰值、平均值和有效值之间的关系
附录 D（资料性）焊接接头的典型磁化方法

标准融合统一过程中，对于两条技术路线存在差异的内容，主要通过标准比对分析来确定技术要求的统一方式，同时还参考了国内无损检测标准多年应用积累的相关经验，尤其是 NB/T 47013.4—2015《承压设备无损检测　第 4 部分：磁粉检测》，在国内特种设备行业广泛应用，成熟度高，参考了其中确定磁化规范相关的经验公式、安全注意事项、磁化电流波形等内容。经分析对比，两条技术路线在磁粉检测技术方面没有太大的差异，在分析对比的基础上，对标准内容进行了优化整合。对于术语和定义、检测人员资格、设备和器材等内容均遵照国内现行法规或标准的相关规定。

6. NB/T 20003.6—2021《核电厂核岛机械设备无损检测　第 6 部分：涡流检测》

本标准规定了核电厂核岛机械设备用管材制品进行涡流检测的技术要求。NB/T 20003.6—2021 适用于核电厂核岛机械设备用管材制品在制造和安装过程中的涡流检测。NB/T 20003.6—2021 的目次结构见表 6.1-6。

表 6.1-6　NB/T 20003.6—2021 目次结构

前言
1　范围
2　规范性引用文件
3　术语和定义
4　一般要求
5　检测设备
6　检测条件
7　设备调整和复核
8　检测技术
9　检测报告
附录 A（规范性附录）管材制品的外穿过式线圈涡流检测
附录 B（规范性附录）非铁磁性换热器管子的内穿过式线圈涡流检测
附录 C（规范性附录）蒸汽发生器管子涡流检测的背景噪声控制
附录 D（资料性附录）蒸汽发生器管子弯管后涡流检测信号显示的控制
附录 E（资料性附录）非铁磁性管子内壁信号指示深度的评定方法

标准融合统一过程中，对于两条技术路线存在差异的内容，主要通过标准比对分析来确定技术要求的统一方式。蒸汽发生器传热管检查内涡流

部分为新增内容，编写时同时还参考了EPRI《压水堆蒸汽发生器检测导则》。对于术语和定义、检测人员资格、设备和器材等内容均遵照国内现行法规或标准的相关规定。

7. NB/T 20003.7—2021《核电厂核岛机械设备无损检测　第7部分：目视检测》

本标准规定了核电厂核岛机械设备在制造和安装过程中进行目视检测的技术要求。NB/T 20003.7—2021 适用于核岛机械设备核用材料、零部件、焊接接头及设备表面的目视检测，用于确定受检部件的表面状态、配合面的对准、变形或泄漏、完整性等情况。NB/T 20003.7—2021 的目次结构见表 6.1-7。

表 6.1-7　NB/T 20003.7—2021 目次结构

前言
1　范围
2　规范性引用文件
3　术语和定义
4　一般要求
5　目视检测设备和器材
6　目视检测方法
7　检测过程
8　评定和记录
9　检测报告
附录 A（资料性）钢制熔化焊接头典型的外观缺陷

NB/T 20328—2015 中并不含目视检测的部分，相关内容只在 NB/T 20003.7—2010《核电厂核岛机械设备无损检测第 7 部分：目视检测》中体现，所以不存在融合的障碍。在标准修订中，主要是在 NB/T 20003.7—2010 应用反馈的基础上，对标准文本进行了适应性的修订。对于术语和定义、检测人员资格等内容均遵照国内现行法规或标准的相关规定。

8. NB/T 20003.8—2021《核电厂核岛机械设备无损检测　第8部分：泄漏检测》

本标准规定了核电厂核岛机械设备采用泄漏检测的技术要求。NB/T

20003.3—2021 适用于核电厂核岛机械设备及零部件在制造和安装过程中的泄漏检测。NB/T 20003.8—2021 的目次结构见表 6.1-8。

表 6.1-8 NB/T 20003.7—2021 目次结构

前言
1 范围
2 规范性引用文件
3 术语和定义
4 一般要求
5 设备和器材
6 检测方法和技术
7 检测报告
附录 A（规范性附录）气泡检测-直接加压法
附录 B（规范性附录）气泡检测-真空罩法
附录 C（规范性附录）氦质谱仪检测-嗅吸探头法（吸枪法）
附录 D（规范性附录）氦质谱仪检测-示踪探头法（喷氦法）
附录 E（规范性附录）氦质谱仪检测-护罩法
附录 F（规范性附录）压力变化检测
附录 G（资料性附录）蒸汽发生器管子-管板密封焊氦检漏
附录 H（资料性附录）气泡法验证试块

6.2 通用要求（NB/T 20003.1）

一、无损检测方法的选用

各种无损检测方法因本身的局限性，不能适用所有材料，且对不同形式的缺陷也存在检出局限性，为提高检测结果的可靠性，应根据被检工件的材质、结构、制造方法、工作介质、可达性、使用条件和失效模式，以及预计可能产生的缺陷种类、形状、部位和方向，选择适宜的检测方法。

超声检测主要用于材料或工件内部缺陷的检测，能确定缺陷的位置和相对尺寸。超声检测适用于板材、锻件、管材、棒材和铸件等原材料和零件的检测，也适用于焊接接头以及堆焊层的检测。

射线检测主要用于焊接接头和铸件内部缺陷的检测，能确定缺陷平面投影的位置、大小，可获得缺陷平面图像，并能据此判定缺陷的性质。

渗透检测主要用于非多孔性材料的表面开口缺陷的检测，通常能确定缺陷的形状、位置和尺寸。渗透检测适用于板材、锻件、棒材、铸件、管材和焊接接头的检测。

磁粉检测主要用于铁磁性材料的表面和近表面缺陷的检测，通常能确定缺陷的形状、位置和尺寸。磁粉检测适用于板材、铸件、锻件、棒材、管材和焊接接头的检测。

涡流检测主要用于薄壁金属管材的表面和内部缺陷的检测，通常能确定金属材料的表面或内部缺陷的位置和相对尺寸。涡流检测适用于不锈钢管材、镍基合金管材、碳钢管材和钛合金管材的检测。

目视检测主要用于发现工件、设备或系统的外观异常和表面缺陷，通常能确定缺陷的位置、形状和尺寸。

泄漏检测主要用于工件、设备或系统密封性的检测，通常能确定工件、设备或系统的泄漏位置和漏率。

参考 ASME 规范，各无损检测方法通常能检测的缺陷情况见表 6.2-1。

表 6.2-1　各无损检测方法能检测的缺陷

缺陷类型		检测方法							
		表面开口缺陷		表面开口或近表面缺陷		全体积任何位置缺陷			超声波测厚
		目视	渗透	磁粉	涡流	射线	斜射超声波	直射超声波	
焊接引起的缺陷	烧穿	●	—	—	—	●	⊕	—	○
	裂纹	○	●	●	⊕	⊕	●	○	—
	余高过高/不足	●	—	—	—	●	⊕	○	○
	夹杂（渣/钨）	—	—	⊕	⊕	●	⊕	○	—
	未熔合	⊕	—	⊕	⊕	⊕	●	⊕	—
	未焊透	⊕	●	●	⊕	●	●	⊕	—
	错边	●	—	—	—	●	⊕	—	—
	焊瘤	⊕	●	●	○	—	○	—	—

续表

缺陷类型		检测方法							
		表面开口缺陷		表面开口或近表面缺陷		全体积任何位置缺陷			超声波测厚
		目视	渗透	磁粉	涡流	射线	斜射超声波	直射超声波	
焊接引起的缺陷	气孔	●	●	○	—	●	⊕	○	—
	根部凹陷	●	—	—	—	●	⊕	○	○
	咬边	●	⊕	⊕	○	●	⊕	○	—
产品成型引起的缺陷	迸裂（锻件）	○	●	●	⊕	⊕	⊕	⊕	—
	冷隔（铸件）	○	●	●	○	●	⊕	⊕	—
	裂纹（所有成型产品）	○	●	●	⊕	⊕	⊕	○	—
	热撕裂（铸件）	○	●	●	⊕	⊕	⊕	○	—
	夹杂（所有成型产品）	—	—	⊕	⊕	●	⊕	○	—
	分层（板材，管材）	○	⊕	⊕	—	—	○	●	●
	重皮（锻件）	○	●	●	○	⊕	—	○	—
	气孔（铸件）	●	●	○	—	●	○	○	—
	裂缝（棒材，管材）	○	●	●	⊕	○	⊕	⊕	—

注：1. ●-在所有的或大多数的条件下，所用的或大多数的无损检测方法都能检测这种缺陷。

2. ⊕-在某种条件下，一种或多种无损检测方法能检测这种缺陷。

3. ○-检测这种缺陷要求专用技术、条件和/或人员资格。

4. 列出了缺陷和能检出这些缺陷的无损检测方法，仅适用于一般情况，许多因素都会影响这些缺陷的可检测性。

二、无损检测人员

从事核电厂核岛机械设备无损检测的人员，应依据《民用核安全设备无损检验人员资格管理规定》（HAF602）取得资格证书。无损检验方法包括射线检验（RT）、超声检验（UT）、磁粉检验（MT）、涡流检验（ET）、渗透检验（PT）、泄漏检验（LT）、目视检验（VT）等。无损检验人员的资格等级分为Ⅰ级（初级）、Ⅱ级（中级）和Ⅲ级（高级）。

不同等级人员可承担的工作有所不同，Ⅰ级无损检验人员在Ⅱ级或者

Ⅲ级无损检验人员的监督指导下方可承担下列工作：① 安装和使用仪器设备；② 按照无损检验规程进行无损检验操作；③ 记录检验数据。Ⅱ级无损检验人员承担下列工作：① 根据确定的工艺，编制无损检验规程；② 调整和校验仪器设备，实施无损检验活动；③ 依据标准、规范和无损检验规程，评价检验结果；④ 编制无损检验结果报告；⑤ 监督和指导Ⅰ级无损检验人员；⑥ Ⅰ级人员可承担的工作。Ⅲ级无损检验人员承担下列工作：① 确定无损检验技术和工艺；② 制定特殊的无损检验工艺；③ 对无损检验结果进行评定；④ 编制验收准则；⑤ 审核无损检验规程和结果报告；⑥ Ⅰ、Ⅱ级人员可承担的工作。

无损检验人员应当按照无损检验规程进行无损检验活动，无损检验人员对其出具的无损检验结果负责，如违反无损检验规程导致无损检验结果报告严重错误的，依据《民用核安全设备监督管理条例》的相关规定，由国务院核安全监管部门吊销其资格证书。

三、无损检测单位

核电厂核岛机械设备属民用核安全设备范畴，从事核电厂核岛机械设备无损检验活动的单位，应当遵守《民用核安全设备设计制造安装和无损检验监督管理规定》（HAF601）的有关规定。

从事民用核安全设备无损检验活动的单位，应当取得民用核安全设备无损检验许可证，并按照许可证规定的种类、范围和条件从事民用核安全设备无损检验活动。申请领取民用核安全设备无损检验许可证的单位，应当按照无损检验方法向国务院核安全监管部门提出申请。

民用核安全设备无损检验单位应当对所承担的具体检验项目，结合检验对象的结构型式、材料特性等，编制无损检验规程，并严格执行。

无损检验单位应当客观、准确地出具无损检验结果报告。

无损检验工作应当由民用核安全设备无损检验Ⅱ级或者Ⅱ级以上无损检验人员为主操作。

无损检验结果报告应当由Ⅱ级或者Ⅱ级以上无损检验人员编制、审核，并履行相关审批手续。

四、检测设备和器材

NB/T 20003—2021 各部分进一步规范了无损检测计量术语的使用，根据设备、器材是否可进行量值溯源，使用术语“校准”和“核查”。无损检测设备和器材在投入使用前或使用一段时间后，为保证其准确性和稳定性，应依据标准要求进行校准或核查。

对于可进行量值溯源的无损检测设备和器材，应定期进行校准；对于无法进行量值溯源的无损检测设备和灵敏度相关器材，应定期进行核查。量值溯源是测量结果通过具有适当准确度的中间比较环节逐级往上追溯至国家计量基准或国家计量标准的过程。量值溯源是量值传递的逆过程，它使被测对象的量值能与国家计量基准或国际计量基准相联系，从而保证量值的准确一致。

校准不具有法定性，是检验机构自愿溯源行为，校准的目的是对照计量标准，评定测量装置的示值误差，确保量值准确，属于自下而上量值溯源的一组操作，校准的结论不具备法律效力，给出的“校准证书”只是标明量值误差；校准的实施方式包括外部校准和内部校准，内部校准要求具备相应的校准能力，包括测试仪器、工艺文件和测试人员等。对一些无法进行量值溯源的无损检测设备和器材，为了证明设备和器材的状态是良好的、验证设备和器材是满足检测标准要求的，需要定期对无损检测设备和器材进行核查，以证实无损检测设备和器材能够满足检测标准的要求，核查的方式一般是根据标准要求自行开展。

统一后的 NB/T 20003—2021，对原标准中计量术语使用不规范的情况进行了修改，例如：将超声检测中的“校准试块”修改为“对比试块”，将涡流检测中的“设备校准”修改为“设备调整”等。但对于个别无损检测方法，有些表述方式已成为习惯，甚至已写入标准，统一时尽量保持原有用法，例如：超声测厚时探头和系统的校准。另外，对于一些未定义的类似术语，因概念不清楚，不建议使用，例如：校验和标定。对此情况，可更换用词来表达原有含义，例如：将涡流检测中的“设备校验”修改为“设备复核”。NB/T 20003—2021 各部分的计量术语及类似术语的使用情况见表 6.2-2。

表 6.2-2　NB/T 20003—2021 计量及类似术语使用情况

部分	计量术语使用情况	类似术语使用情况
超声检测	无	● 系统性能：测试、复核 ● 测厚（探头、系统）：校准
射线检测	● 标准密度片：校准 ● 黑度计：核查	无
渗透检测	● 照度计、黑光辐照度计、测温装置：校准 ● 系统灵敏度：核查	无
磁粉检测	● 磁化设备（电流表精度）：校准 ● 磁化设备（提升力）：核查 ● 仪器器材（黑光灯、辅助仪表）：校准 ● 仪器器材（检测介质）：核查 ● 工艺参数（系统灵敏度、磁悬液浓度、磁悬液污染、水断实验、光照度）：核查	无
涡流检测	● 无	● 检测系统（设备）：调整、复核
目视检测	● 目视设备、器材（测量器具、中性灰卡、白光照度计）：校准	无
泄漏检测	● 压力计、真空计、温度测量装置、标准漏孔：校准 ● 仪器、系统：核查	无

五、记录、评定及质量分级

NB/T 20003—2021 的各部分给出了缺陷或显示的记录要求、评定方法要求。超声检测部分（NB/T 20003.2）和射线检测部分（NB/T 20003.3）给出了质量分级要求。材料、焊接标准可依据无损检测标准规定的质量分级，给出验收要求。

6.3　超声检测（NB/T 20003.2）

一、规程验证

超声检验应按书面规程实施。超声检验规程应根据相关法规、标准和设计文件的要求，并针对被检工件的结构等特点进行编制。一般来说，当产品设计文件或采购技术文件有相应要求时应进行规程验证，此外，在本部分对进行规程验证的条件进行了描述，并对规程验证应遵循的原则进行了原则性规定。

在实际工程中，设计方、采购方或检验方应充分考虑部件检验的具体要求、超声检验工艺的难易程度来确定是否需要进行规程验证，同时设计的规程验证方案应有侧重点，充分达到规程验证的目的。

二、对比试块：材料、表面曲率和表面要求

对比试块应使用被检部件的延长段或余料，但如果不能满足要求则可用声学特性相近的材料替代，同时规定了“声学特性相近”的量化指标。这样便于工程应用。

通常情况下，对比试块检验表面曲率应与被检工件相同，但在特殊情况下，对比试块曲率无法与被检工件完全一致。针对此情况，本部分根据被检工件表面曲率规定了对比试块曲率要求，便于工程应用。

另外的，对比试块表面粗糙度与被检工件不一致时会导致检验灵敏度偏高或偏低，为了能够准确地设定检验灵敏度，对比试块表面粗糙度应与被检工件相当，否则应按照本部分的要求进行耦合补偿，同时定义了“表面粗糙度相当”的量化指标，便于工程实践使用。

在工程中，原则上要求对比试块应满足本部分要求，当无法满足时，

经设计或采购方同意，可采用较为保守的灵敏度补偿方式进行检验。

三、参考反射体加工要求

对比试块中参考反射体主要用于校准检验系统时基线性和灵敏度水平，所以参考反射体的加工质量会直接影响检验系统校准的准确性。

在工程应用中，不同标准规范中规定的参考反射体的加工误差存在差异，这对试块设计的通用性造成不便。2004 版 ASME 规范　第Ⅴ卷 FIG.T-434.2.1 规定了非管焊缝校准试块制备要求，其中横孔孔径公差不超过 0.8 mm，相对检测面的位置公差不超过 3.0 mm。RCC-M 规范试块制备应依据引用标准 NF EN 583-2 相关要求，并未规定参考反射体加工要求。原材料超声检验参考反射体的类型和公称尺寸在 M 篇中根据材料或零部件验收规定，焊接接头包括堆焊层及隔离层在 MC 篇具体章节中规定。

本部分规定了参考反射体相关参数的加工误差，主要参照和借鉴了 NB/T 20328.2—2015 标准，规定了工程应用中常用参考反射体的加工误差要求。

在工程应用中，参考反射体的加工应满足该部分的要求。

四、灵敏度补偿：衰减补偿

超声检验一般采用计算法或对比试块法来确定检验灵敏度，进而准确确定缺陷的当量水平。采用计算法时，材质声程会导致传输衰减；采用对比试块法时，对比试块与工件材质衰减系数可能存在差异。这两种情况下均会导致灵敏度误差和缺陷的定量误差，所以应进行衰减补偿。本部分规定了进行衰减补偿或修正的量化条件。同时推荐了材质衰减系数的计算方法。

在实际超声检验过程中，应按照本部分的要求执行。

五、铸件超声检测方法-探头频率

铸件超声检测主要参考 ASME 规范第Ⅱ卷 SA-609 进行编制。铸件超声检测主要以直射波检测为主，必要时应补充斜射波检测。

考虑到铸件材料的晶粒比较粗大，超声检验可采用频率低至 0.5 MHz 的探头。

在实际选择探头频率的过程中，主要考虑以下几个方面：① 检验灵敏度的参考反射体大小；② 根据被检工件厚度选用探头的类型，单晶或双晶；③ 被检工件所有区域的晶粒度的大小情况，是否均匀等。

六、板材超声检测方法：缺陷边界测量

通常情况下，板材直探头检验，缺陷边界测量主要有两种方法：6 dB 法和等波高法。经过对比试验发现，板材直探头检测中采用 6 dB 法测量值的均方根误差略小于等波高法，故本部分规定采用 6 dB 法测量缺陷边界。

七、锻件超声检测方法

锻件超声检测方法主要参照 RCC-M 标准，并结合 ASME 规范进行编制，同时结合工程实践经验，补充完善了相关的规定条款。

锻件检测时机为除产品设计文件中有规定外，锻件应在改善机械性能的热处理（不包括消除应力的处理）之后进行，但应在钻孔、开键槽、车斜度、开槽或加工外部轮廓之前进行。如要求作机械性能热处理的锻件外形使锻件在热处理之后不能作全面完整的检测，可允许在机械性能热处理之前进行检测，但锻件在热处理之后仍应尽可能完整地重新进行超声检测。在制造工艺流程无法更改的情况下，超声检验时机的选择可有效保证锻件质量。

另外，本部分扩大了锻件检测探头频率范围，在可有效检测的基础上删除了晶片尺寸限定等冗余要求。考虑锻件外形等因素，斜射波检测的折射角应确保声束能有效覆盖锻件全体积。

参考反射体、显示记录及验收等要求按照碳钢和低合金钢、奥氏体不锈钢分别描述。分别参考了 ASME 规范第Ⅱ卷 SA-508 与 SA-745 相关内容。

为确保锻件的全体积检测，标准同时也参考了 RCC-M 的锻件分类及扫查方式。

锻件质量分级沿用了 RCC-M 的锻件分类方式以及扫查要求，为保证产品质量，锻件超声检测要求 100%扫查。结合 ASME 规范、缺陷成因与工程实践反馈，对扫查进行了补充要求：① 所有轴向不能采用直射波检测的锻件应补充轴向斜射波检测，该条款来自 ASME 规范 SA-745 标准第 7.6 条。锻件检测时，为保证锻造过程中产生的各个方向的缺陷都能够被发现，一条基本要求即应至少从两个相互垂直的方向进行直射波检测，但对于环形或空心锻件，如果从端面无法有效穿透整个锻件长度，作为直射波端面扫查的替代方法，应采用斜射波进行轴向互成 180° 的两个方向扫查。② 由圆柱形锻件钻孔加工后的环形或管形锻件应按照管材制品检测和验收。该条来自 ASME 规范 NB 2541 第（e）条。锻件制造过程中，内部允许存在不超标的体积性缺陷，这类缺陷在锻件内部时不易发生扩展，不影响锻件的使用，但如果锻件在后续工序中经过钻孔加工而将上述内部缺陷变成了表面开口缺陷或近表面缺陷，则可能对作为管状产品使用的锻件造成较大的危害，因此，此时还应按照管材的检测要求补充进行周向和轴向的斜射波检测。

关于材质衰减的补偿统一归纳在标准的通用要求中，对于厚度大于 3 倍探头近场区长度，且具有平行表面的锻件，允许采用计算法确定检测灵敏度以及缺陷当量直径，但当材质衰减系数超过 4 dB/m 时，应考虑锻件材质衰减对检测灵敏度及缺陷当量直径换算的影响。

在制造安装的锻件超声检测中，原则上应进行 100%扫查，但对于特殊工件，在考虑工程进度的情况下，设计方或采购方可调整检验比例，例如采用格子线或栅格线扫查。

八、棒材超声检测方法

本部分规定的棒材适用于碳钢、低合金钢、奥氏体不锈钢、马氏体不锈钢、沉淀硬化不锈钢、镍基合金、钴基合金锻轧棒材的超声检测，删除了粗晶材料圆棒检测规程验证的要求。

考虑到被检对象的可达性以及尽可能完整检验的要求，规定了棒材的检验时机，“除产品设计文件中有规定外，超声检测应在改善机械性能最终热处理（不包括消除应力处理）及表面加工之后，精加工之前进行”。

棒材超声检验未对探头晶片尺寸进行规定，以适用于棒材规格的多样性。棒材超声检测方法可按照本标准规定的 Ia 型锻件执行，对于端面直射波检测不能有效穿透时，可采用在外圆面上互成 180° 的轴向斜射波检测替代端面直射波检测。棒材的超声检测显示信号评定和质量分级与锻件检测一致。

在工程实践中，一般的棒材都是截面为圆形的棒材。对于截面为非圆形的棒材，可参照本部分执行，但应确定合适的检验灵敏度，选择合适的检验时机，并尽可能实施全体积覆盖。

九、螺栓材料超声检测方法

螺栓材料与棒材的超声检测方法基本一致。

螺栓材料检测时机，“除其他设计文件中有规定外，螺栓材料超声检测应在改善机械性能的热处理（不包括消除应力的处理）之后，螺纹及其他外形精加工之前进行”，可有效减少超声检测的不可达。

螺栓材料超声检测采用直探头进行径向扫查和端面扫查。当直探头轴向扫查不能有效实施时，可采用横波斜探头从外圆周上沿轴向正反两个方向扫查进行代替。对于长螺栓材料，直探头从单个端面检验无法覆盖全长度范围时，可采用从两个端面进行检测，但应至少覆盖 60%螺栓材料长度区域。

对于螺母材料，如是采用棒材钻孔加工而成，在钻孔加工之前应按照螺栓材料相同的检测方法进行直射波检测，在钻孔加工后按照环形锻件的要求在圆周面补充周向斜射波检测。原则上螺母钻孔后的检查应满足本部分的要求，当钻孔后无法有效进行周向斜射波检测或检测不可达时，应考虑采用其他的检测方法保证螺母材料钻孔后的质量。

十、管材超声检测方法：对比试块反射体

管材超声检测主要为轴向和周向斜射波检测，对比试块反射体为切槽。切槽深度一般为公称壁厚的 5%（最小不低于 0.1 mm），但对于热交换器用奥氏体不锈钢管和高镍合金无缝管，切槽深度为公称壁厚的 3%（最小不低于 0.1 mm），切槽的长度应不大于 25 mm，宽度应不大于两倍槽深且最大不超过 1.5 mm。蒸汽发生器换热管用切槽为矩形槽，且最大宽度为 0.1 mm。

管材超声检测对比试块切槽深度主要参考了 NB/T 20003.2—2010，同时结合了工程经验。

十一、全焊透焊接接头超声测长方法和质量分级

全焊透焊接接头的超声检测，缺陷长度测量方法主要有两种，RCC-M 标准采用 6 dB 相对灵敏度法；ASME 标准采用 20%DAC 绝对灵敏度法。针对上述两种测量方法开展了相关的试验研究，试验结果表明，焊缝超声检验缺陷长度测量，6 dB 法测得的缺陷长度均方根误差小于 20%DAC 绝对灵敏度法测得的缺陷长度均方根误差，故本部分采用了 6 dB 相对灵敏度法进行焊缝缺陷长度测量。

全焊透焊接接头超声检验，RCC-M 标准采用 ϕ2 mm 横孔作为灵敏度反射体，且检测过程中的扫查灵敏度应大于 ϕ2 mm-6 dB。ASME 规范中根据焊缝的厚度选择不同直径的横孔作为灵敏度反射体，见表 6.3-1。

表 6.3-1　ASME 规范焊缝超声检验灵敏度参考反射体

焊缝厚度 t/mm	试块厚度 T/mm	长横孔直径/mm
$t \leqslant 25$	19 或 t	2.5
$25 < t \leqslant 50$	38 或 t	3
$50 < t \leqslant 100$	75 或 t	5
$t > 100$	$t \pm 25$	注 1

注 1：厚度每增加 50 mm，孔径应增加 1.5 mm。

为了能够准确地衡量两者的灵敏度水平，可结合两者的验收准则（验收准则规定了灵敏度设置）进行对比，对比结果见表 6.3-2。

表 6.3-2　RCC-M 与 ASME 焊缝超声检测验收比对

壁厚	RCCM 焊缝超声检测		ASME 焊缝超声检测	
	缺陷显示幅度	允许长度	缺陷显示幅度	允许长度
0＜t≤19 ϕ2.5 mm	H_d＞DAC+2	不允许	H_d≥DAC	6 mm
	DAC-1＜Hd≤DAC+2	20 mm		
	DAC-4＜Hd≤DAC-1	30 mm		
	DAC-7＜Hd≤DAC-4	60 mm		
19＜t≤25 ϕ2.5 mm	H_d＞DAC+2	不允许	H_d≥DAC	t/3（6.3～8.3）
	DAC-1＜Hd≤DAC+2	20 mm		
	DAC-4＜Hd≤DAC-1	30 mm		
	DAC-7＜Hd≤DAC-4	60 mm		
25＜t＜50 ϕ3 mm	H_d＞DAC+1.2	不允许	H_d≥DAC	t/3（8.3～16.6）
	DAC-1.8＜Hd≤DAC+1.2	20 mm		
	DAC-4.8＜Hd≤DAC-1.8	30 mm		
	DAC-7.8＜Hd≤DAC-4.8	60 mm		
t=50 ϕ3 mm	H_d＞DAC+4.2	不允许	H_d≥DAC	t/3（8.3～16.6）
	DAC+1.2＜Hd≤DAC+4.2	20 mm		
	DAC-1.8＜Hd≤DAC+1.2	30 mm		
	DAC-7.8＜Hd≤DAC-1.8	60 mm		
50＜t≤57 ϕ5 mm	H_d＞DAC+2	不允许	H_d≥DAC	t/3（16.6～19）
	DAC-1＜Hd≤DAC+2	20 mm		
	DAC-4＜Hd≤DAC-1	30 mm		
	DAC-10＜Hd≤DAC-4	60 mm		
57＜t≤100 ϕ5 mm	H_d＞DAC+2	不允许	H_d≥DAC	19
	DAC-1＜Hd≤DAC+2	20 mm		
	DAC-4＜Hd≤DAC-1	30 mm		
	DAC-10＜Hd≤DAC-4	60 mm		
100＜t≤150 ϕ6.5 mm	H_d＞DAC+1	不允许	H_d≥DAC	19
	DAC-2＜Hd≤DAC+1	20 mm		
	DAC-5＜Hd≤DAC-2	30 mm		
	DAC-11＜Hd≤DAC-5	60 mm		

续表

壁厚	RCCM 焊缝超声检测		ASME 焊缝超声检测	
	缺陷显示幅度	允许长度	缺陷显示幅度	允许长度
150＜t≤200 ϕ8 mm	H_d＞DAC	不允许	H_d≥DAC	19
	DAC-3＜Hd≤DAC	20 mm		
	DAC-6＜Hd≤DAC-3	30 mm		
	DAC-12＜Hd≤DAC-6	60 mm		
200＜t≤250 ϕ9.5 mm	H_d＞DAC+4	不允许	H_d≥DAC	19
	DAC+1＜Hd≤DAC+4	20 mm		
	DAC-2＜Hd≤DAC+1	30 mm		
	DAC-8＜Hd≤DAC-2	60 mm		

从上表可明显发现，两者对检验灵敏度的规定差异较大。除去危害性缺陷，ASME 规范规定仅对 Hd≥DAC 的缺陷进行验收评定，对于 Hd＜DAC 的缺陷，不管长度多长，均予以验收合格；而 RCC-M 规范规定了在不同当量水平范围缺陷的长度验收要求，但长度验收值未根据焊缝厚度不同而变化（长度值固定），且某些当量水平范围较小（3 dB），选择其中的任何一个作为最终灵敏度确定方式均不合适。

在此种情况下，参照了国内行业常用的 NB/T 47013.3—2015 标准，根据厚度来确定焊缝检验灵敏度反射体尺寸，同时将 ASME 规范和 RCC-M 规范结合起来制定了焊缝的质量分级。采用的灵敏度反射体规定见表 6.3-3，焊缝超声检验质量分级见表 6.3-4。

表 6.3-3　灵敏度反射体孔径

被检焊缝厚 t/mm	0＜t≤50	50＜t≤200	t＞200
参考反射体孔径/mm	ϕ2	ϕ2	ϕ6

表 6.3-4　焊缝超声检测质量分级

等级	焊缝厚度 t（mm）	缺陷显示的幅度 H_d/dB	单个缺陷显示最大允许长度/mm
I	0＜t≤50	H_d＞DAC	不允许
		DAC-6＜H_d≤DAC	2t/3（最小 12）

续表

等级	焊缝厚度 t（mm）	缺陷显示的幅度 H_d/dB	单个缺陷显示最大允许长度/mm
Ⅰ	50＜t≤200	H_d＞DAC+6	不允许
		DAC＜H_d≤DAC+6	t/3（最大 50）
		DAC-6＜H_d≤DAC	2t/3（最大 75）
	t＞200	H_d＞DAC	不允许
		DAC-6＜H_d≤DAC	75
Ⅱ	0＜t≤50	H_d＞DAC	不允许
	50＜t≤200	H_d＞DAC+6	不允许
	t＞200	H_d＞DAC	不允许

在工程实践中，根据设计方规定的焊缝质量等级选择灵敏度反射体尺寸，并确定该焊缝的检验灵敏度水平。

十二、堆焊层和预堆边超声检测方法：参考反射体

堆焊层和预堆边超声检测缺陷分为：堆焊层和预堆边内裂纹；堆焊层和预堆边与基体金属结合情况。对于堆焊层和预堆边内缺陷的超声检验主要采用横孔作为对比试块参考反射体，而堆焊层和预堆边与基体金属结合情况的超声检验主要采用平底孔作为对比试块参考反射体。

根据堆焊层和预堆边的功能和工程实践反馈，堆焊层主要用于防腐蚀目的，不承受较大压力；而预堆边是焊缝的一部分，需要承受与焊缝相同的压力，故预堆边与基体金属的结合质量应高于堆焊层与基体金属的结合质量。故堆焊层与基体金属结合情况的超声检验灵敏度采用 ϕ19 mm 平底孔，而预堆边与基体金属结合情况的超声检验灵敏度采用 ϕ3 mm 平底孔。

在工程应用中，原则上可采用本部分来确定超声检验的灵敏度，当堆焊层需要承受较大的压力时，设计方或采购方可要求制造方提高灵敏度，并在验收部分进行规定。

6.4 射线检测（NB/T 20003.3）

一、焊接接头检测范围

焊接接头射线检测范围通常是指底片上的有效评定区域，不同标准在此方面的要求不尽相同。

RCC-M 标准规定：对于对接焊缝，受检区包括焊缝和其相邻的母材金属，覆盖范围包括：① e 大于 30 mm 的焊件，相对于实际坡口或补焊时挖补坑的距离至少为 10 mm；② e 小于或等于 30 mm 的焊件，相对于实际坡口或补焊时挖补坑的距离至少为 5 mm。对于角接焊缝，受检区包括焊缝金属和安放式角接接头组件 A 的相邻母材、插入式角接接头组件 B 的相邻母材，如图 6.4-1 所示，其距离为：① e 大于 30 mm 的焊件，相对于实际坡口或补焊时挖补坑的距离至少为 10 mm；② e 小于或等于 30 mm 的焊件，相对于实际坡口或补焊时挖补坑的距离至少为 5 mm。

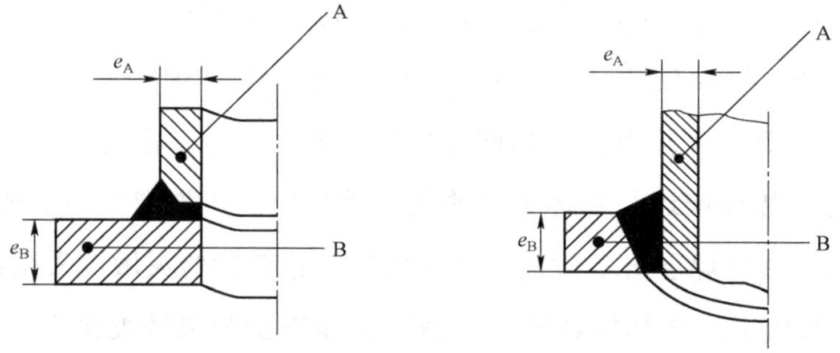

图 6.4-1　安放式角接接头、插入式角接接头示意图

NB/T 47013.2—2015 中给出了非电渣焊焊接接头一般应满足以下规定：① 对于对接焊缝，检测区包括焊缝金属及相对于焊缝边缘至少为 5 mm 的相邻母材区域；② 对于管座角焊缝，检测区包括焊缝金属及相对于焊缝

边缘至少为 5 mm 的安放式接管相邻母材区域或插入式主管（或筒体、封头、平板等）相邻母材区域。

ASME 规范未明确规定焊缝射线检测的范围要求，一般理解为底片上仅评定焊缝区域，相邻母材不属于焊缝评定范围。

NB/T 20003.3—2021 中焊接接头的检测范围要求主要参考了 RCC-M 标准。

焊接接头的检测范围要求与超声方法保持一致，包括焊缝金属及两侧相邻的母材，公称厚度 $t \leqslant 30$ mm 时，两侧相邻母材的检测范围为距离实际坡口至少 5 mm 的区域，公称厚度 $t > 30$ mm 时，两侧相邻母材的检测范围为距离实际坡口至少 10 mm 的区域。

对于角接接头，检测范围按两种接头形式分别作了规定：安放式角接接头源置于接管外的检测，检测范围为焊缝区域及距焊缝边缘 10 mm 接管区域；插入式角接接头（源置于接管内或外）的检测，检测范围为焊缝区域及距焊缝边缘 10 mm 的母管区域。

二、射线源尺寸计算

由几何不清晰度计算公式可知，计算几何不清晰度需要已知透照几何条件、工件尺寸和射线源尺寸 d（Source Size），代入公式进行计算的射线源尺寸，不同标准中有着不同的计算要求。

RCC-M 标准规定，当使用 γ 射线源时，将其视为一个正圆柱体，若圆柱体的轴线与胶片平面平行，则射线源尺寸 d 为圆柱体的高 h；若圆柱体的轴线与胶片平面垂直，则射线源尺寸 d 为圆柱体的直径 ϕ，见图 6.4-2。

ASME 规范规定，射线源尺寸 d 是在与源和被透照物体之间的连线的垂直平面上的最大投影尺寸，因此对源的投影图像应进行充分的测量以确定源在任一方位上的尺寸，对于如图 6.4-3 所示的射线源投影图像，射线源尺寸 $d=m$。

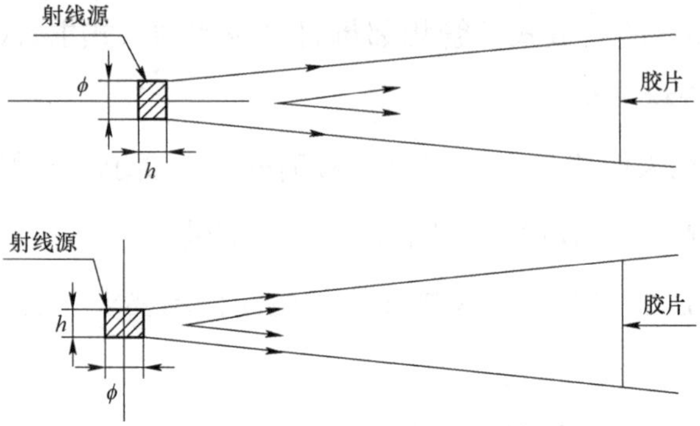

图 6.4-2　射线源尺寸计算（RCC-M）

NB/T 47013.2—2015 将射线源焦点形状划分为正方形、长方形、圆形、椭圆形四类，正方形焦点 d 等于边长，圆形焦点 d 等于直径，长方形焦点 d 等于长加宽的平均值，椭圆形焦点 d 等于长轴加短轴的平均值。

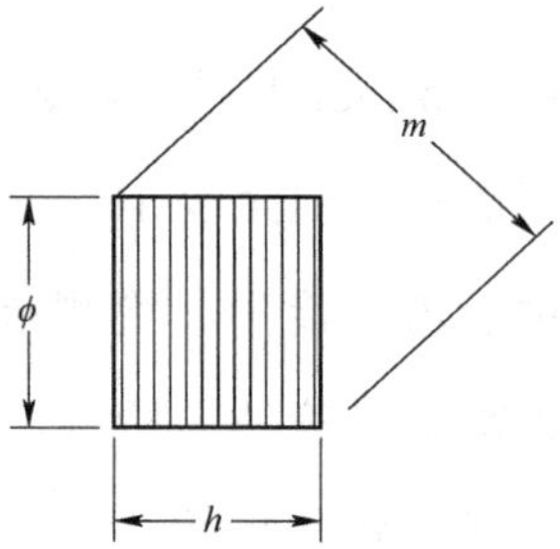

图 6.4-3　射线源尺寸计算（ASME）

经过综合比较，NB/T 20003.3—2021 中射线源尺寸的计算方法主要参考了 NB/T 47013.2—2015。

使用 X 射线时，射线源尺寸指 X 射线管的焦点尺寸，“焦点”是 X 射线管阳极上 X 射线发射的区域，阳极靶被撞击的部分叫作实际焦点，实际焦点垂直于管轴线上的正投影叫做有效焦点，“焦点”是使用 X 射线机时特有的一项术语。使用伽马射线源时，一般将伽马射线源看作正圆柱体，射线源尺寸指的是圆柱体的几何尺寸，通常用 ϕA × B mm 表示。NB/T 20003.3—2021 对射线源尺寸进行了明确定义：经换算得到的放射性同位素源的尺寸或 X 射线管的有效焦点尺寸。换算方法如下。

放射性同位素源在胶片上投影的形状和 X 射线管的有效焦点形状一般可划分为正方形、长方形、圆形和椭圆形，如图 6.4-4 所示，射线源尺寸 d 按如下公式计算：

正方形：$d = a$

长方形、椭圆形：$d=(a+c)/2$

圆形：$d=d'$

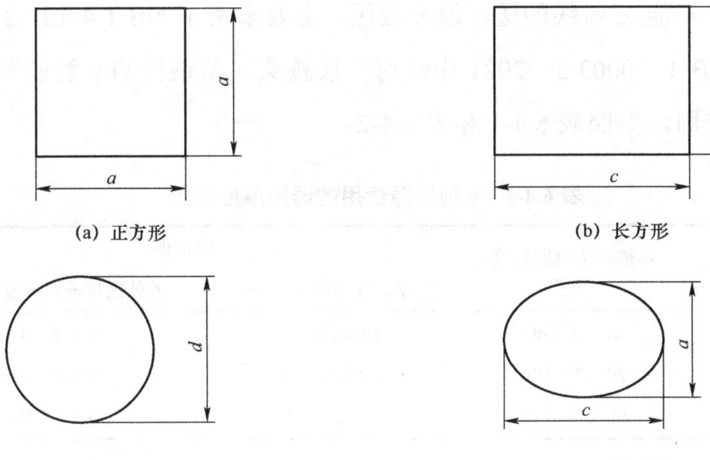

图 6.4-4　射线源尺寸计算（NB/T 20003.3—2021）

三、γ 射线源和高能 X 射线透照厚度范围

NB/T 20003.3—2010 和 NB/T 20328.3—2015 中的相关要求存在较大差异，主要体现在以下几个方面：

（1）对于 Ir192 射线源，NB/T 20003.3—2010 规定的透照厚度下限值为 20 mm，NB/T 20328.3 中无透照厚度下限值要求。一般认为，使用 ^{192}Ir γ 射线检测较薄工件时，检测灵敏度降低，国内标准普遍按“下限值 20 mm”控制 ^{192}Ir γ 射线源的使用。

（2）对于 ^{60}Co 射线源，NB/T 20003.3—2010 规定的透照厚度下限值为 70 mm，NB/T 20328.3 规定的透照厚度下限值为 60 mm，国内标准中的要求是 60 mm。

（3）对于高能 X 射线，NB/T 20003.3 主要参考了 RCC-M，NB/T 20328 主要参考了 NB/T 47013.2 的 B 级要求。

NB/T 20003.3—2021 中规定了 ^{192}Ir、^{75}Se 射线源的透照厚度下限值，

同时，参考国内标准，当采用源在内单壁透照方式时，放宽透照厚度下限值要求，可降低一半；^{60}Co 射线源的透照厚度下限参考了国内标准，设置为 60 mm。高能 X 射线的透照厚度范围，主要参考了 NB/T 47013.2 中的相关要求。NB/T 20003.3—2021 中针对焊接接头、铸钢件的 γ 射线源、高能 X 射线源选用，参照表 6.4-1 和表 6.4-2。

表 6.4-1　γ 射线源适用的透照厚度范围

γ 射线源	焊接接头透照厚度 T/mm	铸钢件	
		待焊区透照厚度 T/mm	其他区域透照厚度 T/mm
Se75	10≤T≤40	10≤T≤40	10≤T≤40
Ir192	20≤T≤100	20≤T≤100	20≤T≤100
Co60	60≤T≤200	60≤T≤200	50≤T≤200

表 6.4-2　高能 X 射线适用的透照厚度范围

高能 X 射线能量/MeV	焊接接头透照厚度 T/mm	铸钢件	
		待焊区透照厚度 T/mm	其他区域透照厚度 T/mm
≥1～4	T≥50	T≥50	T≥40
>4～12	T≥80	T≥80	T≥70
>12	T≥100	T≥100	T≥90

四、透照厚度比

透照厚度比为 K 值，如图 6.4-5 所示，$K = T'/T$，式中：

T——射线束中心处透照厚度，单位为毫米；

T'——射线束斜向透照最大厚度，单位为毫米。

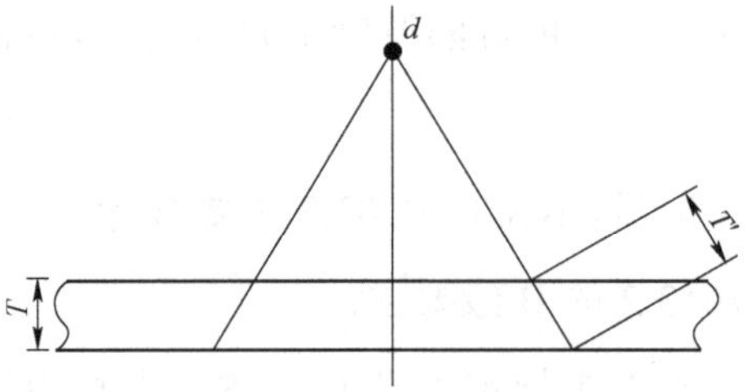

图 6.4-5　透照厚度比示意图

通过控制 K 值可间接控制射线检验的一次透照长度，国内标准 NB/T 47013.2—2015 根据不同级别射线检测技术（A 级：低灵敏度技术；AB 级：中灵敏度技术；B 级：高灵敏度技术）和不同类型焊接接头，给出了对应的 K 值要求，见表 6.4-3。

表 6.4-3　透照厚度比 *K* 值要求（NB/T 47013.2—2015）

技术级别	A 级；AB 级	B 级
纵向焊接接头	$K \leqslant 1.03$	$K \leqslant 1.01$
环向焊接接头	$K \leqslant 1.1$	$K \leqslant 1.06$

NB/T 20003.3—2021 编制时，参考了国内标准通过 K 值控制一次透照长度的方式，采用了 AB 级技术的相关要求，具体如下：

（1）环向焊接接头：$K \leqslant 1.1$；

（2）纵向焊接接头：$K \leqslant 1.03$；

（3）铸钢件：一般情况下，$K \leqslant 1.1$。

五、胶片技术

NB/T 20003.3—2010 根据暗盒中胶片数量定义了胶片技术，包括：单层胶片法、双层胶片法和多层胶片法，双层胶片法指特性指标相同的两张胶片装在一个暗盒内的技术，多层胶片法指两张以上胶片装在一个暗盒内的技术，两张特性指标不同的胶片装在一个暗盒内也是多层胶片法。在底片观察方面，分为单片观察、双片观察和多片的叠合观察。NB/T 20328.3—2015 未定义胶片技术，底片观察方面，分为单片观察和叠合观察（包括双片观察）。

在实际检测过程中，经常用到的概念是“单片技术”“双片技术”和“多片技术”。对于单片技术，理解上不存在分歧，单张胶片透照，采用单片进行观察。对于双片技术和多片技术，容易产生分歧，“双片”和“多片”是指透照时胶片的数量还是观察时底片的数量。由此可见，若要定义胶片技术，暗盒中胶片数量与观察方式必须一同明确，才能避免出现分歧。

NB/T 20003.3—2021 结合了国内的经验，基于胶片数量和观察方式重新定义了胶片技术，避免了理解上的歧义。结合铸件和焊接接头的检测特点，分别定义了焊接接头胶片技术（包括单片技术、双片技术和多片技术）和铸钢件胶片技术（包括单片技术、双片技术和多片技术），两者存在细微差异。在射线底片质量相关章节，根据采用的胶片技术，分别规定了黑度要求。

（1）焊接接头胶片技术

根据胶片的组合，焊接接头的胶片技术分为：

单片技术：将单张胶片或特性指标相同的两张胶片装在一个暗盒内，采用单片观察的方式；

双片技术：将特性指标相同的两张胶片装在一个暗盒内，采用叠合观察的方式；

多片技术：将特性指标不同的两张胶片装在一个暗盒内，或在一个暗盒内装有两张以上特性指标相同或不同的胶片，采用单片观察或叠合观察的方式。

检测焊接接头时，一般应采用单片技术或双片技术。因厚度差异或材质吸收系数差异，单片技术和双片技术不能满足厚度要求时，可采用多片技术。检测同一道焊接接头时，不应混用不同胶片技术。

（2）铸钢件胶片技术

根据胶片的组合，铸钢件的胶片技术分为：

单片技术：将单张胶片装在一个暗盒内，采用单片观察的方式；

双片技术：将特性指标相同的两张胶片装在一个暗盒内，采用单片观察或叠合观察的方式；

多片技术：将特性指标不同的两张胶片装在一个暗盒内，或在一个暗盒内装有两张以上特性指标相同或不同的胶片，采用单片观察方式或叠合观察方式。

（3）差异分析

焊接接头胶片技术与铸钢件胶片技术的差异，主要体现在双片技术的定义。对于焊接接头，双片技术仅允许采用叠合观察的方式，不允许单片观察；对于铸钢件，双片技术的要求略有放松，可采用单片观察或叠合观察的方式。

六、几何不清晰度

由于射线源有一定尺寸，所以透照工件时，工件表面轮廓或工件中的缺陷在底片上的影响边缘会产生一定宽度的半影，此半影宽度就是几何不清晰度，几何不清晰度可用下式计算：

$$U_g = db/(F-b)$$

式中：

U_g——几何不清晰度，（mm）；

d——射线源尺寸，（mm）；

b——工件至胶片距离，（mm）；

F——焦距，（mm）。

NB/T 20003.3—2010 和 NB/T 20328.3—2015 的几何不清晰度限值要求完全不同。NB/T 20328.3—2015 中的几何不清晰度限值要求源于 ASME 规范，见表 6.4-4。NB/T 20003.3—2010 中的几何不清晰度限值要求源于 RCC-M。

表 6.4-4　几何不清晰度限值要求（ASME 规范）

材料厚度/in（mm）	U_g的最大值/in（mm）
＜2（50）	0.020（0.51）
2～3（50～75）	0.030（0.76）
＞3～4（75～100）	0.040（1.02）
＞4（100）	0.070（1.78）

经比较发现，NB/T 20003.3—2010 的几何不清晰度要求严于 NB/T

20328.3—2015；国内标准 NB/T 47013 通过控制射线源至工件的最小距离 f 间接控制几何不清晰度。

NB/T 20328.3—2015 规定的几何不清晰度要求过于宽松，NB/T 20003.3—2021 沿用 NB/T 20003.3—2010 中的几何不清晰度限值要求。

为了提高标准的适用性，增加使用 ^{192}Ir 射线源对反应堆冷却剂管道（俗称主管道）焊接接头进行中心透照时的几何不清晰度限值要求。主管道焊接接头主要包括两部分：设备制造过程中完成焊接的异种金属焊缝和现场安装过程中完成焊接的同种金属焊缝，焊接完成后，两道焊缝包括异种金属焊缝的预堆边要进行射线检测。主管道的外径一般小于 1 000 mm，厚度小于 100 mm，最优的透照方式是将 ^{192}Ir 射线源置于管道轴线位置实施中心透照。根据 NB/T 20003.3—2010 的要求，中心透照时几何不清晰度允许的最大值为 0.6 mm，但多数情况无法满足。

NB/T 20003.3—2021 编制过程中，通过与国内主要制造、安装单位进行交流、讨论，一致认为，使用 ^{192}Ir 对主管道焊缝实施中心透照，工作效率高，图像质量优于使用直线加速器的源在外单壁透照。因此，NB/T 20003.3—2021 中增加了使用 ^{192}Ir 中心透照主管道焊缝时的几何不清晰度特殊要求，允许最大值为管道公称壁厚的百分之一，此要求参考了 ASTM E1030 中铸件检测的相关要求。

NB/T 20003.3—2021 按三种情况给出了几何不清晰度的限值要求：

（1）一般情况

根据使用的射线源种类，给出了焊接接头和铸钢件的几个不清晰度限值，见表 6.4-5。

表 6.4-5 一般情况几何不清晰度允许的最大值

射线源	焊接接头/mm	铸钢件/mm	
		待焊区	其他区域
X 射线（≤500 kV）、^{75}Se、^{192}Ir	0.30	0.40	0.50
^{60}Co	0.60	0.60	1.0
高能 X 射线	1.0	1.0	1.0

（2）其他情况

当采用中心透照或源在内偏心透照方式时，可适当放宽要求，具体见表 6.4-6。

表 6.4-6 其他情况几何不清晰度允许的最大值

射线源	公称厚度 t/mm	焊接接头/mm	铸钢件/mm	
			待焊区	其他区域
^{75}Se、^{192}Ir	任意厚度	0.60	0.60	0.60
^{60}Co	≤100	0.80	0.80	1.0
	＞100	0.90	0.90	1.0

（3）特殊情况

使用 ^{75}Se 或 ^{192}Ir 源透照奥氏体或奥氏体-铁素体不锈钢制成的插入式接管角接接头，且使用源在内透照方式时，射线源宜置于接管轴线上。此时，几何不清晰度值应符合下列规定：

a. 接管公称外径 D_o＜250 mm 时，几何不清晰度允许的最大值为 0.6 mm；

b. 接管公称外径 D_o≥250 mm 时，几何不清晰度允许的最大值为 0.9 mm。

使用 ^{192}Ir 源对反应堆冷却剂系统管道焊接接头实施中心透照时，受透照条件限制不满足表 6.4-5 要求的前提下，几何不清晰度允许的最大值为管道公称厚度的百分之一。

七、底片黑度

射线底片上的影像由许多微小的黑色金属银微粒组成，影像各部位黑化程度大小与该部位被还原的银量多少有关，底片黑化程度通常用黑度 D 表示。

在黑度限值方面，NB/T 20003.3—2010 中规定双片评定时的黑度范围 2.7～4.5，单片评定时黑度范围 2.0-4.0；NB/T 20328.3—2015 对 X 射线、γ

射线设置了不同的单片评定黑度下限（X：1.8，γ：2.0），双片评定时的黑度范围 2.7～4.0。在黑度变化方面，两标准同样存在较大差异。NB/T 20003.3—2010 要求黑度变化应是均匀的；NB/T 20328.3—2015 规定："当像质计应识别线邻近区域的黑度在规定的黑度范围内，被检区的任一处黑度变化与像质计应识别线临近区域的黑度相比应不超出－15%或＋30%，否则，应在超差区域另加像质计重新拍片。"

另外，通过试验验证了黑度上、下限值对像质计识别的影响，黑度过低或过高都会影响射线照相的对比度。NB/T 20003.3—2021 中黑度下限设置在 2.0，上限设置在 4.5。通过试验对比了黑度变化（－15%或＋30%）控制得到的一次透照长度与 K 值查曲线图法确定的一次透照长度之间的关系，所有试验条件下，前者均大于后者，NB/T 20003.3—2021 中将保持国内标准使用的习惯，通过 K 值确定一次透照长度，不采用"－15%或＋30%"这一要求。

（1）焊接接头

针对采用单片技术、双片技术和多片技术，分别给出了底片黑度要求：采用单片技术，单张底片最小黑度值应为 2.0，最大黑度值应为 4.5；采用双片技术，叠合观察时，评定范围内的最小黑度值应为 2.7，最大黑度值应为 4.5，同时，评定范围内在两张底片相同点所测得的黑度差应不超过 0.5，需要特别注意的是，不允许使用双片技术，而只评定单片；采用多片技术，任何单张底片评定范围内的黑度值应不低于 1.3，叠合观察时，评定范围内的最大黑度值不超过 4.5。

透照角接接头和 D_o＜90 mm 环向焊接接头（双壁双影透照方式）时，为提高检测的宽容度，单片技术的底片最小黑度允许降至 1.5。

（2）铸钢件

对于厚度不变的铸钢件，可采用单片技术或双片技术进行透照。采用单片技术，单张底片最小黑度值应为 2.0，最大黑度值应为 4.5。采用双片技术，叠合观察的黑度范围应在 2.7～4.5 之间。双片局部区域黑度值大于

4.5 时，允许单片观察，单张底片黑度值应在 2.0～4.5 之间。

对于厚度变化的铸钢件，当厚度差别不太显著时，可采用双片技术进行透照，双片叠合观察的黑度范围应在 2.7～4.5 之间。双片的局部区域黑度值大于 4.5 时，允许单片观察，单张底片黑度值应在 2.0～4.5 之间。当铸钢件的厚度差别显著时，可采用多片技术进行透照。单片观察的黑度范围应在 2.0～4.5 之间。叠合观察时，黑度范围应在 2.0～4.5 之间，单张底片最小黑度值应在 1.0 以上。

八、像质计灵敏度

为定量评价射线检测灵敏度，常用与被检工件或焊缝的厚度有一定百分比关系的人工结构，如金属丝、孔、槽等组成所谓透度计，又称为像质计，作为底片影像质量的监测工具，由此得到的灵敏度称为像质计灵敏度。像质计灵敏度虽不等于自然缺陷灵敏度，但可以间接地反映出射线照相对最小自然缺陷的检出能力，底片上可识别的线径越细，发现缺陷能力越强。射线检测标准一般都会根据工件厚度给出像质计灵敏度要求。

NB/T 20003.3—2010《核电厂核岛机械设备无损检测　第 3 部分：射线检测》、NB/T 20328.3—2015《核电厂核岛机械设备无损检测另一规范　第 3 部分：射线检测》中的像质计灵敏度要求，分别源于 RCC-M MC3000 和 ASME 第Ⅲ卷、第Ⅴ卷，虽然使用的均是 JB/T 7902 规定的线型像质计，但在具体要求上存在较大差异，主要体现在以下几个方面。

（1）灵敏度确定方法（依据的厚度）

NB/T 20003.3—2010 规定，单壁透照依据公称厚度确定像质计灵敏度，双壁双影透照依据两倍公称壁厚确定像质计灵敏度，双壁单影透照依据单壁厚度确定像质计灵敏度，但需朝线径大的一侧移动一格。NB/T 20328.3—2015 规定，任何透照方式均是依据单壁厚度确定像质计灵敏度，若存在余高，还应加上不超过规定要求的余高估计值。射线检测的焊缝多数存在余高，按 NB/T 20328.3—2015 确定的灵敏度可能不具有唯一性，不同检测人员估算的余高值若存在差异，将造成灵敏度要求不同。

（2）是否给出角接接头的灵敏度要求

对于角接接头，由于厚度差大、胶片不易紧贴等原因，可达到的灵敏度情况一般不如对接接头。NB/T 20003.3—2010 针对角接接头给出了专门的灵敏度要求，应识别的线号相比同厚度的对接接头降低一级。NB/T 20328.3—2015 中无针对角接接头的像质计灵敏度要求。

（3）特殊情况处理（根据重要性适当提高要求）

NB/T 20003.3—2010 对厚度大于 80 mm，采用单壁透照的蒸汽发生器二次侧锥体和上下筒体之间焊接接头、最大有效工作压力大于 2×10^6 Pa 的平封头和壳体之间焊接接头提出了更高的要求，即：应识别线号相比同厚度的对接焊缝提高一级。NB/T 20328.3—2015 对灵敏度要求作了区分，核安全 1 级、2 级的灵敏度要求略高于核安全 3 级的要求。

（4）铸件灵敏度要求

NB/T 20003.3—2010 给出了专门适用于铸件的灵敏度要求，略低于焊缝要求。NB/T 20328.3—2015 未对焊缝和铸件的灵敏度要求做区分。

（5）应识别线径

焊缝射线检测常用的透照方式有三种：单壁透照、双壁单影透照和双壁双影透照，使用不同透照方式时像质计灵敏度要求的比较见表 6.4-7～表 6.4-9，国内常用标准 NB/T 47013.2—2015 中的相关要求也一并列出。

表 6.4-7　单壁透照、像质计置于源侧灵敏度要求比较

厚度/mm	NB/T 20003 灵敏度要求	NB/T 20328 1 级、2 级灵敏度要求	NB/T 20328 3 级灵敏度要求	NB/T 47013 A 级灵敏度要求	NB/T 47013 AB 级灵敏度要求	NB/T 47013 B 级灵敏度要求
$T=2$	0.10	0.16	0.20	0.10	0.08	0.063
$T=8$	0.16	0.16	0.25	0.25	0.20	0.125
$T=15$	0.20	0.32	0.40	0.32	0.25	0.20
$T=20$	0.25	0.40	0.50	0.40	0.32	0.20
$T=30$	0.32	0.50	0.63	0.50	0.40	0.25
$T=50$	0.50	0.80	0.80	0.80	0.63	0.50

续表

厚度/mm	NB/T 20003 灵敏度要求	NB/T 20328 1级、2级灵敏度要求	NB/T 20328 3级灵敏度要求	NB/T 47013 A级灵敏度要求	NB/T 47013 AB级灵敏度要求	NB/T 47013 B级灵敏度要求
$T=70$	0.50	1.00	1.25	1.00	0.80	0.63
$T=90$	0.63	1.25	1.25	1.25	1.00	0.63
$T=120$	0.63	1.60	1.60	1.25	1.00	0.63
$T=180$	1.00	2.50	2.50	1.60	1.25	0.80
$T=240$	1.60	3.20	3.20	1.60	1.25	1.00
$T=300$	2.00	4.00	4.00	2.00	1.60	1.00

表 6.4-8　双壁单影透照、像质计置于片侧灵敏度要求比较

厚度/mm	NB/T 20003 灵敏度要求	NB/T 20328 1级、2级灵敏度要求	NB/T 20328 3级灵敏度要求	NB/T 47013 A级灵敏度要求	NB/T 47013 AB级灵敏度要求	NB/T 47013 B级灵敏度要求
$T=2$	0.125	0.16	0.16	0.16	0.125	0.08
$T=8$	0.20	0.16	0.20	0.32	0.25	0.16
$T=12$	0.25	0.25	0.25	0.40	0.32	0.20
$T=15$	0.25	0.32	0.32	0.40	0.32	0.20
$T=20$	0.32	0.32	0.40	0.50	0.40	0.25
$T=30$	0.40	0.32	0.50	0.63	0.50	0.40
$T=50$	0.63	0.50	0.63	1.00	0.80	0.50
$T=70$	0.63	0.80	1.00	1.25	1.00	0.63

表 6.4-9　双壁双影透照、像质计置于源侧灵敏度要求比较

厚度/mm	NB/T 20003 灵敏度要求	NB/T 20328 1级、2级灵敏度要求	NB/T 20328 3级灵敏度要求	NB/T 47013 A级灵敏度要求	NB/T 47013 AB级灵敏度要求	NB/T 47013 B级灵敏度要求
$T=2$	0.125	0.16	0.20	0.16	0.125	0.08
$T=3$	0.125	0.16	0.20	0.20	0.16	0.10
$T=4$	0.16	0.16	0.20	0.25	0.20	0.125
$T=5$	0.16	0.16	0.20	0.25	0.20	0.16
$T=6$	0.20	0.16	0.20	0.25	0.20	0.16
$T=8$	0.20	0.16	0.25	0.32	0.25	0.20
$T=10$	0.25	0.16	0.25	0.40	0.32	0.20
$T=15$	0.32	0.32	0.40	0.40	0.32	0.25

对于单壁透照，NB/T 20003.3—2010 的要求高于 NB/T 20328，接近

NB/T 47013 的 B 级要求，相同厚度情况下最多相差 4 根线。

对于双壁单影、双壁双影透照，NB/T 20003.3—2010 灵敏度与 NB/T 20328.3—2015 的 1 级、2 级灵敏度要求相当，基本介于 NB/T 47013 的 AB 级、B 级之间。

由此可见，NB/T 20003.3—2010 的灵敏度要求相对较高，基本接近国内标准中的最高要求（NB/T 47013.2—2015 的 B 级要求）。因 NB/T 20328.3—2015 按“单壁厚度”确定灵敏度，所以在进行双壁双影和双壁单影透照时，个别厚度范围的要求高于 NB/T 20003.3—2010。

选取一系列厚度的钢板以及部分小径管、大径管，分别完成透照，每次透照放置 JB/T 7902 规定的线型像质计，观察底片，记录每张底片上像质计的识别情况，可以得出以下结论：

a. 单壁透照情况，采用一般工艺（γ 射线源、低梯噪比胶片）或较优工艺（X 射线、高梯噪比胶片）拍摄的底片，像质计灵敏度均可满足 NB/T 20003 的要求。由此可见，单壁透照时，NB/T 20328.3—2015 的灵敏度过于宽松，NB/T 20003.3—2010 的灵敏度要求相比更加合理。

b. 双壁单影透照情况，通过观察拍摄的底片，灵敏度均达到了两标准的要求。

c. 双壁双影透照情况，通过观察拍摄的底片，使用 X 射线，灵敏度均满足两标准的要求；使用 ^{192}Irγ 射线源透照单壁 8 mm、10 mm 小径管，存在满足 NB/T 20003.3—2010 而无法满足 NB/T 20328.3—2015 的情况，NB/T 20328.3—2015 要求较高，超过了 NB/T 47013.2—2015 的 B 级要求。

通过试验结果可知，NB/T 20328.3—2015 中单壁透照的灵敏度过于宽松，而双壁双影透照的灵敏度又过于严格，使用不同工艺透照得到底片，像质计灵敏度均可满足 NB/T 20003.3—2010 的要求，总体来看，NB/T 20003.3—2010 规定的像质计灵敏度要求相比更加合理、适用性更强。统一后的标准 NB/T 20003.3—2021，像质计灵敏度要求主要参考了 NB/T 20003.3—2010。

（1）确定像质计灵敏度依据的厚度

单壁透照方式和双壁双影透照方式依据透照厚度 T 确定像质计灵敏度，应符合表 6.4-10 的规定。对于单壁透照方式，透照厚度 T 为公称厚度 t；对于双壁双影透照方式，透照厚度 T 为两倍的公称厚度。

表 6.4-10　单壁透照、双壁双影透照像质计灵敏度要求

透照厚度 T/mm	像质计线号	像质计线径/mm
$T \leqslant 3$	16	0.10
$3 < T \leqslant 6$	15	0.125
$6 < T \leqslant 10$	14	0.16
$10 < T \leqslant 16$	13	0.20
$16 < T \leqslant 25$	12	0.25
$25 < T \leqslant 32$	11	0.32
$32 < T \leqslant 40$	10	0.40
$40 < T \leqslant 80$	9	0.50
$80 < T \leqslant 125$	8	0.63
$125 < T \leqslant 160$	7	0.80
$160 < T \leqslant 200$	6	1.00
$200 < T \leqslant 250$	4	1.60
$250 < T \leqslant 320$	3	2.00
$320 < T \leqslant 400$	2	2.50

双壁单影透照方式依据公称厚度 t 确定像质计灵敏度，应符合表 6.4-11 的规定。双壁单影透照方式的线径要求，相比单壁透照方式和双壁双影透照方式相同厚度范围的线径要求，低一个级别。

表 6.4-11　双壁单影透照、角接接头像质计灵敏度要求

公称厚度 t/mm	像质计线号	像质计线径/mm
$t \leqslant 3$	15	0.125
$3 < t \leqslant 6$	14	0.16
$6 < t \leqslant 10$	13	0.20
$10 < t \leqslant 16$	12	0.25
$16 < t \leqslant 25$	11	0.32

续表

公称厚度 t/mm	像质计线号	像质计线径/mm
25＜t≤32	10	0.40
32＜t≤40	9	0.50
40＜t≤80	8	0.63
80＜t≤125	7	0.80
125＜t≤160	6	1.00
160＜t≤200	4	1.60
200＜t≤250	3	2.00
250＜t≤320	2	2.50

注意，确定像质计灵敏度均不考虑焊缝余高。

（2）角接接头灵敏度要求

角接接头依据公称厚度 t 确定像质计灵敏度，应符合表 6.4-11 的规定。

（3）特殊情况

对于厚度大于 80 mm，采用单壁透照方式的蒸汽发生器二次侧锥体和上下筒体之间焊接接头，以及最大有效工作压力大于 2×10^6 Pa 的平封头和壳体之间焊接接头，适当提高了要求，见表 6.4-12，相比单壁透照方式和双壁双影透照方式相同厚度范围的线径要求，高一个级别。

表 6.4-12　特殊情况焊接接头像质计灵敏度要求

公称厚度 t/mm	像质计线号	像质计线径/mm
80＜t≤125	9	0.50
125＜t≤160	8	0.63
160＜t≤200	7	0.80
200＜t≤250	6	1.00
250＜t≤320	4	1.60
320＜t≤400	3	2.00

（4）铸件灵敏度要求

NB/T 20003.3—2021 给出了专门适用于铸件的灵敏度要求，见表 6.4-13。

表 6.4-13　铸件像质计灵敏度要求

透照厚度 T/mm	像质计线号	像质计线径/mm
$T \leqslant 10$	13	0.20
$10 < T \leqslant 16$	12	0.25
$16 < T \leqslant 25$	11	0.32
$25 < T \leqslant 40$	10	0.40
$40 < T \leqslant 63$	9	0.50
$63 < T \leqslant 100$	8	0.63
$100 < T \leqslant 160$	7	0.80
$160 < T \leqslant 200$	6	1.00
$200 < T \leqslant 250$	4	1.60
$250 < T \leqslant 320$	3	2.00
$320 < T \leqslant 400$	2	2.50
$400 < T \leqslant 550$	1	3.20

九、圆形缺陷评定及质量分级

焊缝中的缺陷按性质可分为裂纹、未熔合、未焊透、条形缺陷和圆形缺陷共五类。一般将裂纹、未熔合和未焊透定义为危险性缺陷，焊缝中不允许存在，评定时需记录缺陷的长度。条形缺陷和圆形缺陷是根据缺陷的长宽比进行定义，长宽比大于 3 的缺陷定义为条形缺陷，标准中一般通过测长或组合测长来进行评定、验收。长宽比小于等于 3 的缺陷定义为圆形缺陷，它们可以是圆形、椭圆形、锥形或带有“尾巴”等不规则的形状。

（1）ASME 规范中的圆形显示评定

ASME 规范第Ⅲ卷的强制性附录Ⅵ给出了圆形显示的评定、验收要求。ASME 规范将圆形显示分为四类：链形圆形显示、密集圆形显示、随机圆形显示和孤立圆形显示，不同类型的圆形显示评定方法各不相同，在实际检测过程中，随机圆形显示、孤立圆形显示和密集圆形显示较为常见。随机圆形显示在底片上的分布无规律，孤立圆形显示是与相邻显示隔开 25 mm 或更远距离的单个圆形显示，当局部区域显示数量达到随机圆形显示的 4 倍时称作密集圆形显示，如图 6.4-6 典型实例所示。

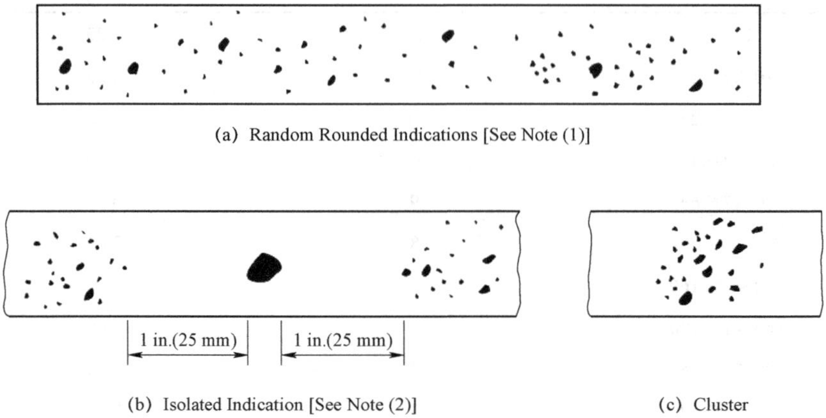

图 6.4-6　铸件像质计灵敏度要求

随机圆形显示中任一圆形显示的尺寸不能超过 1/4T（T 为焊缝厚度）或 4 mm 中的较小值；孤立圆形显示的尺寸不能超过 1/3T 或 6 mm 中的较小值，当焊缝厚度 T 大于 50 mm 时，孤立圆形显示的尺寸不能超过 9.5 mm。

随机圆形显示在限定单个最大显示尺寸的同时还规定了所允许的密集程度。图 1 所示为焊缝厚度在 50 mm 到 100 mm（包括 100 mm）之间，150 mm 焊缝长度范围内允许的随机圆形显示密集度。ASME 规范中还规定了其他厚度范围所允许的随机圆形显示的密集程度。这种对密集程度的判断实为一种“视觉比对评定”，在实际的射线底片评定过程中，基本不可能存在一张射线底片与图 1 上的显示完全一致，所以对于同一张随机圆形显示的射线底片，不同的评定人员可能会做出不同的判断，给出不同的结论。

（2）NB/T 47013.2—2015 中的圆形显示评定

在国内，焊缝射线检测中的圆形缺陷主要使用 NB/T 47013.2—2015 中的方法进行评定，其方法源自日本标准 JIS Z 3104。

NB/T 47013.2—2015 中的评定方法，首先根据被检工件的公称厚度确定缺陷评定区，缺陷评定区是一个与焊缝平行的矩形，这个矩形区域通常选在底片上缺陷最严重的区域，再将评定区域内的缺陷换算成“点数”（不同的缺陷尺寸换算成不同的“点数”，缺陷尺寸越大，点数越大），确定出最终的评定等级，如表 6.4-14 所示。此标准只规定了评定的方法和分级的原则，未规定验收的级别，但国内使用 NB/T 47013.2—2015 中的圆形缺陷评定方法，通常按Ⅱ级进行验收。

NB/T 47013.2—2015 中规定的圆形缺陷评定方法在国内制造、安装等行业中的无损检测环节被广泛地采用，其最大的优点就是可以很好地进行定量分析，一定程度地缩小评定人员不同所带来的差异。

表 6.4-14　圆形缺陷评级要求

评定区（mm × mm）	10 × 10			10 × 20		10 × 30
母材公称厚度 T/mm	≤10	>10～15	>15～25	>25～50	>50～100	>100
Ⅰ级	1	2	3	4	5	6
Ⅱ级	3	6	9	12	15	18
Ⅲ级	6	12	18	24	30	36
Ⅳ级	缺陷点数大于Ⅲ级或缺陷长径大于 T/2					

（3）对比分析

统一标准 NB/T 20003.3—2021 中的圆形缺陷评定，主要参考了 NB/T 47013.2—2015，采用缺陷点数换算的方法，主要原因如下。

a. NB/T 47013.2—2015 中规定的圆形缺陷评定方法在国内石油、化工等行业中的无损检测环节被广泛采用，该评定方法在国内应用已超过 30 年，得到了大量工程实践的验证，其最大的优点是可以很好地进行定量分析，一定程度消除底片评定差异，避免因不同人员给出不同结论。

b. ASME 规范中的随机圆形显示，密集程度通过给出的图谱进行对比评定，评定结果容易产生分歧。对于随机圆形显示，不同的评定人员可能会做出不同的判断，从而给出不同的结论。

c. 局部区域显示数量达到随机圆形显示的 4 倍时称作密集圆形显示，定性需要满足“4 倍”关系，底片评定过程中操作难度高，不同的评定人员可能会做出不同的判断，从而给出不同的结论。

d. 经分析，ASME 规范对随机圆形显示按 4 mm 验收，并不完全合理。

NB/T 20003.3—2021 中的圆形缺陷评定及质量分级主要要求如下：

① 圆形缺陷评定区为一个与焊缝平行的矩形，尺寸要求见表 6.4-15。圆形缺陷的评定区应选在缺陷最严重的区域。当缺陷与评定区边界相接时，应将此缺陷划入评定区。

表 6.4-15　圆形缺陷评定区

公称厚度 t/mm	评定区尺寸/mm
≤25	10×10
＞25～100	10×20
＞100	10×30

② 评定圆形缺陷时，应将缺陷尺寸按表 6.4-16 换算成缺陷点数。NB/T 47013.2—2015 中规定：缺陷长径＞8 mm 时，缺陷点数为 25，母材公称厚度大于 50 mm 时，如果缺陷尺寸较大，只能评定为Ⅲ级，存在一定程度的不合理性，于是在 NB/T 20003.3—2021 中补充了缺陷长径＞10 mm 的缺陷点数换算要求，对于上述提及的较大尺寸的缺陷，即评定为Ⅳ级。另外，对于不计点数缺陷尺寸要求，当焊缝厚度较大时，NB/T 47013.2—2015 的要求相对宽松，于是这部分要求参考了 ASME 规范，见表 6.4-17。

表 6.4-16　缺陷点数换算

缺陷长径/mm	缺陷点数
≤1	1
＞1～2	2
＞2～3	3
＞3～4	6
＞4～6	10
＞6～8	15
＞8～10	25
＞10	40

表 6.4-17　不计点数的缺陷尺寸

公称厚度 t/mm	缺陷长径/mm
≤50	≤0.5
>50～100	≤1%t
>100	≤1.5

③ 换算得到缺陷点数后，完成级别评定，其中超过Ⅲ的圆形缺陷评定为Ⅳ级。对于尺寸大于 t/2 的圆形缺陷，也需要评定为Ⅳ级。

④ 参考 ASME 规范，给出了线性排列圆形缺陷的定义，四个或四个以上圆形缺陷接触（相切或相割）到两个外侧圆形缺陷中心连线（此连线平行于焊缝长度方向）时，此类缺陷按线性排列圆形缺陷评定。12 t 长度内，累计长度超过 t 的线性排列圆形缺陷，需要评定为Ⅳ级。

十、条形缺陷评定及质量分级

NB/T 20003.3—2010 中的条形缺陷评定、验收，主要参考了 RCC-M，RCC-M 中按夹渣缺陷进行评定，而 NB/T 20003.3—2010 按条形缺陷进行评定。NB/T 20328.3—2015 中的条形缺陷评定、验收要求，主要参考了 ASME。国内应用最广泛的射线检测标准 NB/T 47013.2—1015，条形缺陷评定与 NB/T 20003.3—2010 和 NB/T 20328.3—2015 均存在差异。

条形缺陷的评定一般分为三种情况：单个条形缺陷、一个条形缺陷（相邻）以及一组条形缺陷，NB/T 20003.3—2021 中三种情况评定要求的编制依据具体如下。

（1）单个条形缺陷评定

NB/T 20003.3—2010 根据核安全级别给出了不同的条形缺陷验收要求，NB/T 20328.3—2015 无分级要求，且要求与 NB/T 20003.3—2010 核 2 级要求基本相同。

NB/T 47013.2—2015 将焊接接头划分为四个质量级别，Ⅰ级、Ⅱ级、Ⅲ级和Ⅳ级，其中Ⅰ级不允许存在条形缺陷，同时给出了Ⅱ级、Ⅲ级焊接接头的评定要求。NB/T 47013.2—2015 的Ⅱ级要求与 NB/T 20003.3—2010 的 2 级要求相比，对于薄件 NB/T 47013.2—2015 的Ⅱ级要求稍严格；NB/T 47013.2—2015 的Ⅲ级要求与 NB/T 20003.3—2010 的 3 级要求相比，对于厚件 NB/T 20003.3—2010 的Ⅲ级要求稍严格。详见表 6.4-18。

表 6.4-18 单个条形缺陷评定对比

NB/T 20003.3—2010

1 级：

公称厚度 t/mm	条形缺陷长度/mm
$t \leqslant 6$	1.5
$6 < t \leqslant 10$	3
$10 < t \leqslant 60$	$t/3$
$60 < t$	20

2 级：

公称厚度 t/mm	条形缺陷长度/mm
$t \leqslant 18$	6
$18 < t \leqslant 60$	$t/3$
$60 < t$	20

3 级：

公称厚度 t/mm	条形缺陷长度/mm
$t \leqslant 9$	6
$9 < t \leqslant 30$	$2t/3$
$30 < t$	20

NB/T 20328.3—2015

公称厚度 t/mm	条形缺陷长度/mm
$t \leqslant 19$	6
$19 < t \leqslant 57$	$t/3$
$57 < t$	20

NB/T 47013.2—2015

Ⅱ级：

公称厚度 t/mm	条形缺陷长度/mm
$t \leqslant 12$	4
$12 < t \leqslant 60$	$t/3$
$60 < t$	20

Ⅲ级：

公称厚度 t/mm	条形缺陷长度/mm
$t \leqslant 9$	6
$9 < t \leqslant 45$	$2t/3$
$45 < t$	30

NB/T 20003.3—2021 中单个条形缺陷质量等级要求主要参考了 NB/T 47013.2 和 NB/T 20003.3 标准。NB/T 47013.2 中Ⅰ级不允许条形缺陷，NB/T 20003.3—2021 参考 NB/T 20003.3 核 1 级部件条形缺陷的评定方法，给出了Ⅰ级条形缺陷的评定要求。

（2）"一个条形缺陷评定"方法

NB/T 20003.3—2010 规定：若两个条形缺陷间距小于其中较小缺陷尺

寸的 6 倍，则应把这两个条形缺陷视为同一个缺陷（包括间距）。NB/T 20328.3—2015 没有相关要求。NB/T 47013.2—2015 规定：当两个或两个以上条形缺陷处于同一直线上、且相邻的间距小于或等于较短缺陷长度时，应作为 1 个缺陷处理，且间距也应计入缺陷的长度之中。

NB/T 20003.3—2021 中一个条形缺陷的评定方法主要参考了 NB/T 47013.2（因 RCC-M 中的评定要求过于宽松），当两个或两个以上条形缺陷处于同一直线上、且相邻的间距小于或等于较短缺陷长度时，应作为 1 个缺陷处理，且间距也应计入缺陷的长度之中。

（3）一组条形缺陷评定

NB/T 20003.3—2010、NB/T 20328.3—2015 和 NB/T 47013.2—2015 的Ⅱ级评定要求基本相同；NB/T 47013.2 中给出了一个稍宽松的评定方法，即：Ⅲ级的评定要求。详见表 6.4-19。

表 6.4-19　一组条形缺陷评定对比

NB/T 20003.3—2010	NB/T 20328.3—2015	NB/T 47013.2—2015
在 12*t* 的长度内，若两个条形缺陷间距小于较长者的 6 倍，则应把这两个条形缺陷视作同一组条形缺陷	在 12*t* 长度内，最小距离小于等于 6 L 的相邻显示（L 为最大显示的长度）	Ⅱ级： 在长度为 12*t* 的任意选定条形缺陷评定区内，相邻缺陷间距不超过 6 L 的任一组条形缺陷的累计长度应不超过 *t*，但最小可为 4 Ⅲ级： 在长度为 6*t* 的任意选定条形缺陷评定区内，相邻缺陷间距不超过 3 L 的任一组条形缺陷的累计长度应不超过 *t*，但最小可为 6

NB/T 20003.3—2021 中一组条形缺陷的评定方法参考了 NB/T 47013.2—2015 中的Ⅱ级要求，在长度为 12*t* 的任意选定条形缺陷评定区内，若两个条形缺陷间距不超过较大缺陷尺寸的 6 倍，则应把这两个条形缺陷视作一组条形缺陷。此评定方法与 RCC-M 中一组夹渣的评定方法基本相同。

单个条形缺陷的质量分级要求见表 6.4-20，同时给出了一个条形缺陷、一组条形缺陷的评定方法。

超过Ⅲ级的条形缺陷以及累计长度超过 *t* 的一组条形缺陷，评定为Ⅳ级。

表 6.4-20　条形缺陷质量分级

等级	公称厚度 t/mm	单个条形缺陷长度/mm
Ⅰ级	$t \leqslant 6$	1.5
	$6 < t \leqslant 10$	3
	$10 < t \leqslant 60$	$t/3$
	$t > 60$	20
Ⅱ级	$t \leqslant 12$	4
	$12 < t \leqslant 60$	$t/3$
	$t > 60$	20
Ⅲ级	$t \leqslant 9$	6
	$9 < t \leqslant 45$	$2t/3$
	$t > 45$	30

注：1. 当母材公称厚度不同时，t 取较薄的厚度值。

2. 当两个或两个以上条形缺陷处于同一直线上，且相邻的间距小于或等于较短缺陷长度时，应作为单个缺陷处理，且间距也应计入缺陷的长度之中。

3. 条形缺陷评定区是指一个与焊缝方向平行的、具有一定宽度的矩形区，$t \leqslant 25$ mm，宽度为 4 mm；25 mm $< t \leqslant 100$ mm，宽度为 6 mm；$t > 100$ mm，宽度为 8 mm。

4. 在长度为 $12t$ 的任意选定条形缺陷评定区内，若相邻两个条形缺陷间距不超过较大缺陷尺寸的 6 倍，则应把这两个条形缺陷视作一组条形缺陷。

十一、毛坯铸件射线检验

参考 RCC-M，NB/T 20003.3—2010 规定了毛坯铸件的射线检测要求，主要对待焊接管类铸件的检测厚度、检测长度提出了要求。检测时的最大厚度应等于对接管子的公称厚度加上规定的厚度余量；根据公称外径，圆筒段（待焊区）长度为公称厚度或 1.5 倍的公称厚度。参考 ASME，NB/T 20328.3—2015 规定了毛坯铸件的检测厚度要求，像质计和验收标准参考底片的选择要求。ASME 中毛坯铸件要求的应用范围更广，不仅针对接管待焊区，包括了所有铸件。通过对国内铸件射线检测应用 NB/T 20003.3—2010 和 NB/T 20328.3—2015 的实际情况进行调研，制造厂普遍反映，对于毛坯铸件的射线检测，NB/T 20328.3—2015 标准中的要求适用性更强。

按 NB/T 20003.3—2010 的规定，毛坯铸件圆筒段射线检测时，其最大厚度应等于将来与其对接管道的壁厚加上规定的厚度余量。一方面，阀体铸造阶段，铸造单位很难了解到关于此产品将来要对接管道的相关信息，所以无法确定毛坯检测时的最大厚度；另一方面，若阀体对接管道的尺寸已知，当检测时的厚度超过了最大允许厚度时，必须对毛坯铸件进行加工，直至满足最大厚度要求，但对于很多铸造厂来说，并不具备这样的加工能力。按 NB/T 20328.3—2015 的规定，毛坯铸件射线检测时的厚度相比成品厚度不能超出一定的范围，对于泵和阀门铸件，如果检测厚度超出了规定要求，不需对毛坯件进行加工，而是有“超出”情况可参照执行的要求。

统一标准 NB/T 20003.3—2021 主要参考 ASME 规范，规定了毛坯铸钢件的检测厚度、像质计灵敏度和标准参考底片的要求，对 ASME 要求作了进一步的消化理解，将文字要求转化为表格形式，使要求更加具体且一目了然，便于操作使用。

一般情况下，当毛坯铸件的单壁厚度 t_a 在规定范围内时，按表 6.4-21 的要求确定标准参考底片，按成品厚度 t 确定像质计灵敏度要求。

当泵、阀门毛坯铸钢件单壁厚度 t_a 不满足表 6.4-21 要求时，应按表 6.4-22 确定像质计灵敏度依据厚度和标准参考底片。

表 6.4-21　一般情况标准参考底片的选用

成品公称厚度 t/mm	毛坯铸钢件单壁厚度 t_a/mm	标准参考底片
$t \leqslant 51$	$t \sim t+13$	ASTM E446
$51 < t < 64$	$t \sim t+13$	ASTM E186
$64 \leqslant t \leqslant 114$	$t \sim 1.2t$	ASTM E186
$114 < t \leqslant 150$	$t \sim 1.2t$	ASTM E280
$t > 150$	$t \sim 1.15t$	ASTM E280

注：t_a 为包括加工厚度余量 Δt 的毛坯铸钢件单壁厚度，t_a 为 t 和 Δt 之和。

表 6.4-22 一般情况标准参考底片的选用

毛坯铸钢件单壁厚度 t_a/mm	像质计灵敏度依据厚度	标准参考底片
$t_a \leqslant 51$	T	ASTM E446
$51 < t_a \leqslant 114$	T_a	ASTM E446
$114 < t_a \leqslant 305$	T_a	ASTM E186
$t_a > 305$	T_a	ASTM E280

注：T_a 为射线束穿透毛坯铸钢件的实际厚度，T_a 为透照厚度 T 加上各层材料加工厚度余量 Δt 之和。

6.5 渗透检测（NB/T 20003.4）

一、规程验证

渗透检测规程是检测单位根据委托方的书面要求，结合被检对象的结构特点，依据相关法规、安全技术规范、产品标准、有关的技术文件和相关检测标准，并针对检测单位的特点和检测能力而编制的用于指导和规范检测活动的技术文件。渗透检测应按有效的检测规程实施。

NB/T 20003.4—2010《核电厂核岛机械设备无损检测　第 4 部分：渗透检测》、NB/T 20328.4—2015《核电厂核岛机械设备无损检测另一规范　第 4 部分：渗透检测》中均有规程验证的适用范围、实施原则和验证实施要求，但在规程验证的适用范围上存在差异。NB/T 20003.4—2010 中规程验证适用范围规定为如下三种情况：① 采用特殊检测工艺首次对特定工件进行渗透检测时；② 检测条件或/和技术要求的改变可能影响检测结果时；③ 相关产品设计文件或采购技术文件有规定时。NB/T 20328.4—2015 中规程验证适用范围规定为检测规程重要变素规定值或数值范围改变时需进行规程验证。检测规程的要素见表 6.5-1。

表 6.5-1　渗透检测规程的要素

要求	重要变素	非重要变素
渗透材料类型或系统组合的任何变化	×	—
表面准备	×	—
施加渗透剂的方法	×	—
去除多余表面渗透剂的方法	×	—
亲水或亲油乳化剂浓度、在浸泡槽内的滞留时间和亲水乳化剂的搅动时间	×	—
喷淋操作时的亲水乳化剂浓度	×	—
施加显像剂的方法	×	—
去除多余渗透剂和施加显像剂之间干燥的最长和最短时间和干燥方法	×	—
渗透剂滞留时间的减少	×	—
增加显像剂滞留时间	×	—
最小光强度	×	—
表面温度超出 5 ℃～52 ℃或预先验证	×	—
技能论证	×	—
人员鉴定要求	—	×
被检材料、形状或尺寸和检测范围	—	×
检测后的清洗技术	—	×

由此可见，NB/T 20003.4—2010 中需进行规程验证的适用范围更广，NB/T 20328.4—2015 中对规程主要变素的界定，可以明确和完善 NB/T 20003.4—2010 中可能影响检测结果检测条件或/和技术要求的内容，可操作性更强。统一后的标准 NB/T 20003.4—2021，规程验证要求整合了 NB/T 20003.4—2010 和 NB/T 20328.4—2015 两份标准的相关内容，同时在变素清单中删除了技能论证和人员鉴定要求的内容，主要考虑上述内容由相关法规强制规定。

（1）适用范围

以下三种情况需进行规程验证：

a. 新编规程首次使用检测工件；

b. 表 6.5-2 中检测规程重要变素规定值或数值范围改变时；

c. 相关产品设计文件或采购技术文件有规定时。

表 6.5-2　渗透检测规程的重要变素

要求	重要变素
渗透材料类型或系统组合的任何变化	×
表面准备	×
施加渗透剂的方法	×
去除多余表面渗透剂的方法	×
亲水或亲油乳化剂浓度、在浸泡槽内的滞留时间和亲水乳化剂的搅动时间	×
喷淋操作时的亲水乳化剂浓度	×
施加显像剂的方法	×
去除多余渗透剂和施加显像剂之间干燥的最长和最短时间和干燥方法	×
渗透剂滞留时间的减少	×
增加显像剂滞留时间	×
最小光强度	×
表面温度超出 5～52 ℃或预先验证	×

（2）验证实施的原则

验证实施的主体是承担无损检测活动的单位，验证过程和结果要应形成书面文件，并予以存档保存。

（3）具体验证的实施要求

检测人员在规程规定的检测条件下，采用规程规定的检测技术，对三点式 B 型试块进行渗透检测，若试块上的人工缺陷可清晰识别，则证明规程是有效的。

二、试块

试块是带有已知人工不连续的试件，用于确定或比较渗透检测过程的灵敏度；或定期校验渗透装置。

NB/T 20003.4—2010《核电厂核岛机械设备无损检测　第 4 部分：渗透检测》、NB/T 20328.4—2015《核电厂核岛机械设备无损检测另一规范　第

4 部分：渗透检测》中均规定了所用试块的类型，分别为 A 型铝合金对比试块、B 型试块和 1 型试块。两份标准都规定了不同类型试块所用材质、几何尺寸及使用要求，两份标准基本一致。具体试块的制作工艺两份标准都未予详述，可参考标准 JB/T 6064 和 GB/T 18851.2 的规定。

NB/T 20003.4—2021 在试块要求方面和原标准基本一致，修订了部分试块的材质要求，A 型铝合金对比试块材料应采用 2A12 或类似的铝合金板材，B 型试块材料应采用 S30408 或类似的不锈钢板材。

标准主要涉及三种试块，分别是 A 型铝合金对比试块、B 型试块和 1 型试块，检测人员应知晓试块的使用要求。试块的使用要求如下：

（1）A 型铝合金对比试块用于对非标准温度下的渗透检测方法作出鉴定；

（2）B 型试块，标准规定采用 3 点式 B 型试块，开始工作前和有必要时可用 B 型试块核查渗透检测系统灵敏度及检测工艺正确性；

（3）1 型试块用于确定渗透剂灵敏度等级，电镀层厚度为 10 μm、20 μm 的试块用于确定荧光渗透剂灵敏度等级，电镀层为 30 μm、50 μm 的试块用于确定着色渗透剂灵敏度等级。

三、照明

着色渗透检测时，缺陷显示的评定应在白光下进行，显示为红色图像。荧光渗透检测时，缺陷显示的评定应在暗室或暗处的黑光灯下进行，显示为明亮的黄绿色图像。

NB/T 20003.4—2010《核电厂核岛机械设备无损检测　第 4 部分：渗透检测》、NB/T 20328.4—2015《核电厂核岛机械设备无损检测另一规范　第 4 部分：渗透检测》中均规定了显示评定的照明要求，但在具体要求上存在差异，主要体现在以下几个方面：

（1）工件被检表面白光照度要求

NB/T 20003.4—2010《核电厂核岛机械设备无损检测　第 4 部分：渗透

检测》规定着色渗透检测时，缺陷显示的评定应在白光下进行。通常工件被检表面白光照度应不小于 500 lx。NB/T 20328.4—2015《核电厂核岛机械设备无损检测另一规范　第 4 部分：渗透检测》规定着色渗透检测时，缺陷显示的评定应在白光下进行。通常工件被检表面白光照度应不小于 1 000 lx。NB/T 20003.4—2010 标准要求更低，更易于实现，但不利于对细微缺陷的观察。

（2）黑光灯的预热和检测过程中被检表面黑光强度测量要求

NB/T 20328.4—2015《核电厂核岛机械设备无损检测另一规范　第 4 部分：渗透检测》中规定了黑光灯至少预热 5 min，至少每 8 h 测量一次黑光强度。

NB/T 20003.4—2010《核电厂核岛机械设备无损检测　第 4 部分：渗透检测》未对上述内容作出规定。

渗透检测显示评定的可靠性很大程度上取决于检测时的光照条件，这与人眼的视觉特性有关，在强光条件下人眼对光强度的微小差别不敏感，而对颜色和对比度的差别的辨别能力很高。因此统一后的标准 NB/T 20003.4—2021 规定非荧光检测应保证工件被检面处可见光照度不小于 1 000 lx。

根据黑光灯的工作原理，黑光灯开始点燃时，两电级间放电并不稳定。一般要等 5 min 左右才能稳定下来，这时黑光灯才有稳定的能量输出，因此统一后的标准 NB/T 20003.4—2021 规定了黑光灯至少预热 5 min。

黑光灯的电源电压的改变会引起黑光灯输出功率的变化，输出功率随电压的降低而降低。黑光灯滤光片上集聚的灰尘也会降低输出功率，随着输出功率的降低，黑光灯的发光强度也会下降，为保证黑光灯有足够的发光强度，保证检测灵敏度，NB/T 20003.4—2021 规定了至少每 8 h 测量一次黑光强度。

着色渗透检测时，缺陷显示的评定应在白光下进行，在评定缺陷显示前应用照度计测量被检表面可见光照度，只有在测得的被检表面可见光照度大于等于 1 000 lx 情况下，才可进行缺陷显示的评定工作。

荧光渗透检测时，缺陷显示的评定应在暗室或暗处的黑光灯下进行，暗室或暗处的白光照度测量值应不大于 20 lx，检测人员进入暗室或暗处需要有一定时间完全适应黑暗条件，暗适应时间一般需要 5 min。在暗适应的过程中可以打开黑光灯，黑光灯打开至少 5 min 后才可使用，使用前应测量黑光灯在被检表面产生的黑光强度，黑光强度可用黑光辐照度计测量，距离黑光灯 380 mm 处，被检表面黑光强度不低于 10 W/m^2，黑光灯连续使用 8 h，应再次用黑光辐照度计测量被检表面的黑光强度。

四、渗透时间

渗透时间又称接触时间或停留时间，是指从施加渗透剂到开始去除或施加乳化剂之间的时间。NB/T 20003.4—2010《核电厂核岛机械设备无损检测　第 4 部分：渗透检测》、NB/T 20328.4—2015《核电厂核岛机械设备无损检测另一规范　第 4 部分：渗透检测》中均规定一定温度下的渗透时间要求，但在具体要求上存在差异，NB/T 20003.4—2010 《核电厂核岛机械设备无损检测　第 4 部分：渗透检测》规定在 10 ℃～50 ℃的温度条件下，渗透时间一般不应少于 10 min。NB/T 20328.4—2015《核电厂核岛机械设备无损检测另一规范　第 4 部分：渗透检测》规定在 10 ℃≤T≤52 ℃（T 为工件表面温度）的条件下，渗透时间一般应不少于 10 min。在 5 ℃≤T ＜10 ℃（T 为工件表面温度）的条件下，渗透时间一般应不少于 20 min。

渗透时间和渗透温度是密切相关的，温度太高，渗透剂易干在被检工件上，给清洗带来困难；温度太低，渗透剂变稠，动态渗透参量受影响。渗透温度一般控制在 5 ℃～52 ℃范围内为宜。一般来说，渗透时间在 5 min 左右即能保证渗透剂渗入绝大部分缺陷中去，但对于锻件材料等渗透时间需要 10 min，渗透时间稍长，会提高缺陷的检出效果，同时考虑到较低温度情况下，渗透速度的下降。通过采用 I 型试块的验证实验，发现对于温度范围（5 ℃～10 ℃）随着渗透时间的增加，其渗透检测的灵敏度也逐渐提高。渗透时间 20 min 相比于 10 min 渗透检测灵敏度更高，缺陷显示百分比有所提升；但是渗透时间 20 min 和 30 min 渗透检测灵敏度并无明显差异。统一后的标准 NB/T 20003.4—2021 本部分规定在 10 ℃≤*T*≤52 ℃（*T* 为工件表面温度）的条件下，渗透时间一般应不少于 10 min。在 5 ℃≤*T*<10 ℃（*T* 为工件表面温度）的条件下，渗透时间一般应不少于 20 min。

渗透检测前应先测量被检工件表面温度，当被检工件表面温度在 5 ℃～52 ℃时，可按照本标准的推荐渗透时间执行渗透检测。当被检工件表面温度超出 5 ℃～52 ℃范围时，应按照本标准附录要求进行渗透检测的方法鉴定，也可采取适当方法改变被检工件表面温度，保证渗透检测时被检工件表面温度在 5 ℃～52 ℃范围。

五、观察

显像剂的作用是利用显像剂薄层所产生的毛细作用将缺陷中的渗透剂吸附到零件表面上来，在显像剂层上形成一个放大的缺陷显示。

不同的显像方式的显像时间的含义是不同的，对干式显像剂而言，是指从施加显像剂起到开始观察检查缺陷显示的时间，对湿式显像剂而言，是指从显像剂干燥到开始观察检查缺陷显示的时间。NB/T 20003.4—2010《核电厂核岛机械设备无损检测　第 4 部分：渗透检测》、NB/T 20328.4—2015《核电厂核岛机械设备无损检测另一规范　第 4 部分：渗透检测》中均规定显像时间要求，但在具体要求上存在差异，NB/T 20003.4—2010《核电厂核岛机械设备无损检测　第 4 部分：渗透检测》规定显像时间一般不应少于 7 min，但最长时间不应超过 60 min。NB/T 20328.4—2015《核电厂核岛机械设备无损检测另一规范　第 4 部分：渗透检测》规定显像时间一般不应少于 7 min，但最长时间对水基显像剂应不超过 120 min，对非水基显像剂应不超过 60 min。显像时间取决于显像剂种类、需要检测的缺陷大小以及被检工件温度等，非水基显像剂显像，由于有机溶剂挥发较快，显像时间则较短。显像时必须给以足够的时间让显像作用充分进行，但也应在渗透剂扩展的过宽及缺陷显示变得难于评定之前完成检验。检查小缺陷时，较长的显像时间可能会有利。检查大缺陷时，特别是缺陷中渗透剂回渗现象严重时，显像时间过长会使缺陷显示严重扩散，显像后更应当尽快地进行观察。统一后的标准 NB/T 20003.4—2021 本部分规定显像时间一般不应少于 10 min，且不大于 60 min。

对干式显像剂而言，显像时间是指从施加显像剂起到开始观察检查缺陷显示的时间；对湿式显像剂而言，显像时间是指从显像剂干燥起到开始观察检查缺陷显示的时间。不论采用何种显像剂，显像时间一般不应少于 10 min，且不大于 60 min。

6.6　磁粉检测（NB/T 20003.5）

一、检测设备和器材

磁粉检测的质量，离不开人机料法环，设备和器材对于磁粉检测质量有很大的影响。磁粉检测设备主要是对被检对象建立适当的磁场，是进行磁粉检测的基础。而检测器材中检测介质（磁粉、磁悬液等）则是有效显示缺陷漏磁场的重要材料，其他器材也为确保磁粉检测规范开展提供了保障。

本节从检测设备的种类、检测设备的技术要求、检测器材的种类、检测器材的技术要求四个方面进行解析，并对 NB/T 20003.5—2021 的相关内容进行解读。

（一）检测设备的种类

国内外常用磁粉检测标准中规定的磁粉检测设备种类见表 6.6-1。

表 6.6-1　常有标准中规定的磁粉检测设备种类

序号	标准号	磁粉检测设备种类
1	NB/T 20003.5—2021	便携式磁粉探伤机，移动式磁粉探伤机，固定式磁粉探伤机，专用磁粉检测设备
2	NB/T 20328.5—2015	便携式磁粉探伤机，移动式磁粉探伤机，固定式磁粉探伤机，专用磁粉检测系统
3	NB/T 47013.4—2015	携带式磁粉探伤机，移动式磁粉探伤机，固定式磁粉探伤机
4	ASME-Ⅴ-第 7 章	便携式触头检测设备，纵向磁化设备，周向磁化设备（直接接触，中心导体），磁轭（交流，直流，永久），多向磁化设备
5	RCC-M MC5000	通电磁化装置（便携式触头），通磁磁化装置（线圈，电磁轭），固定式磁粉检测装置

NB/T 20003.5—2021、NB/T 20328.5—2015 都应用于国内核电厂铁磁性部件的磁粉检测，标准中明确的磁粉检测设备种类基本相同，只是 NB/T 20003.5—2021 将“专业磁粉检测系统”变更为“专业磁粉检测设备”，其含义是一致的。

而 NB/T 47013.4—2015 中设备种类参照 JB/T 8290 的规定的，除了没有提及“专业磁粉检测设备”外，也基本一致。

ASME 中，由于检测方法分类的不同，磁粉检测设备的分类方式有所不同，实际上与以上国内诸标准也相似，只是多向磁化设备是该标准中单独提出的。

RCC-M 中，按通电磁化、通磁磁化来划分设备种类，具体设备种类与国内诸标准的规定基本一致。

因此，NB/T 20003.5—2021 中磁粉检测设备种类的规定，主要跟从国内磁粉检测设备发展实际，与国内相关标准基本一致。同时，兼顾与国际主流磁粉检测标准的相容性。

（二）检测设备的技术要求

NB/T 20003.5—2021 中规定“电磁轭探伤仪应符合 JB/T 7411 的规定”，与 NB/T 20328.5—2015 一致。NB/T 47013.4—2015 则规定“磁粉检测设备

应符合 JB/T 8290 的规定”。NB/T 20003.5—2021 中还规定了在最大磁轭间距时，交流电磁轭、直流电磁轭的提升力要求，分别是应有不小于 45 N、177 N 的提升力，这与 NB/T 20328.5—2015、NB/T 47013.4—2015 的要求一致。另外，为方便使用，提升力试块的质量要求，分别规定为 4.5 kg、18.1 kg，与 ASME、RCC-M 保持了一致。

对于携带式旋转磁场探伤仪，NB/T 20003.5—2021 中要求符合 JB/T 6870 的要求，而 NB/T 47013.4—2015 这规定应符合 JB/T 8290 的规定。NB/T 20003.5—2021 规定应有不小于 118 N 的提升力，与 NB/T 47013.4—2015 的要求一致。此外，NB/T 20003.5—2021 还规定，携带式旋转磁场探伤仪提升力试块的质量为不小于 12 kg。而 ASME、RCC-M 中没有应用携带式旋转磁场探伤仪的内容。

其他磁粉探伤机，主要指电磁轭磁粉探伤仪、携带式旋转磁场探伤仪以外的磁粉检测设备，主要包括携带式、移动式、固定式的磁粉探伤机（应用交流、直流、半波整流、全波整流等电流）。NB/T 20003.5—2021 中要求符合 JB/T 8290 的规定。

需要注意的是，NB/T 20003.5—2021 中引用的检测设备相关标准（JB/T 7411、JB/T 6870），其中的检验要求都是针对出厂检验和型式检验的。对于在用设备的检验要求，主要执行 NB/T 20003.5—2021 中第 6 章中的要求。

（三）检测器材的种类

国内外常用磁粉检测标准中规定的磁粉检测器材种类见表 6.6-2。

表 6.6-2　常有标准中规定的磁粉检测设备种类

序号	标准号	磁粉检测器材种类
1	NB/T 20003.5—2021	检测介质（磁粉、载液、磁悬液），标准试片（块），磁场强度计，黑光灯，提升力试块，反差增强剂，梨形沉淀管，（B 型试块，E 型试块，1 型试块）
2	NB/T 20328.5—2015	磁粉、载液及磁悬液，标准试片，磁场强度计，黑光灯，标准环形试块，提升力试块

续表

序号	标准号	磁粉检测器材种类
3	NB/T 47013.4—2015	断电相位控制器，黑光灯，黑光辐光照度计，光照度计，退磁装置，辅助器材（磁场强度计、试片试块、磁悬液浓度沉淀管、放大镜、定时器、快速断电试验器、电流表），磁粉、载体及磁悬液，标准试件（标准试片，磁场指示器），中心导体磁化方法标准试块
4	ASME-Ⅴ-第 7 章	检验介质（非荧光磁粉，荧光磁粉），饼形磁场强度指示器，人工伤试片，霍尔效应切向场探头，提升力试块，磁场强度计，黑光灯
5	RCC-M MC5000	探测介质，磁场指示器，退磁装置，反差增强剂

各个标准中涉及的磁粉检测器材种类有所不同，但大同小异。NB/T 20003.5—2021 中，对磁粉检测需要的重要器材及其要求进行了明确。

NB/T 20003.5—2021 在规范性附录中规定了 B 型试块、E 型试块、1 型试块的技术要求和使用要求，主要是用于评价固定式磁粉探伤机、检测介质性能的。而表 6.6-2 中的其他标准中，仅涉及了 B 型试块，只明确了直流电流固定式磁粉探伤机的性能校验要求。

（四）检测器材的技术要求

（1）检测介质

在磁粉检测活动的构成中，检测器材对于检测质量的影响巨大。其中，磁粉等检测介质作为磁场传感材料，对于检测灵敏度来说是非常重要的影响因素。NB/T 20003.5—2021 中，引用了 GB/T 15822.2 对检测介质的要求，包括性能、磁粉尺寸、颜色、耐热性、稳定性、腐蚀等。

NB/T 20003.5—2021 规定了湿法时可采用的载液的基本要求。对于水载液，强调了应具备的润湿性能，以及不应有腐蚀性的要求。对于油基载液，突出了闪点要求，并要求不能有异味，荧光磁粉检测时不能发出荧光。

NB/T 20003.5—2021 还规定了磁悬液浓度要求，包括了配制浓度和沉淀浓度的浓度要求，并明确了这两种浓度的应用场景。在 6.3.2 中，还规定了沉淀浓度的测试方法。

罐装磁悬液在实际检测中应用较广泛，NB/T 20003.5—2021 新增了罐装磁悬液的原则性要求。这是在 NB/T 20003.5—2010 中没有的，也是其他同类标准中未明确的。

NB/T 20003.5—2021 中保留了 2010 版中关于磁粉温度适用范围的要求，这与 RCC-M MC5000 中的要求是一致的。

（2）标准试片（块）

标准试片（块）是核查磁粉检测设备和检测介质综合性能的重要器材，是确定磁粉检测灵敏度、控制磁粉检测质量的重要保证。

NB/T 20003.5—2021 中采用的标准试片（块）包括 A 型标准试片、C 型标准试片和磁场指示器，明确了这些试片（块）的技术要求和应用要求。这些要求与国内外同类标准的要求基本一致。

（3）磁场强度计

NB/T 20003.5—2021 中规定了磁场强度计的应用场合及限制，这些要求与 ASME 规范中的要求一致。磁场强度计也可以用剩磁的测量。

（4）黑光灯

NB/T 20003.5—2021 中规定了黑光灯的基本要求应符合 GB/T 15822.3 的要求，还规定了定期校准、使用前核查的要求。

（5）提升力试块

NB/T 20003.5—2021 中规定了交流电磁轭、直流电磁轭、携带式旋转磁场探伤仪所用提升力试块的质量要求、材质要求、形状要求及校准核查要求。

2015 版及之后的 ASME 规范中，已经要求每天使用磁轭之前都要校验磁轭的提升力，但 NB/T 20003.5—2021 中仍规定每年一次的校验要求。提升力能反映出磁轭的磁化力，粗略表征被检处的磁感应强度，但检验前必做的标准试片（块）校验，除了反映磁粉检测灵敏度以外，也可以反映出磁轭的磁化能力。

（6）反差增强剂

NB/T 20003.5—2021 允许使用反差增强剂，应符合 GB/T 15822.2 的要求。

（7）B 型试块，E 型试块，1 型试块

B 型试块、E 型试块用于核查固定式磁粉探伤机的系统性能，B 型又称为直流环形试块，用于直流电流；E 型又称为交流环形试块，用于交流电流。NB/T 20003.5—2021 中明确，其技术要求应满足 GB/T 23906 的规定。

1 型试块用于核查检测介质的性能。NB/T 20003.5—2021 中要求满足 GB/T 15822.2 的技术要求。

二、校准和核查

做好检测设备、检测器材的校准和核查，是保证磁粉检测工作质量的重要措施。如 NB/T 20003.1—2021 中的规定，校准针对的是可进行量值溯源的无损检测设备和器材，由有资格的校准机构进行，或由有相应资质的检测单位自行开展。核查针对的是无法进行量值溯源的无损检测设备和器材，一般由检测单位自行开展。

（一）检测设备的校准和核查

NB/T 20003.5—2021 中明确，磁粉检测设备包括了便携式磁粉探伤机、移动式磁粉探伤机、固定式磁粉探伤机和专用磁粉检测设备。在用的磁粉检测设备应进行定期校准，校准要求应符合 JB/T 8290 的规定，这里主要指的是移动式磁粉探伤机、固定式磁粉探伤机。

便携式磁粉探伤机主要指电磁轭探伤仪（直流、交流）、携带式旋转磁场探伤仪，每 12 个月需进行一次提升力的核查。如果有电流表，还需每 12 个月进行一次电流表精度的校准。

移动式磁粉探伤机、固定式磁粉探伤机和专用磁粉检测设备，每 12 个月对电流表精度进行一次校准。固定式磁粉探伤机还可按照附录 A 的要求，每周进行一次系统性能的核查。当符合时，移动式磁粉探伤机、专用磁粉检测设备可参照进行核查。

（二）检测器材的校准和核查

NB/T 20003.5—2021 中，有校准和核查要求的检测器材主要包括检测介质、黑光灯、辅助仪表（照度计、黑光辐照度计、磁场强度计、剩磁仪等）等。

对于有量值溯源要求的，应按标准中的要求定期校准，如黑光灯、照度计、黑光辐照度计、磁场强度计、剩磁仪等。而不涉及量值溯源的，需要定期核查的，主要是检测介质。

在整个使用过程中，检测介质的动态核查项目，包括磁悬液浓度、磁悬液污染和性能核查，前两项都是针对循环使用的磁悬液，性能核查则主要针对购置一定时间尚未使用完毕的检测介质（未使用或在使用中）。对于磁悬液浓度，NB/T 20003.5—2021 规定每天检测前都要进行核查，具体要求见附录 A。磁悬液污染每周进行一次，具体要求见附录 A。检测介质性能核查不强制要求，当实施时，可使用附录 B 规定的 1 型参考试块，按 6.2.1 的方法进行。1 型参考试块可用于非荧光磁粉（需先施加反差增强剂），也可以用于荧光磁粉。

三、检测方法

对磁粉检测方法进行规定，可以更好地指导检测实践。NB/T 20003.5—2021 中以列表的方式（表 6），明确了磁粉检测方法分类的四种维度以及典型方法列举。

按磁粉形状分类，分成了干法、湿法，这两种方法又都包含了非荧光和荧光法。这些要求与 NB/T 47013.4—2015、ASME 规范第Ⅴ卷第 7 章、RCC-M MC5000 中的相关描述一致。只是有的标准中没有明确这是磁粉检测方法的一种分类，而是作为检测介质不同性状的划分。

按照施加磁粉的时机，可以分为连续法和剩磁法。NB/T 47013.4—2015 中就规定了连续法和剩磁法两种方法。但 NB/T 20003.5—2021 中只采用连续法，这一要求，与核电领域国外主流标准 ASME 规范、RCC-M 规范保持了一致。

按磁化方向分是国内主流标准 NB/T 47013.4—2015 中的核心分类方法，在国内影响甚广，已被无损检测人员广泛接受。这一分类方法能够很好反映电流方向、磁场方向和预期缺陷方向之间的关系，有利于正确选用合适的磁粉检测方法，所以 NB/T 20003.5—2021 中也沿用了这一分类方法。ASME 规范中将磁粉检测方法分为触头法、纵向磁化法、周向磁化法、磁轭法和多向磁化法，不单纯按磁化方向来分，但这些磁化方法，都能包含在按磁化方向划分的磁化方法中。

NB/T 20003.5—2021 还从磁化方式的角度，将磁粉检测分为通电磁化、通磁磁化两种。这一分类方式与 RCC-M 的相关内容相似。

四、磁化规范

磁化规范是磁粉检测工艺中的关键内容，不恰当的磁化规范将导致检测质量失控。磁化规范中很重要的一项，就是磁化电流的确定。NB/T 20003.5—2021 中，磁化规范的要求基本参考了国内主流标准 NB/T 47013.4—2015 中的要求，结合核电领域的实践，参考 ASME、RCC-M，有所调整。

采用与国内标准基本一致的磁化规范，主要考虑的是核电标准的国产化，在满足核电磁粉检测要求的基础上，与国内实际更好融合。磁化电流的选取，不同的标准给出了不尽相同的经验公式，但究其本质，仍然是经验公式，实际需要的磁化电流，与被检材料、磁化设备、检测介质等多因素有关，经验公式很难适合于所有情况。NB/T 20003.5—2021 中明确，采用经验公式或磁特性曲线确定磁场强度后，在实施检测前，应用磁场强度计或标准试片（块）来验证是否适当，如果不适当应作校正。所以，在 NB/T 20003.5—2021 中参照与国内其他标准基本一致的公式，符合国内检测人员的习惯。

轴向通电法的磁化电流，NB/T 20003.5—2021 的要求与 NB/T 47013.4—2015 一致，但不含剩磁法的计算公式。

中心导体法中，NB/T 20003.5—2021 中补充了穿绕电缆法，这一补充源自 ASME 规范第Ⅴ卷第 7 章中相关内容。其磁化电流的计算，仍采用与轴向通电法中一样的计算公式，计算出的电流值除以穿绕的匝数，即为所需要的磁化电流。实施穿绕电缆法时，需要多次移动电缆，每次检测范围需要用标准试片来确定。

触头法的磁化规范，NB/T 20003.5—2021 中的经验公式相对于其他标准进行了简化，磁化电流 $I=(4\sim5)\times L$，L 为触头间距（mm），最终由标准试片（块）来校正。此外，参考 ASME 规范，对磁化电源开路电压、触头电极材料等作出了规定。

对于线圈法，NB/T 20003.5—2021 中的规定基本与 NB/T 47013.4—2015 相同，仅对一次磁化有效区域的规定有所不同，NB/T 20003.5—2021 要求，采用线圈法时，一次磁化有效区域为线圈宽度加上从线圈端部向外各延伸 150 mm 的范围，超出区域，由标准试片实测确定。

NB/T 20003.5—2021 中明确不采用永久磁轭，这是区别于其他同类标准的一点。因为核电行业极少用到永久磁轭，且永久磁轭的检测灵敏度不高，磁极附近容易产生磁粉堆积，检测效果欠佳。便携式电磁轭的磁化规范的要求，NB/T 20003.5—2021 与 NB/T 47013.4—2015 相同，但明确不宜用于近表面缺陷的检测，因为便携式电磁轭的磁化能力有限，对近表面缺陷的检测能力不足。

NB/T 20003.5—2021 与 NB/T 47013.4—2015 都允许使用交叉磁轭，而 ASME、RCC-M 均不采用。磁化规范方面，NB/T 20003.5—2021 规定适用于检测平面或曲率不大的曲面工件，磁极端面和被检表面的最大间隙不应超过 1.5 mm，而 NB/T 47013.4—2015 则要求不应超过 0.5 mm。执行 NB/T 20003.5—2021 应用交叉磁轭时，应注意磁场强度是否合适，应根据标准试片实测结果来验证，行走检测时，验证应在移动状态下进行。

NB/T 20003.5—2021 中还补充了固定式电磁轭的磁化规范要求，明确不适合用于检测长度过长的工件。这种情况指的是固定式磁粉探伤机上的电磁轭，通常是作为纵向磁化的检测装置。

五、注意事项

NB/T 20003.5—2021 中的这一部分内容（9.4.6），在 2010 版的基础上增加了 5 条安全要求，其他内容也是磁粉检测工作中需要关注的细节，需要重视。特别是对通电磁化的应用限制，在 8.7 中，已明确对于裂纹敏感材料、要求不损伤表面状态和加工精度的工件，应采用通磁磁化法。在 9.4.6，又在强调通电磁化工艺细节要求的基础上，明确工件和电极接触处应打磨，打磨出不仅要进行外观检查，还要对接触处进行渗透检测或通磁磁化（除了焊接过程中的通电磁化磁粉检测）。

6.7　涡流检测（NB/T 20003.6）

一、外穿过式涡流检测的对比样管人工缺陷要求

（一）编制依据

NB/T 20003.6—2021《核电厂核岛机械设备无损检测　第 6 部分：涡流检测》中附录 A（规范性附录）《管材制品的外穿过式线圈涡流检测》规定了用外穿过式线圈、单频技术，在自动检测装置上对未安装的管材制品进行涡流检测的技术要求。外穿过式涡流检测对比样管人工缺陷的主要作用是对比管材制品上是否存在超标缺陷，从而判定管材是否合格，此外还具有检测设备调整和复核作用。

NB/T 20003.6—2010《核电厂核岛机械设备无损检测　第 6 部分：涡流

检测》、NB/T 20328.6—2015《核电厂核岛机械设备无损检测另一规范 第6部分：涡流检测》中的外穿过式涡流检测的对比样管人工缺陷要求，分别源于 RCC-M MC6000 和 ASME 第Ⅲ卷，在具体要求上存在较大差异。主要体现在以下几个方面：

（1）人工缺陷的形式

NB/T 20003.6—2010 规定人工缺陷的形式为径向圆柱形通孔或外表面径向圆柱形平底孔，NB/T 20328.6—2015 定人工缺陷的形式为贯穿壁厚的通孔和外表面切向或周向的槽及内表面周向槽。

（2）人工缺陷的数量及分布

NB/T 20003.6—2010 规定人工缺陷的形式为轴向排列的三个横截面上，且沿圆周方向呈 120° 分布；而 NB/T 20328.6—2015 除规定在对比样管 0°、120° 和 240° 各加工一个通孔，“用以调节对比样管与检测线圈的对中性，从而确保周向检测灵敏度一致”，对于其余人工缺陷并无要求。

（3）人工缺陷的尺寸

NB/T 20003.6—2010 将检测对象分类为：一般管材、不锈钢或高镍合金蒸汽发生器管材、热交换器管材（不包含蒸汽发生器）三大类，并根据管材尺寸及壁厚分别规定人工缺陷的最大尺寸（见表 6.7-1～表 6.7-3）。

表 6.7-1 一般管材对比孔最大直径

序号	壁厚	通孔
1	$0.75 \leqslant t < 1$	0.8
2	$1 \leqslant t < 2$	1
3	$2 \leqslant t < 3$	1.2

表 6.7-2 不锈钢或高镍合金蒸汽发生器管材对比孔最大直径

序号	壁厚	平底孔	备注
1	$0.75 \leqslant t < 1$	0.6	深度等于直径
2	$1 \leqslant t < 1.5$	0.75	

表 6.7-3　热交换器管材对比孔最大直径

序号	壁厚	外径	通孔
1	0.75≤t<1	≤20	0.6
2		>20	0.7
3	t≥1	≤20	0.7
4		>20	0.8

而 NB/T 20328.6—2015 中对对比样管人工缺陷要求相对简单（见表 6.7-4）。

表 6.7-4　外穿对比样管人工缺陷要求

序号	类型	最大尺寸	备注
1	通孔	1.60 mm	无
2	外表面切向或周向的槽	深度 0.10 mm 或 5%壁厚（取两者中较大值）；	无
3	内表面周向槽	宽度 1.60 mm； 周向长度 25.40 mm	安全 1 级部件的铜-镍合金和镍基合金管子

（二）试验验证

为比较两个标准对验收要求的差异，特选取部分核电厂核岛设备常用不同材质及规格的管材进行了试验验证。从上文可见 NB/T 20003.6—2010 中外穿过式涡流检测的对比样管人工缺陷要求详细，而 NB/T 20328.6—2015 则较为简单，因此本试验主要根据 NB/T 20003.6—2010 开展，并对 NB/T 20328.6—2015 进行比较。试验后可得以下结论：

（1）相对于根据 NB/T 20328.6—2015 无需选用内槽的管材，NB/T 20003.6—2010 采用的人工缺陷幅值响应较小；

（2）相对于根据 NB/T 20328.6—2015 必须选用内槽的管材，如属于高镍合金蒸汽发生器管材，NB/T 20003.6—2010 采用的人工缺陷幅值响应较小；

（3）相对于根据 NB/T 20328.6—2015 必须选用内槽的管材，如不属于高镍合金蒸汽发生器管材，除个别直径规格较小的管材，二者人工缺陷幅值响应相当外，NB/T 20003.6—2010 采用的人工缺陷幅值响应较小。

通过试验结果可知，NB/T 20003.6—2010 要求较高，超过了 NB/T 20328.6—2015 的要求，NB/T 20328.6—2015 中人工缺陷尺寸需进行一定调整（如减小槽的长度），才能使二者达到相同要求。

（三）标准融合

总体来看，NB/T 20003.6—2010 外穿过式涡流检测的对比样管人工缺陷要求相比更加合理、适用性更强。统一后的标准 NB/T 20003.6—2021，外穿过式涡流检测的对比样管人工缺陷要求主要参考了 NB/T 20003.6—2010，并允许根据设计文件要求添加管子内壁或外壁的周向槽、横切槽或轴向槽进行检测。

（1）明确管材应用目的

管材通常分为一般管材、热交换器管材（不包含蒸汽发生器）、不锈钢或高镍合金蒸汽发生器管材三大类，对应检测要求也逐步提高。选取合适的应用目的，有助于管材采用合适的质量要求。

（2）确认管材规格尺寸

根据管材规格尺寸，对照表 6.7-1～表 6.7-4 中规定的对比样管上人工缺陷最大尺寸，确定对比样管上人工缺陷尺寸。值得注意的是，表中规格尺寸均为最大值，应用时可根据设计需要，适当减小人工缺陷尺寸，提高检测要求，从而提高所需管材质量等级。

（3）其他

可根据设计需要或经验反馈，增加其他形式人工缺陷（内壁或外壁的周向槽、横切槽或轴向槽）。由于标准中规定的人工缺陷尺寸为最大值，相应的幅值响应通常都大于表 6.7-1～表 6.7-4 中规定的对比样管上人工缺陷最大尺寸，为避免无效设计，提高检测要求，建议在采用时先进行相应的确认，选取合适的尺寸，从而保证检测有效。

二、内穿过式涡流检测的对比样管人工缺陷要求

编制依据

NB/T 20003.6—2021《核电厂核岛机械设备无损检测　第 6 部分：涡流检测》中附录 B（规范性附录）《非铁磁性换热器管子的内穿过式线圈涡流检测》规定了采用内穿过式线圈、多频、多通道技术对换热器非铁磁性管子进行涡流检测的技术要求。内穿过式涡流检测的对比样管人工缺陷的主要作用是检测设备调整和复核，及建立起信号指示深度与信号幅值或相位之间的相互关系。

NB/T 20003.6—2010《核电厂核岛机械设备无损检测　第 6 部分：涡流检测》、NB/T 20328.6—2015《核电厂核岛机械设备无损检测另一规范　第 6 部分：涡流检测》中的内穿过式涡流检测的对比样管人工缺陷要求，分别源于 ASME 第Ⅴ卷不同版本，无较大差异。此外 NB/T 47013.6—2015《承压设备无损检测　第 6 部分：涡流检测》在国内特种设备行业广泛应用，其内穿过式涡流检测部分同样源于 ASME 第Ⅴ卷，与 NB/T 20003.6—2010 在具体要求上基本一致。不同标准人工缺陷要求见表 6.7-5。

表 6.7-5　不同标准人工缺陷要求

序号	NB/T 20003.6—2010	NB/T 20328.6—2015
1	1 个贯穿单侧管壁的通孔，对公称外径不大于 19.05 mm 的管材，其直径为 1.3 mm，对公称外径大于 19.05 mm 的管材，其直径为 1.7 mm	一个贯穿管壁的通孔，对于外径不大于 19.05 mm 的管子，其孔径为 1.32 mm；对于外径大于 19.05 mm 的管子，其孔径为 1.70 mm 或四个位于同一平面上且沿管子圆周相隔 90° 的通孔，对于外径不大于 19.05 mm 的管子，其孔径为 0.66 mm，对于外径大于 19.05 mm 的管子，其孔径为 0.84 mm
2	1 个直径为 2.0 mm 的外壁平底孔，深度为壁厚的 80%	/
3	1 个直径为 2.8 mm 的外壁平底孔，深度为壁厚的 60%	一个直径为 2.77 mm 的外壁平底孔，深度为壁厚的 60%
4	1 个直径为 4.8 mm 的外壁平底孔，深度为壁厚的 40%	/

续表

序号	NB/T 20003.6—2010	NB/T 20328.6—2015
5	4 个直径为 4.8 mm 的外壁平底孔，环绕管材圆周并在同一横截面上呈 90° 分布，深度为壁厚的 20%	四个直径为 4.75 mm 的外壁平底孔，环绕管子圆周并在同一平面上以 90° 等分，深度为壁厚的 20%
6	1 个 1.6 mm 宽的内壁 360° 周向切槽，深度为壁厚的 10%（选用）	一个 1.60 mm 宽的内壁 360° 周向切槽，深度为壁厚 10%（选用）

NB/T 20003.6—2021 统一了以上标准，在附录 B（规范性附录）《非铁磁性换热器管子的内穿过式线圈涡流检测》中采用的人工缺陷详见表 6.7-6。

表 6.7-6　NB/T 20003.6—2021 人工缺陷要求

序号	NB/T 20003.6—2021
1	1 个贯穿管壁的通孔，对于外径不大于 19.05 mm 的管子，其孔径为 1.32 mm，对于外径大于 19.05 mm 的管子，其孔径为 1.70 mm 或 4 个位于同一平面上且沿管子圆周相隔 90° 的通孔，对于外径不大于 19.05 mm 的管子，其孔径为 0.66 mm，对于外径大于 19.05 mm 的管子，其孔径为 0.84 mm
2	1 个直径为 1.98 mm 的外壁平底孔，深度为壁厚的 80%
3	1 个直径为 2.80 mm 的外壁平底孔，深度为壁厚的 60%
4	1 个直径为 4.75 mm 的外壁平底孔，深度为壁厚的 40%
5	4 个直径为 4.80 mm 的外壁平底孔，环绕管子圆周并在同一横截面上呈 90° 分布，深度为壁厚的 20%
6	1 个 1.60 mm 宽的内壁 360° 周向切槽，深度为壁厚的 10%（选用）

三、非铁磁性管子内壁信号指示深度的评定方法

附录 B（规范性附录）《非铁磁性换热器管子的内穿过式线圈涡流检测》要求在对比样管上制作不同深度外壁人工缺陷，以建立深度与相位的关系曲线，用来评价缺陷深度。该曲线外壁部分根据对比样管上外壁人工缺陷绘制，而内壁缺陷部分直接采用通孔和零点二点一直线形成。所以该曲线对外壁缺陷的评定较为准确，但并不一定能相对准确地判定内壁缺陷深度，误差可能较大。NB/T 20003.6—2021 新增了附录 E（资料性附录）《非铁磁性管子内壁信号指示深度的评定方法》，便于在需要对内壁缺陷定量时，可建立相应的内壁缺陷相位伤深曲线，提高对内壁缺陷评定的准确度。表 6.7-7

是附录 E 推荐的两种对比样管。

表 6.7-7　NB/T 20003.6—2021 人工缺陷要求

序号	直径 2.40 mm 内壁圆底孔	长度为 6 mm、宽度为 1 mm 内壁周向槽
	深度（壁厚）	
1	25%	20%
2	50%	40%
3	75%	60%
4	100%	80%

由上表可见两种对比样管人工缺陷形式分别为孔和槽。为比较二者建立的判伤曲线差异特对此进行试验验证，试验结果表明利用两种对比样管制作的内壁缺陷伤深—相位曲线进行判伤，结果差异不大。

应用说明

（1）一般情况

通常对非铁磁性换热器管子实施内穿过式线圈涡流检测时，只需根据附录 B 制作包含表 6.7-6 上的人工伤对比样管即可。检测时利用该对比样管上人工缺陷调整并复核检验系统，并利用该对比样管绘制伤深—相位曲线的进行判伤。

（2）附录 E 的应用

如发现检测对象主要存在内壁缺陷时，可选择根据附录 E 制作包含表 6.7-7 上其中一种人工缺陷的对比样管，并绘制内壁缺陷伤深—相位曲线。值得注意的是，如缺陷的幅值远大于对比样管上人工缺陷的幅值时，该曲线可能不适用。

（3）其他

上述内容主要针对缺陷伤深—相位之间对应关系，对于磨损类或大面积减薄类缺陷，通常采用幅值法进行判伤，检测时可根据需要或经验反馈，设计增加其他形式人工缺陷（如外壁轴向槽），绘制相应的幅值—深度曲线，以提高判伤正确度。

四、蒸汽发生器 690 合金管信噪比检测频率和信噪比关系

（一）编制依据

蒸汽发生器是核电厂最主要的设备之一，蒸汽发生器传热管主要的检测方法是涡流检测。国内核电机组蒸汽发生器传热管主要材质为 690 合金。根据相应要求，在弯管之前要执行直管内（穿）涡流噪声检测。不同堆型的蒸汽发生器传热管信噪比检测，由于执行的标准不同，对信噪比的要求也不同。NB/T 20003.6—2010《核电厂核岛机械设备无损检测　第 6 部分：涡流检测》和 NB/T 20328.6—2015《核电厂核岛机械设备无损检测另一规范　第 6 部分：涡流检测》对于直管内涡流噪声检测的评定要求不同。NB/T 20328.6 附录 C（规范性附录）《蒸汽发生器传热管涡流检测的特殊要求》中规定：以同一轴向位置 4 个直径为 0.66 mm 通孔为基准，每根管子的任意 0.5 m 长度上信噪比的平均值应不低于 20（主频 630 kHz）。NB/T 20003.6 附录 C（规范性附录）《蒸汽发生器管材涡流检测》中规定：以 4 个直径为 1 mm 的通孔所产生信号的峰—峰间的幅值为基准，对本底噪声水平进行控制，使用内穿过式线圈测量，每根管材的信噪比应不低于 7，在管材局部不均匀区域信噪比不低于 6。

美国 EPRI 对于传热管内涡流检测的噪声所产生的负面影响概括为：① 掩盖小幅值的缺陷；② 增加缺陷定量误差，引起更多堵管；③ 对于小幅值缺陷，由于噪声掩盖或引起错误测量导致的停堆。所以噪声在传热管生产阶段就必须予以监控。

蒸汽发生器传热管直管内涡流信噪声检测主要的目的正是为了控制传热管的噪声从而提高在役检查的可靠性。对于不同尺寸（不同堆型）的压水堆蒸汽发生器 690 合金传热管在不同频率下的信噪比要求，根据 1999 年蒸汽发生器 690 合金传热管生产厂的制造水平，EPRI 的相关文件中提出不低于 15:1（主频 650 kHz）。由此，NB/T 20003.6—2021 提出具体不同尺寸

管材在不同检测频率下的信噪比要求，如表 6.7-8 所示。

表 6.7-8　690 合金信噪比检测频率和信噪比关系

外径/mm（in.）	壁厚/mm（in.）	基准孔径/mm（in.）	检测频率（kHz）和信噪比					
			100	240	400	550	650	750
15.9（0.625）	0.94（0.037）	0.66（0.026）				19:1	17:1	15:1
17.5（0.687）	1.02（0.040）	0.66（0.026）			20:1	17:1	15:1	
19.1（0.750）	1.09（0.043）	0.66（0.026）		21:1	18:1	15:1		
22.2（0.875）	1.27（0.050）	0.84（0.033）	21:1	18:1	15:1			

（二）验证试验

NB/T 20003.6—2021 在编制相应内容前进行了验证试验。

验证内容为直管内涡流噪声检测试验，包括两个方面：① 测试并研究不同频率下噪声值的变化情况；② 测试信噪比在 15:1 至 25:1 这个范围内，对于不同类型缺陷，涡流的检测灵敏度情况，验证信噪比控制的必要性。

试验对象为目前国内主要蒸汽发生器传热管的两种规格：ϕ17.48 mm × 1.01 mm 和ϕ19.05 mm × 1.09 mm，材料均为因科镍 690。加工对比样管，在所选检测频率的差分通道中，以对比样管上 4 个ϕ0.66 mm 通孔作为基准信号定义为 10 V、40°，然后做以下一系列试验。

（1）不同频率下信噪比研究，即在不同频率下测量其噪声值，研究不同频率下噪声值的变化情况。

试验中，噪声信号计算采用噪声信号（峰值）作为测量值。

平均噪声采用 0.5 m 的噪声信号的平均值，测量窗口 0.6 in。测量公式如下：

$$\overline{V_{pp}} = \frac{\sum_{j=1}^{m} V_{pp_j}}{m}$$

V_{pp}——测量窗口 0.6 in，测得的噪声信号幅值；

m——0.5 m 范围内，测量窗口取 0.6 in，选择测量噪声的取样数。

（2）噪声对检测灵敏度测定

在样本上加工不连续性（见表 6.7-9），频率选择 630 kHz 下测量其噪声情况，研究该噪声下传热管的涡流检测灵敏度。

表 6.7-9　检测灵敏度测量表

人工缺陷 \ 样本				缺陷信号是否受噪声影响	
				ϕ17.48 mm × 1.01 mm 630 kHz	ϕ19.05 mm × 1.09 mm 550 kHz
外壁周向槽	深 10%壁厚	宽 0.2 mm	长 8 mm	是	是
			长 6 mm	是	是
			长 4 mm	是	是
外壁轴向槽	深 10%壁厚	宽 0.2 mm	长 8 mm	是	是
			长 6 mm	是	是
			长 4 mm	是	是
外壁平底孔	深 10%壁厚	ϕ4.8 mm		否	否
	深 10%壁厚	ϕ2.8 mm		否	否
	深 10%壁厚	ϕ2 mm		是	是
	深 10%壁厚	ϕ1.3 mm		是	是
	深 10%壁厚	ϕ0.66 mm		是	是

最终对表 6.7-8 中不同尺寸管材不同频率的推荐信噪比试验验证，得到两点：① 随着频率从高频降低信噪比是增大的；② 噪声确实是会掩盖小缺陷（见表 6.7-9）。

五、蒸汽发生器管弯管后涡流检测信号显示

（一）编制依据

NB/T 20328.6 新增附录 D（资料性附录）《蒸汽发生器管子弯管后涡流检测信号显示的控制》。在蒸汽发生器传热管生产阶段，若只进行外穿涡流检查，则容易同在役检查过程的内涡流检查的结果会发生不一致，也就是会出现出厂检查合格但役前检查不合格的情况。因此，在传热管弯管之后进行内涡流检查有助于传热管从制造到服役整个寿期检验标准的统一，同

时也为后续的役前和在役检查建立了基线历史数据。对于蒸汽发生器传热管弯管后内（穿）涡流检测发现的涡流显示（尤其是非缺陷类的显示）的记录及评定标准，目前 NB/T 20003.6 和 NB/T 20328.6 均无相关内容，但目前行业内对于第三代核电蒸汽发生器传热管已广泛执行，检测所参考是设计方给出的技术条件，有必要对这一检测通过标准进行规范，

编制时主要参考了国内目前新建的核电机组 CAP1000 系列及 ACP1000。

国内 CAP1000 及后续机组蒸汽发生器传热管内涡流检测显示的记录和验收准则如表 6.7-10 所示。其中 TWD、DFI、NQI、PVN、BLG、DNG、NOS 都是用 630 kHz 差分通道进行评定，320 kHz 差分通道作为辅助分析通道；MBM 采用 160 kHz 绝对通道进行评定。

表 6.7-10　CAP1000 后续机组/CAP1400 蒸汽发生器传热管内涡流记录和验收准则

显示		记录		拒收	备注
		皮尔格轧制管	拉拔管		
TWD	壁厚减簿	高于噪声	≥0.2 V	全部	—
DFI	差分自由段显示	高于噪声	≥0.2 V	全部	—
NQI	不能定量地显示	高于噪声	≥0.2 V	全部	—
MBM	磨损	高于噪声	≥0.2 V	≥0.5 V	每台 SG≤100 个
PVN	导磁性变化	高于噪声	≥0.2 V	≥1.0 V	每台 SG≤10 个
BLG	鼓包	≥0.5 V	≥0.5 V	≥2.0 V	每台 SG（BLG 和 DNG）≤500 个
DNG	凹痕	≥0.5 V	≥0.5 V	≥2.0 V	
PDS	皮尔格信号	630 kHz 差分通道：≥0.5 V		≥1.0 V	不计个数
		160 kHz 绝对通道：≥1.0 V		≥2.0 V	
NOS	噪声	整体噪声：≥0.4 V 局部噪声：≥0.5 V 弯管段≥2.0 V		全部	—

ACP1000 的蒸汽发生器传热管内涡流检测出的显示的拒收要求如表 6.7-11 所示。除了 MBM 外，其他显示都采用 650 kHz 差分通道进行评定，380 kHz 差分通道辅助分析通道；MBM 显示采用 190 kHz 绝对通道进行评定。

表 6.7-11　ACP1000 显示拒收要求

显示	拒收
任何显示	≥2.0 V
绝对通道显示	≥7%壁厚减薄
差分通道显示	≥7%壁厚减薄
凹痕（Dent）	≥1.0 V
磨损（MBM）	≥0.4 V

美国 EPRI 相关文件中对于蒸汽发生器用 690 合金传热管内涡流检查，有以下几条要求：① 有高于噪声的显示都应该予以记录；② 所有 0.5 V 和 2.0 V 之间的显示都应该用相位法评估其深度，超过 10%壁厚减薄的管子应拒收；③ 所有高于 2 V 的显示的管子应拒收；④ 0.5 V 以下以及 0.5 V 和 2 V 之间的显示如果是允许的，应规定其数量。从表 6.7-10 和表 6.7-11 来看，都借鉴了这几项要求。

（二）验证试验

NB/T 20003.6—2021 在编制相应内容前进行了验证试验。

试验目的研究弯管后内涡流检测发现的典型显示（主要包括 TWD、DFI、NQI、MBM、BLG、DNG）的分类以及评定要求（通过研究其幅值与显示尺寸的关系，建立不同显示评定的分级标准）。

试验包括两个方面：① 研究涡流信号 0.5 V、2.0 V 所对应的缺陷或其他显示（如凹痕、鼓包、磨损）的当量；② 研究不同体积量的 7%、10%、20%、40%壁厚外壁缺陷减薄与其幅值的关系，分析噪声对其影响。

试验采用目前国内主要应用的蒸汽发生器管材（ϕ17.48 mm × 1.01 mm 传热管和ϕ19.05 mm × 1.09 mm 传热管），分别加工对比样管，对比样管包括ϕ1.3 mm 通孔和 4 个同一圆周 4 个 20%深ϕ4.8 mm 平底孔。将ϕ1.3 mm 通孔信号相位设为 40°，4 个 20%深ϕ4.8 mm 平底孔信号幅值定义为 4 V（对于ϕ17.48 mm × 1.01 mm 传热管，在 630 kHz 差分通道下；对于ϕ19.05 mm × 1.09 mm 传热管，在 550 kHz 差分通道下）。

试验结果如下。

（1）0.2 V 缺陷，外壁 20%壁厚减薄缺陷，体积量在 1.1 mm^3 左右（RSE-M B4610.3 检出 20%壁厚 1 mm^3 缺陷），刚好能够发现缺陷，但信噪比低于 2，影响测量；外壁 40%壁厚减薄缺陷，体积量在 0.5～0.6 mm^3 左右。

（2）0.5 V 缺陷，外壁 20%壁厚减薄缺陷，体积量在 2.7～3.5 mm^3 左右，信噪比大于 2，超过这个幅值的缺陷能够较好地进行定量；外壁 40%外壁减薄缺陷，体积量在 2.3～2.6 mm^3 左右。

（3）2 V 缺陷，外壁 20%壁厚减薄缺陷，体积量在 26～28 mm^3 左右，信噪比大于 10，在这个范围，能较好地定量；外壁 40%外壁减薄缺陷，体积量在 10 mm^3 左右。

（4）折算同体积量的凹痕幅值要明显小于鼓包。

（5）2 V 左右的凹痕，对应 0.2 mm^3 左右的体积量，比缺陷体积量小，但其对于幅值接近或小于其的缺陷都有影响，所以其对于检查的影响还是依据其幅值。

以上试验结果证明了幅值和体积存在正向关系，但不同类型缺陷同体积量的幅值差异较大，因此采用幅值对于缺陷进行“一刀切”地控制显然是不合适的。因此，在 NB/T 20003.6—2021 中列出主要需要控制的显示（见表 6.7-12）。

表 6.7-12　记录显示

显示	缩写	英文释义
磨痕	MBM	Manufacturing Burnish Mark
凹痕	DNG	Ding
鼓包	BLG	Bulge
皮尔格漂移	PDS	Pilger Drift Signal
差分自由段显示	DFI	Differential Freespan Indication
壁厚减薄	TWD	Through Wall Degradation
不能定量地显示	NQI	Non Quantifiable Indication
磁导率变化	PVN	Permeability Variation
噪声	NOS	Noise
正切信号	TAS	Tangent Signal

6.8　目视检测（NB/T 20003.7）

一、应用范围

NB/T 20003.7—2021 中明确，本文件应用于核电厂核岛机械设备在制造和安装过程中的目视检测。适用于核岛机械设备核用材料、零部件、焊接接头及设备表面的目视检测，用于确定受检部件的表面状态、配合面的对准、变形或泄漏、完整性等情况。显然，本文件不适用于在役阶段的目视检测。此外，还明确其他无损检测结果辨认的目视观察，不在本文件应用范围内。

RCC-M 中目视检测的应用范围与此基本一致，适用于压水堆核岛机械设备建造期间的目视检测。ASME 第Ⅴ卷第 9 章中，除了明确不包括各种无损检测结果辨认中的目视检测，没有其他限定，也就意味着原材料、制造、安装、在役检查各阶段均适用。NB/T 47013.7—2012 中则明确，该文件适用于在制和在用承压设备的目视检测。

需要注意的是，NB/T 20003.7—2010 中明确不适用于设备制造阶段的尺寸测量，但在 NB/T 20003.7—2021 中没有相关内容。目视检测主要是检测被检对象表面的缺陷和异常。为了分辨、评判缺陷和异常，往往需要通过测量的方式获取尺寸数据，与原始数据进行比较。而在机械制造等领域，几何尺寸测量是一门专业技术。对于目视检测中进行测量，与几何尺寸测量的界限，行业内认知分歧仍比较大。为此，在 NB/T 20003.7—2021 中删除了相关内容。

二、目视检测方法

目视检测方法一般包括直接目视检测和间接目视检测，在 ASME、NB/T

47013.7—2012 中，还包括了透光目视检测，这一方法适用于透光叠层材料的检测，在核电厂核岛机械设备中并不涉及。国内外常用目视检测标准中，对直接目视检测、间接目视检测的定义整理见表 6.8-1。

表 6.8-1　目视检测方法定义比较

序号	标准号	直接目视检测	间接目视检测
1	NB/T 20003.7—2021	在检测人员的眼睛与检测区之间有连续不断的光路的目视检测方法。注：可以不借助任何设备，也可以借助镜子、透镜（但不包括望远镜）	在检测人员的眼睛与检测区之间有不连续的、间断的光路的目视检测方法。注：包括使用摄影术、视频系统、自动系统和机器人
2	NB/T 47013.7—2012	不借助于目视辅助器材（照明光源、反光镜、放大镜除外），用眼睛进行检测的一种目视检测技术	借助于反光镜、望远镜、内窥镜、光导纤维、照相机、视频系统、自动系统、机器人以及其他适合的目视辅助器材，对难以进行直接目视检测的被检部位或区域进行检测的一种目视检测技术
3	ASME-Ⅴ-第 9 章	没有任何目视辅助设备（不包括用光源、反光镜和/或借助放大镜）用肉眼完成的目视检验方法	对直接目视检验难以达到的检验区采用目视辅助设备的一种目视检验方法
4	RCC-M MC7100	应用裸眼进行观察，必要时，使用最大放大倍数为 6 的放大镜	无法直接观察的区域，可采用间接方法进行检测，如使用反射镜、内窥镜、复膜或其他合适的方法或仪器，这些仪器的分辨能力至少应与直接目视检测相当

从表 6.8-1 可以看出，各标准对目视检测方法的定义有所不同，实则大同小异，NB/T 20003.7—2021 的表述与其他标准差异比较大。

NB/T 20003.7—2021 中对目视检测方法的定义，间接目视检测采用了 GB/T 20967—2007 中的定义，借鉴了直接目视检测的定义，但有所修改。GB/T 20967—2007 中，直接目视检测的定义是：直接目视检测是在检测人员的眼睛与检测区之间有连续不间断的光路，可以不借助任何设备，也可以借助镜子、透镜、内窥镜或光导纤维。用光路连续不连续来定义，有其合理性，也容易理解，但可以借助于内窥镜、光导纤维的说法，则与核电目视检测的实践不符，这两种情况都归入间接目视检测的，所以 NB/T 20003.7—2021 中进行了修改。

三、设备和器材要求

NB/T 20003.7—2021 中单列了一章（第 5 章）来规定目视检测设备和器材的要求，较之 ASME 第Ⅴ卷第 9 章、RCC-M 规范 MC7100、NB/T 47013.7—2012 等目视检测标准，内容更为集中和详细。

（一）目视检测设备器材的分类

ASME 规范中提出了目视检验用设备的能力要求，没有专门介绍目视检测设备器材分类，在标准文本中提到了一些设备器材，如反光镜、望远镜、内窥镜等。RCC-M 规范中将目视检测设备器材分为直接目视检测、间接目视检测、对比样品三类，并做了简要说明。NB/T 47013.7—2012 中例举了直接目视检测、间接目视检测、透光目视检测所用的设备器材。

NB/T 20003.7—2021 中目视检测的设备器材分为光源、观察助视设备和测量工具三大类，并列举了一些设备器材。

列举的设备器材中，白炽灯、强光灯是光源，但常用的光源远不止这些，比如 LED 灯、氙灯、卤素灯等都可以作为目视检测的光源；放大镜、内窥镜、管道镜、视频系统是观察助视设备或器材，可以使微小不容易识别或者因视线阻挡无法观察的物体或区域，得以清晰观察；直尺、游标卡尺、焊接检验尺、中性灰卡、白光照度计、对比试样可视为测量工具，但作用并不完全一样，前面三项是长度测量的工具，用以测量被检件外观尺寸或缺陷尺寸，中性灰卡、白光照度计是校验工具，分别是校验目视检测分辨率、被检区域白光照度的，而对比试样是作为与被检件进行比较的标样。

设备器材的分类不是单一、刻板的，比如有些型号的视频内窥镜同时带有测量功能，有的放大镜也带有尺寸刻度。

（二）目视检测设备器材的要求

ASME 第Ⅴ卷第 9 章、RCC-M 规范 MC7100 中，没有明确对目视检测设备器材的要求，NB/T 47013.7—2012 中规定，“目视检测器材应达到规定的性能要求和安全要求”。

NB/T 20003.7—2021 中对目视检测设备器材的要求更详细一些，分为一般要求和校准要求。在一般要求中，“应在每次检测前检查目视检测设备的完好性，检查结果可不形成书面记录”，既要求在检测前注意设备器材状态的核查，又明确这类核查可不书面记录，提醒避免“文牍主义”反噬现场检测工作。

NB/T 20003.7—2021 中对目视检测设备器材的校准要求也是列举，涉及量值溯源的都需要定期校准。类似直尺、卷尺等低值易耗的长度测量工具，一次校准费用就大于购置价了，而且应用场景往往是精度要求不高的场合，是否需要每年送检，行业内认识并不一致，有要求每年校准的，有一次性校准规定使用年限的。从购置来说，这类测量工具应选择有资质的厂家的产品，产品上有 CMC 标志、编号，有合格证；购入后可自行核查，满足准确度要求的即可投入使用；使用中应该加强核查，一旦发现污损、锈蚀、刻度模糊、尺寸超差等异常情况，就应立即弃用。当然，以上的观点需要得到各方的共同确认，才能付诸实践。带有测量功能的工业内窥镜，其测量精度与测量方法、图像质量、测量点定位、图像放大倍数等诸多因素相关，国内尚无这方面的计量校准规范，目前可以通过比对等方式进行核查。

四、分辨率要求

ASME 规范第Ⅴ卷第 9 章、NB/T 47013.7—2012 中没有明确提及检测分辨率的要求，但在规程验证章节要求采用一条宽度小于或等于 0.8 mm 的细线或其他类似人工缺陷作为验证试样。RCC-M 规范 MC 7100 中，没有提及目视检测分辨率的要求，而在 RSE-M 规范“电视检测”章节规定“除非另有规定，检测设备的最小分辨能力应能在工作环境下分辨出反射率为 18%的灰度背景上宽度为 0.8 mm 的黑线”。

NB/T 20003.7—2021 中明确了目视检测分辨率的要求，两种方法任选一种，一种是“使用中性灰卡，在满足最大检测距离和最低照度要求的前提下，应能分辨出灰卡上小于或等于 0.8 mm 的黑线”，另一种是“将一人工缺陷（如宽度小于或等于 0.8 mm 的细线），放在被检表面或相类似的表面。在满足最大检测距离和最低照度要求的前提下，在被检表面或相类似的表面上应可识别人工缺陷”。NB/T 20003.7—2021 的要求综合了 ASME、RSE-M 等标准的要求，更有选择性。而且 NB/T 20003.7—2021 强调了目视检测分辨率测试应在满足最大检测距离和最低照度要求的前提下进行，要求更为具体。

光照环境对人眼的视觉功能影响很大，所以 NB/T 20003.7—2021 还规定了“对于使用电池式和充电式的光源，当光照度有明显降低时，则应增加一次系统分辨率的核查”。这更有利于目视检测的质量控制。

NB/T 20003.7—2021 中删除了 2010 版中中性灰卡的示意图，不再限定灰卡的外观形式，只要满足标准中文字描述的要求即可。

五、照明要求和视觉保护

（一）照明要求

ASME 规范第Ⅴ卷第 9 章对直接目视检测，规定至少要有 1 000 lx 的光照度。RCC-M 规范 MC 7100 中，要求“被检表面的照度应不低于 500 lx”。NB/T 47013.7—2012 则要求直接目视检测时，“被检件表面至少要达到 500 lx 的照度，对于必须仔细观察或发现异常情况并需要做进一步观察和检测的区域则至少要达到 1 000 lx 的照度”。此外，NB/T 47013.7—2012 中还引用 GB/T 20967—2007《无损检测　目视检测　总则》的内容，对照明条件补充了四点要求。

NB/T 20003.7—2021 要求被检件表面至少要达到 1 000 lx 的照度，同样引用了 GB/T 20967—2007《无损检测 目视检测 总则》中对照明条件的四点要求。此外，还新增一条“照明光源是否合适，只需验证在最大检测距离处的照度，而可不测量待检测表面上每一处的照度”，标准执行更不容易产生歧义。

（二）视觉保护

NB/T 20003.7—2021 中还包括视觉保护的内容，这是本文件的特色条款，其他同类目视检测标准中没有述及。

光照环境及其变化，对人的视力影响巨大，所以要求选择均匀柔和的光线，光照度变化较大要有视觉适应时间。而长时间用眼，也会产生视觉疲劳，视觉灵敏度会大为降低，所以建议在连续用眼观察 30 min 以上，至少休息 5 min。

6.9 泄漏检测（NB/T 20003.8）

NB/T 20003.8 的前身是核工业标准 EJ/T 1039—1996《核电厂核岛机械设备无损检验规范》中第六篇其他检验方法中的泄漏检验，针对泄漏检测中的相关检测方法的检测技术要求，在标准的附录 B 部分进行了规范。

随着核工业的发展，对于泄漏检测的应用逐渐重视，已经成为一个重要的无损检测技术，在核工业的制造、安装以及在役阶段中得到了广泛的应用。随着应用的需求逐步提高，EJ/T 1039—1996 的泄漏检测部分，已经不能满足先进核电技术发展要求，根据修订的要求，修订后的标准 NB/T 20003《核电厂核岛机械设备无损检测》将泄漏检测单独地列为一个部分，根据现场使用的反馈以及应用特点，在 NB/T 20003.8 泄漏检测部分的章节内容，参照 ASME 规范的构架内容进行编制，并参考了法国 RCC-M 1993 版，2000 版以及国内标准的相关要求，对泄漏检测中的一些参数给出了推荐性的数值，相比于 ASME 标准等传统的标准，更加具有参考性和可操作性。在 NB/T 20003.8 泄漏检测部分，针对核工业的特点，在原有的基础上，针对重要部件的特殊检测技术，补充了附录蒸汽发生器管子-管板密封焊氦检漏的泄漏检测技术，在气泡检测的真空罩法中，实际使用过程中，存在有一些检测工艺的争议，增加了附录气泡法验证试块。在标准编制的过程中，参考现场的实际情况，对标准的内容进行了补充、推荐和规范，使泄漏检测的标准更具有可操作性。

一、检测范围

本标准在编制过程中，将标准范围规定为核电厂机械设备及零部件在制造和安装过程中的泄漏检测。

根据泄漏检测的特点，其检测的范围会有较大的不同点，不同的设计文件和采购文件中，所要求的检测范围差异较大。同时，由于检测范围的变化，检测比例的变化，会造成泄漏检测过程中，对检测工艺的要求变化。

基于以上的考虑，在本标准中给出了一个条目，即检测范围和检测比例，在本条目中，虽然描述较为简单，需要符合相关产品设计文件或采购技术条件的规定。但是，希望检测人员能够关注到检测范围对泄漏检测方法的选取的影响，保证泄漏检测的方法选取，能够与设计要求相匹配。

二、设备与器材

设备与器材是泄漏检测中的关键物项之一，在本标准中的正文部分，将泄漏检测中会用到的主要设备做了规定。

首先是最为关键的压力计和真空计，为了保证泄漏检测的结果正确性，在检测时，很多时候会选取设计压力作为气密性试验的试验压力。在这个压力调节下，如果出现压力异常，将对待检测的设备造成不可逆的损坏，这在泄漏试验的要求中，是不可接受的。

采用正确，且符合要求的压力计/真空计，能够有效地避免这类情况的发生。对于压力计/真空计的选型时，需要关注到这些仪表的相关性能指标。为了给泄漏检测的试验人员一定的指导作用，在本标准中，对压力计/真空计的量程、精度、校准以及放置位置做了一个规定。考虑到压力计和真空计的特点，其原理会有较大差异。因此，在标准中，对于量程的限定范围为指示式和记录式的压力计，而对于如数字式压力计及真空计，没有做量程的范围限定。但是至少要达到量程范围包含试验压力。

考虑到泄漏检测为气密性试验，在之前会进行强度试验（压力试验），对于设备或系统的结构强度已经做了认可。因此，压力计的校准周期相对于强度试验做了放宽，选取的校准周期为不超过每年一次。

压力或真空的读取，可以有效的判断部件或设备的实际情况，需要有效地防止压力的异常出现，在位置中，对压力计的使用做了要求，其中包括了，需要保证压力的读取是方便的，这样可以时刻对压力进行监控，防止超压或掉压，使设备损伤或泄漏检测结果失效。对于记录式压力计或真空计，压力可以进行记录，对于这类压力计，可以通过记录信息，实现对压力的变化情况进行判断，在这种情况下，可以作为对多个指示式压力计的替代。

对于标准漏孔和验证试块，这个是泄漏检测方法工艺验证的重要器材，在对国内外的各类标准进行了对比后，氦质谱检漏的标准漏孔，因为应用广泛，在标准漏孔的分类上，已经达成了共识，在标准中，也沿用了通用的描述信息。

但是，另一种在国内外应用非常广泛的气泡试验技术，却缺乏了标准漏孔作为重要的试验工艺验证的依据。这个是比较麻烦的情况，同时，气泡试验的主要设备以及辅助耗材，对检测结果的评判有着重要的影响。比如，气泡试验中的真空罩技术，当侧面或带一定斜坡的情况下，发泡剂是否能有效地在被检表面上形成一定厚度的液膜，会对检测结果造成较为重大的影响，这种影响可能会造成泄漏点的漏检情况。同时，气泡试验作为一个泄漏检测技术，其检测灵敏度范围较为宽泛，这与设备和耗材有着直接的联系，但是，其检测灵敏度的范围也受到发泡剂本身的表面张力限制，若出现大的泄漏点，这个时候，气泡无法出现，甚至发泡剂无法覆盖到泄漏点区域的表面，从而无法发现泄漏点。这个时候，需要有一套合理合适的试块，对气泡试验的整个工艺做一个规范。在核电行业逐步发展，现场工作逐步规范后，对这个方法的验证试块的需求越来越急切。

然而，在调研了国内外泄漏检测的相关标准后，并没有发现与气泡试验相关的工艺验证试块参照。在本标准的编制过程中，参考了民用核安全无损检测考核的模式，选用了激光打孔的参考试块作为工艺验证试块。激光打孔的孔径分别为0.05 mm、0.10 mm以及0.15 mm三种孔径，在0.05 mm孔径下，泄漏率大致为 10^{-3} Pam^3/s，相比于气泡法的灵敏度 10^{-5} Pam^3/s，要相对差一些。考虑到首次应用，且该试块无法达到气泡检漏的灵敏度验证。因此，将该试块作为工艺验证试块，用来验证气泡检漏过程中，整个检测工艺的有效性。后续会通过进一步的工艺论证以及试块加工方式，来进一步规范气泡试验的灵敏度验证工艺。

对选定的要点逐项进行解读，主要包括：技术背景、编制依据（包括对比分析、试验研究等）、条款解释、应用注意事项等。

设备与器材是保证泄漏检测的器材保证，在进行泄漏检测过程中，对于设备与器材的使用尤为重要，部分的设备与器材，同时具有保证泄漏检测参数准确性的要求，以及保证泄漏检测试验过程安全性的要求。

三、检测准备

泄漏检测中，准备工作是一项非常重要的工作，并且，准备工作中需要关注的重点非常多，有鉴于泄漏检测的检测特点，在本标准中，对检测准备做了一定的梳理，将相关检测的准备工作进行了汇总。在检测准备这个章节中，将泄漏检测中重要的准备工作进行描述以及规定，这样有助于泄漏检测的实施过程中，能够正确地完成检测准备工作。

在检测准备中，对于被检件的准备最为重要，这个准备工作对缺陷的是否遗漏有着直接关系，在检测中，需要关注的首先是表面的准备，在标准中要求对污物有足够的评判，需要防止将存在的泄漏点给临时封堵，造成漏检。对于气密性试验来说，尤为重要的是，部分试验是在液压试验后执行，用于液压试验或者清洁的液体，会对可能的泄漏点造成临时封堵。这一点尤为重要，因此在标准中重点的突出了。

现场条件的准备，主要关注的是检测温度，检测温度的影响，主要是针对检测设备、检测器材以及人员的。除了一个特例的检测方法，就是压力变更试验，在压力变更试验中，由理想气体状态方程可知，当体积一定时，温度的变化会造成压力的变化，这可能会直接导致设备的损坏。其次是密封的要求，为了建立压力差，将待检测设备或待检测区域进行局部密封，是建立压力差的必要条件。合适的密封方式以及合适的密封材料，会直接影响到泄漏检测的检测过程。

四、泄漏检测方法及选用

本标准中的 6.4 节中，补充了常见的泄漏检测方法的一个总表，这个总表有助于为泄漏检测的人员提供合适的方法选择依据。

在本节内容中，主要是将附录中的相关泄漏检测技术以列表的形式进行特点描述，其中包括方法的简介，不适用的场合，方法的灵敏度，应用特点，主要是方法是否能进行定性、定量和定位进行了归类。其中需要注意的是，灵敏度部分中，是对泄漏检测方法的总体灵敏度推荐。这是由于，在泄漏检测方法中，本标准所列举的三个检测技术是最基础的检测技术，在这些检测技术的基础上，可以通过一些特殊的工艺手段，或者是工艺方法，可以实现提升灵敏度的情况。同时，也能够部分实现定性、定量和定位技术的转换。

在表格之后，也对这些方法做了进一步的描述，主要是对方法的特点进行了介绍，并且，对各个方法的定性、定位以及定量做了进一步的解释说明。通过这种方式，能够有助于标准的使用者更好地理解各个泄漏检测方法的特点以及应用场景，从而指导标准的使用者能够选取合适的泄漏检测方法。

五、气泡检测——直接加压法

气泡检测——直接加压法是本标准的附录 A 部分内容，在这个附录中，对气泡检测——直接加压法做了技术要求的规定，从而规范标准中本附录方法使用时的工艺。

在本附录中，首先对检测规程做了规定，这一部分内容参照了 ASME 标准以及 NB/T 43017.8 的部分相关内容。在规程的要求中，分了两个部分，对气泡检测——直接加压法中的一些要素做了整理，并分成了两部分，重要变素以及非重要变素，对于这些变素，在编制规程的过程中，必须包含在规程内，并且有相应的数值或数值范围。其中，重要变素会直接影响到泄漏检测的检测结果评判，这些重要变素需要进行核实，如果修订规程时，发生了超过标准的数值变化，需要做进一步的验证，从而保证泄漏检测结果的可靠性和有效性。非重要变素也是气泡检测——直接加压法的重要工艺内容，这些相关信息也需要写入到规程中。另一部分是针对不同对象、不同设计要求的内容，在 A.1.1 节中，将浸泡时间和试验压力单独列出，因为，这两个泄漏检测要素的来源是设计的相关要求，而不是泄漏检测方法的规定。因此，不能作为变素列入表格中，但是需要在规程中进行明确。

在设备与器材部分中，对试验气体做了推荐，一般采用空气或惰性气体，这是因为，这些气体通常不会与被检件发生化学反应，从而影响待检测部件的性能。但是，这会涉及窒息的安全问题，因此，在注解中单独进行了说明。当然，若是有特殊的要求，也可以将一些特殊的气体作为检测气体，如卤素、氨气等。

起泡剂是气泡检测——直接加压法中的重要器材，在选取上尤其需要注意，本部分中将三项技术要求进行了明确。首先，能够形成一层稳定的气泡薄膜，这需要起泡剂有足够的润湿性能，以及待检测位置的可达性以及起泡剂的滞留能力，若无法在整个表面形成气泡薄膜，会造成漏检的情况发生。其次是气泡不会迅速破裂，在实际使用过程中，有些泄漏点较大，无法形成连续的气泡，如果气泡破裂过于迅速，可能会在观察者未注意到的情况下，错过泄漏点的特征，造成漏检的情况。此外还有温度的要求，这个是起泡剂能够有效使用的重要因素，对于温度的要求，在 A.2.2 中也做了详细的介绍。根据现场的要求以及设计的要求，起泡剂作为直接与待检测部位接触的器材，其有害元素会对特殊材料造成一定的伤害，在 A.1.3.4 中，借鉴了 ASME 标准、RCCM 标准以及国内的设计文件，对有害元素的含量进行了规定。这样可以有效防止起泡剂对待检测部件的影响。

六、气泡检测——真空罩法

气泡检测——真空罩法是泄漏检测附录 B 的方法要求。在附录 B 中，对气泡检测真空罩法进行了技术要求的规范，通过技术要求的规范，给本标准的使用者提供技术引导。

气泡检测有两种方法，直接加压法以及真空罩法，这两种方法从技术角度上来说，基本一致。因此，在附录 B 中，大部分的技术要求都与附录 A 中的相关要求基本一致。这里主要是对部分不同的内容进行解读。

在附录 B 中，规程的验证中，增加了真空罩和真空源的变素，但是这两个变素都是属于非重要变素。作为气泡检测——真空罩法中，真空罩和真空源都是必备的重要器材。其中真空罩，尤其是角罩等异形罩，这些罩子的结构会影响重叠区域的判断，会影响密封效果，因此，需要在规程中进行规定。对于真空源，必须到达足够的真空度，这样才能在待检测表面的两侧形成足够的压力差。但是，对于真空罩的大小，真空源的工作方式，在满足技术要求的情况下，改变后不会影响检测结果。

在增加了真空罩和真空源的非重要变素后，本附录中，也增加了这两个设备的相关技术要求，对真空罩的要求主要是能够形成密封空间，能够有真空计读取真空，并且有个观察窗口对泄漏点的气泡显示进行观察。在真空源部分中，主要是对真空源的真空度要求进行了规定，这样能保证建立足够的真空度要求。

在检测方法和技术章节中，考虑到现阶段很多现场及单位的反馈意见，尤其是真空度的选取，既没有设计文件进行规范，也没有相关的标准和文件进行指导，存在有没有依据没有参照的情况。在本附录中给出了一个真空度的参考值，这样能够使这部分的附录更加具有可操作性。当然这个只是一个推荐值，还需要根据现场的实际情况，上游文件的具体要求，工艺验证试块的结果来进行选定。此外，技术中，施加溶液的方式、真空的保压时间还有真空罩的覆盖范围也需要在气泡检测的过程中进行关注。

七、氦质谱仪检测——嗅吸探头法（吸枪法）

泄漏检测的标准中，对氦质谱仪检测共介绍了三个方法，这三个方法都是基础方法，通过这些方法可以延伸出更多的特殊工艺。在这三个方法中，有部分的内容都是相类似的，当然也有每个方法根据其特点所出现的不同内容部分。

在嗅吸探头法这个附录中，名字采用了两种描述方式，这样可以方便有疑问时，可以直接判断方法。在本附录中，规程验证部分，主要规定了仪器，探测器等作为重要变素，这是考虑到其所组建的系统会出现灵敏度的变化，这会导致检测结果的偏差。需要在规程里进行足够的限定，且要保证在修订时，若发生变化，进行验证。另一个需要注意的是表面温度，这个方法采用的正压法，也就是待检测部件内部充有一定压力的气体，温度的变化，会影响待检测部件内部的压力，温度的变化也会对氦质谱仪造成影响。因此，这部分的要求，也属于重要变素。

在设备和器材部分，主要介绍了三个在嗅吸探头法时需要使用到的主要设备，这些内容与其他的标准基本一致。在核查这节中，总共分为两部分的核查，分别是仪器核查和被检系统核查。需要注意的是仪器灵敏度的要求，这代表了正压专用的便携式检漏仪是不能够使用的。在被检系统核查中，将核查频度间隔规定为 2 h，主要是嗅吸探头法的核查方式相对简单，且容易受到外界干扰。过长的核查频度，可能会出现系统的异常没有得到及时关注。

在检测方法和技术中，需要注意的是示踪气体浓度，在本附录中，需要至少达到 15%体积浓度，相比于其他的标准要求相对较高，这主要是考虑到核电厂需要执行本方法的设备和系统较为复杂，在检测的过程中，会出现保压时间较短的情况下，局部地区的示踪气体浓度较低，提高体积浓度要求，可以确保一些较难到达的区域，其体积浓度可以满足嗅吸探头法的灵敏度要求。

八、氦质谱仪检测——示踪探头法（喷氦法）

在附录 D 中，介绍了氦质谱仪检测——示踪探头法（喷氦法），这个方法在国内的叫法也比较多，主要的叫法为喷氦法，因此，为了与国内的惯用叫法保持一致，在附录的名称上增加了喷氦法描述。

由于示踪探头法采用的是对被检部件进行抽真空的方式，大部分的重要变素和非重要变素与嗅吸探头法一致，补充了一些特殊的装备和要求，需要在检测规程中加以明确。其中需要注意的是示踪探头流量率，这个是喷氦的出气速率，需要保证有足够的出气速率，才能在喷吹时，达到足够的灵敏度。另外，真空泵系统也是需要注意的，对于抽真空检测，不同的真空度下，需要配置的真空泵系统会有不同，但是，真空泵系统的最终目的是达到指定真空度，因此，只需要在规程里对真空泵系统的总体性能进行规定，而不必因为真空泵系统的设备变化，而进行规程的重新验证。

在另一部分中，给出了检测规程的其他一些必须包含的内容，这里面包括了设备泄漏标准、系统泄漏标准、示踪气体、真空试验压力、真空计、扫查距离和灵敏度验证核查。这些内容中需要注意的是都需要有明确的内容加以规范。

在氦质谱仪检测——示踪探头法中，需要注意的是系统核查时，对校准漏孔的连接要求，这是需要将校准漏孔放置在系统的尽可能远离处，这样可以有效地验证系统灵敏度以及响应时间。对于真空系统，相比于正压系统，其稳定性要相对更加，同时考虑到真空系统的核查对检测过程的影响，核查频度参照其他标准的要求，为每间隔不超过 4 h。

在喷吹氦气的过程中，喷枪的喷吹会有一定的速度，在扫查距离的要求中，对于距离相比于嗅吸法要相对宽松一些。

九、氦质谱仪检测——护罩法

附录 E 是氦质谱仪检测——护罩法，这个方法是针对氦质谱仪检测——示踪探头法的一个方法变化。通过一定的技术变化，护罩法可以实现对泄漏点进行定量分析，这是示踪探头法所不能达到的。

在附录 E 中，规程验证部分与示踪探头法的重要变素和非重要变素基本一致，在其中增加了一个确定护罩中示踪气体最小浓度的技术作为重要变素，这部分内容是基于护罩的示踪气体浓度存在有一定的偏差，最小浓度可以保证超过验收标准的漏孔不会被误判。同时，这个浓度测量技术的不同，会对最终的定量计算产生较大的影响，考虑这些因素，这个要求作为了重要变素。

在护罩法检测时，需要注意的是，因为采用了定量计算，这就需要保证系统的灵敏度能够在检测时间范围内都是有效和可控的。综合考虑的各个标准的特点，在本标准的附录 E 中，给出了对于系统校准的方法，包括初始校准，最终核查的相关内容，通过核查计算，可以确保检测系统的性能能够不发生较大的偏移，从而影响最终的计算结果。

十、压力变化检测

附录 F 是压力变化检测的技术要求，在压力变化检测中，重要变素规定了压力计或真空计制造厂和型号，使用的温度测量设备，表面温度和表面状态。这些要求，对于压力变化检测有着非常重要的影响，直接关系到了最终的计算结果。在编制检测规程的时候，需要将这些要求，以数值的形式进行规范。

在设备和器材章节中，主要规定了压力和温度，这两个最重要的设备，同时，这两个设备也明确了需要进行校准，并在有效期内使用。

在检测技术部分，主要是对检测技术做了一个整体的梳理，这是保证在执行过程中，这些内容和要求必须注意的，同时也是必须保证的。但是，由于压力变化检测的工艺参数和最终结果都和设备的上游要求息息相关，因此，在这部分章节的内容中，只对少数的几个参数进行了规范和要求，比如记录的间隔时间，保压的时间。最终的漏率计算，采用了最直观的原始公式，但是，在实际的压力变化检测中，只有当温度的初始值与最终值相当时，才能使用这个漏率计算公式，当温度发生变化时，需要通过布点测温，来明确内部的气体质量变化情况，这就涉及温度和压力传感器的布置，这些不在本附录的考虑范围内。

十一、气泡法验证试块

气泡法验证试块这个附录，是根据各个制造厂、安装单位的需求，对气泡检测的方法进行了一个规范，在本附录中，气泡法通过采用这种气泡法验证试块，可以实现对气泡法的工艺的整体验证。但是这个不作为气泡法灵敏度的依据。

在本附录中，主要是规定了验证试块的制作方式和制作要求，这样可以达到验证试块的一致性。这部分的内容，是参考了民用核安全设备检测过程中的一些要求而增加的。

十二、蒸汽发生器管子-管板密封焊氦检漏

压水堆核电厂中，从附录 A 到附录 E 涵盖了几乎所有的主要设备及部件的泄漏检测工艺，但是，在蒸汽发生器管子-管板密封焊上，这些检测方法无法实现对应，制造阶段的检测有一定的特殊性。

在本附录中，给出了蒸汽发生器管子-管板密封焊的氦检漏要求，其中包括了规程验证的要求，这部分的内容，与氦质谱仪检测的护罩技术相类

似，本部分的进行了引用。

整个的附录章节内容，与氦质谱仪检测的章节格式，保持一致，其中的内容与氦质谱仪检测的护罩技术基本一致。

除了这些，在本附录中增加了检测工艺的相关信息，这个是针对蒸汽发生器管子-管板密封焊时，需要注意的一些信息，在附录中，主要有检测时机，预检和充入示踪气体。在预检部分将抽真空的要求做了规定，考虑到蒸汽发生器的体积庞大，其保压时间的规定相对较长，且允许的整体泄漏率较低。

在充入示踪气体部分，建议采用充入混合气体或者纯氦，这是考虑到充入的氦气，较难实现混合均匀，为了保证检测结果的可靠性，这两种充入工艺，都能在较短的时间内，实现蒸汽发生器内部氦气的快速混合均匀。